普通高等教育汽车类专业精品系列教材

汽车服务企业管理

主　编　冉广仁
副主编　刘　明　齐　龙
参　编　韩　波　杨晓刚

北京理工大学出版社
BEIJING INSTITUTE OF TECHNOLOGY PRESS

内 容 简 介

本书从工程和应用的角度出发，采用理论和实践相结合的方式，系统介绍了汽车营销服务、物流服务、汽车维修与美容装饰、汽车售后服务、汽车配件销售服务、汽车保险与理赔服务、汽车消费信贷服务与租赁服务、二手车服务、汽车回收再生服务、汽车司法鉴定和汽车信息化服务，基本概括了当前汽车服务工程的主要内容。全书内容丰富，信息量大，通俗易懂，实用性和可操作性强，适合汽车服务工程、交通运输等本科专业以及高职高专汽车类专业使用。

版权专有　侵权必究

图书在版编目（CIP）数据

汽车服务企业管理／冉广仁主编. －－北京：北京理工大学出版社，2021.7（2021.9 重印）
ISBN 978－7－5763－0079－6

Ⅰ．①汽… Ⅱ．①冉… Ⅲ．①汽车企业－工业企业管理－教材 Ⅳ．①F407.471.6

中国版本图书馆 CIP 数据核字（2021）第 143241 号

出版发行／	北京理工大学出版社有限责任公司
社　　址／	北京市海淀区中关村南大街 5 号
邮　　编／	100081
电　　话／	（010）68914775（总编室）
	（010）82562903（教材售后服务热线）
	（010）68944723（其他图书服务热线）
网　　址／	http://www.bitpress.com.cn
经　　销／	全国各地新华书店
印　　刷／	唐山富达印务有限公司
开　　本／	787 毫米×1092 毫米　1/16
印　　张／	15
字　　数／	350 千字
版　　次／	2021 年 7 月第 1 版　2021 年 9 月第 2 次印刷
定　　价／	45.00 元

责任编辑／梁铜华
文案编辑／杜　枝
责任校对／刘亚男
责任印制／李志强

图书出现印装质量问题，请拨打售后服务热线，本社负责调换

前言

本书深入浅出、图文并茂，内容紧跟汽车服务行业的发展；教材编写以理论联系实际为主线，以培养学生应用能力为目标，对汽车服务各行业的形成与发展、行业相关的法律法规、各行业的操作流程及标准等进行了翔实的介绍。另外，本书的编写工作还邀请了行业企业管理人员参加。

全书共分12章，由山东交通学院冉广仁任主编，山东交通学院刘明、齐龙任副主编。其中第1章、第3章、第4章、第9章由冉广仁编写；第2章、第5章由山东润华集团韩波编写；第6章、第11章由刘明编写；第7章、第8章由安盛天平财产保险有限公司山东分公司杨晓刚编写；第10章、第12章由齐龙编写。

本书部分章节在部分院校可能作为一门课程开设，在本门课教学中可不讲授；从内涵上和技术上，汽车服务行业发展迅速，所以在本门课的教学中要注意行业和技术的发展，及时将新的行业和新的技术贯彻到教学中；汽车服务行业的行业标准和法律法规不断出台和更新，各高校教师在教学中一定要注意行业相关的法律法规的变化，保证在教学中贯彻最新行业标准及相关法律法规。

本书的编写过程得到了安盛天平财产保险有限公司山东分公司和山东润华集团的大力支持，在此表示衷心的感谢。

由于编者水平有限，书中难免存在疏漏或不妥之处，恳请广大读者批评指正，以利于再版时修订。

编 者
2021年4月

目 录

第1章　绪论 (1)
　1.1　汽车服务工程的分类与基本内容 (1)
　　1.1.1　汽车服务行业的分类 (1)
　　1.1.2　汽车服务工程的基本内涵 (2)
　1.2　汽车服务业的形成与发展 (4)
　　1.2.1　国际汽车服务业的形成与发展 (4)
　　1.2.2　我国汽车服务业的形成与发展 (6)

第2章　汽车营销服务与市场分析 (8)
　2.1　汽车厂商的分销流通与营销模式 (8)
　　2.1.1　汽车分销渠道 (8)
　　2.1.2　汽车营销模式 (10)
　　2.1.3　分销机构的责任、权利和义务 (14)
　　2.1.4　汽车分销渠道的规划与管理 (15)
　2.2　汽车市场调查 (20)
　　2.2.1　汽车市场调查的内容 (20)
　　2.2.2　汽车市场调查的方法与程序 (21)
　2.3　汽车销售实务 (26)
　　2.3.1　汽车销售流程 (26)
　　2.3.2　汽车销售技巧 (31)
　2.4　汽车电子商务与网络营销 (32)
　　2.4.1　汽车生产企业的营销管理与电子商务 (33)
　　2.4.2　汽车网络销售流程 (34)

第3章　物流服务 (35)
　3.1　物流概述 (35)
　　3.1.1　物流的特点 (35)
　　3.1.2　物流的发展及发展趋势 (36)

3.2 物流管理 (38)
3.2.1 物流管理的概念 (38)
3.2.2 物流管理的主要内容 (38)
3.3 物流实务 (39)
3.3.1 物流的基本作业 (39)
3.3.2 物流的管理模式与信息管理系统 (41)
3.4 集装箱和危险品运输 (45)
3.4.1 集装箱运输 (45)
3.4.2 危险品运输 (51)

第4章 汽车维修与美容装饰 (58)
4.1 汽车维修 (58)
4.1.1 汽车维修的分类 (58)
4.1.2 汽车维修制度及汽车维修企业 (59)
4.2 汽车美容 (66)
4.2.1 汽车车身美容 (66)
4.2.2 汽车内饰护理 (71)
4.2.3 汽车精品 (73)
4.3 汽车装饰与改装 (79)
4.3.1 座椅的改装 (79)
4.3.2 加装底盘保护 (81)

第5章 汽车售后服务 (84)
5.1 汽车售后服务概述 (84)
5.1.1 汽车售后服务的职能 (84)
5.1.2 汽车售后服务的内容 (85)
5.2 售后服务网络的组织与管理 (86)
5.2.1 售后服务网络的规划与建设 (86)
5.2.2 售后服务网点管理 (87)
5.3 汽车质量担保 (89)
5.3.1 汽车质量担保法规 (89)
5.3.2 汽车质量担保工作流程及旧件管理 (93)
5.3.3 汽车召回 (94)

第6章 汽车配件销售服务 (97)
6.1 汽车配件基础知识 (97)
6.1.1 汽车配件的编号规则 (97)
6.1.2 车辆识别号码 (100)

6.2 汽车配件管理实务 …………………………………………………… (103)
6.2.1 汽车配件采购管理 ……………………………………………… (103)
6.2.2 汽车配件的索赔 ………………………………………………… (107)

第7章 汽车保险与理赔服务 …………………………………………… (110)
7.1 汽车保险的作用与特点 ………………………………………………… (110)
7.1.1 汽车保险的作用 ………………………………………………… (110)
7.1.2 汽车保险的特点 ………………………………………………… (111)
7.2 机动车辆保险合同 ……………………………………………………… (111)
7.2.1 汽车保险合同的特征 …………………………………………… (112)
7.2.2 汽车保险合同的基本内容 ……………………………………… (113)
7.2.3 保险合同变更与解除 …………………………………………… (114)
7.3 机动车辆保险产品 ……………………………………………………… (116)
7.3.1 交强险 …………………………………………………………… (116)
7.3.2 商业险 …………………………………………………………… (118)
7.4 机动车辆承保实务 ……………………………………………………… (120)
7.4.1 保险展业 ………………………………………………………… (121)
7.4.2 受理投保 ………………………………………………………… (123)
7.5 汽车理赔实务 …………………………………………………………… (124)
7.5.1 报案 ……………………………………………………………… (125)
7.5.2 现场查勘 ………………………………………………………… (125)
7.5.3 赔偿处理 ………………………………………………………… (130)

第8章 汽车消费信贷服务与租赁服务 ………………………………… (135)
8.1 汽车消费信贷服务 ……………………………………………………… (135)
8.1.1 汽车消费信贷服务的作用 ……………………………………… (135)
8.1.2 汽车消费信贷服务的发展 ……………………………………… (136)
8.1.3 汽车消费信贷服务业务 ………………………………………… (138)
8.1.4 汽车消费信贷服务实务 ………………………………………… (141)
8.1.5 汽车金融业风险与防控 ………………………………………… (142)
8.2 汽车租赁服务 …………………………………………………………… (146)
8.2.1 汽车租赁的分类 ………………………………………………… (146)
8.2.2 汽车租赁的经营模式 …………………………………………… (147)

第9章 二手车服务 ………………………………………………………… (155)
9.1 二手车交易概述 ………………………………………………………… (155)
9.1.1 国内外二手车交易的发展 ……………………………………… (155)
9.1.2 二手车交易的类型 ……………………………………………… (157)

9.1.3　二手车交易的过程 …………………………………………… (158)
9.2　二手车市场 ……………………………………………………………… (159)
9.2.1　二手车市场开业规定 ………………………………………… (159)
9.2.2　二手车市场发展趋势 ………………………………………… (160)
9.3　二手车鉴定评估 ………………………………………………………… (161)
9.3.1　二手车鉴定评估的主要依据 …………………………………… (161)
9.3.2　二手车鉴定评估的原则 ………………………………………… (163)
9.3.3　二手车手续检查及技术鉴定 …………………………………… (164)
9.3.4　二手车价格评估 ………………………………………………… (165)

第10章　汽车回收再生服务 …………………………………………… (173)
10.1　汽车回收再生概述 …………………………………………………… (173)
10.1.1　国外汽车回收与再生的产生与发展 ………………………… (173)
10.1.2　我国汽车回收与再生行业现状 ……………………………… (174)
10.2　机动车强制报废制度、回收制度及报废市场 ……………………… (179)
10.2.1　机动车强制报废制度 ………………………………………… (179)
10.2.2　报废机动车回收管理办法 …………………………………… (180)
10.3　汽车回收与再生实务 ………………………………………………… (182)
10.3.1　我国汽车回收体系结构与回收模式 ………………………… (182)
10.3.2　汽车解体 ……………………………………………………… (183)
10.3.3　废旧汽车资源化 ……………………………………………… (185)

第11章　汽车司法鉴定 …………………………………………………… (191)
11.1　司法鉴定制度 ………………………………………………………… (191)
11.1.1　司法鉴定制度概述 …………………………………………… (191)
11.1.2　司法鉴定制度的主要内容 …………………………………… (191)
11.2　司法鉴定机构与司法鉴定人 ………………………………………… (192)
11.2.1　司法鉴定机构 ………………………………………………… (192)
11.2.2　司法鉴定人 …………………………………………………… (195)
11.3　司法鉴定实务 ………………………………………………………… (196)
11.3.1　司法鉴定的委托与受理 ……………………………………… (196)
11.3.2　司法鉴定的实施 ……………………………………………… (197)
11.3.3　司法鉴定意见书的出具 ……………………………………… (199)
11.3.4　司法鉴定人出庭作证 ………………………………………… (200)
11.4　机动车司法鉴定 ……………………………………………………… (200)
11.4.1　机动车司法鉴定的范围 ……………………………………… (200)
11.4.2　事故车辆痕迹鉴定实务 ……………………………………… (201)

11.4.3　司法鉴定协议书……………………………………………………(204)
第12章　汽车信息化服务……………………………………………………………(205)
　12.1　汽车信息技术应用领域………………………………………………………(205)
　12.2　车载智能网联信息服务………………………………………………………(206)
　　12.2.1　车载网络分类及特点……………………………………………(207)
　　12.2.2　车载自组织网络类型及网络协议…………………………………(209)
　　12.2.3　车载移动网络的特点及移动方式…………………………………(211)
　12.3　车载信息支撑服务平台………………………………………………………(214)
　　12.3.1　汽车无线通信技术…………………………………………………(214)
　　12.3.2　汽车环境感知系统…………………………………………………(217)
　　12.3.3　卫星导航定位系统…………………………………………………(220)
　　12.3.4　远程故障诊断系统…………………………………………………(220)
　　12.3.5　驾驶辅助系统………………………………………………………(221)
　12.4　智能停车系统…………………………………………………………………(222)
　　12.4.1　智能停车场的特点…………………………………………………(223)
　　12.4.2　智能停车场的系统功能……………………………………………(223)
　12.5　高速公路信息平台共享服务…………………………………………………(225)
　　12.5.1　高速公路综合地理信息服务………………………………………(225)
　　12.5.2　交通服务信息数据特征……………………………………………(225)
　　12.5.3　高速公路公共服务信息平台………………………………………(226)
参考文献…………………………………………………………………………………(228)

第1章 绪论

汽车服务行业也称汽车后市场，是指汽车从主机厂下线以后，围绕汽车使用过程中的各种服务，涵盖了消费者买汽车后所需要的一切服务，即汽车服务系统是汽车从下线到报废的过程中，围绕汽车售后使用环节中各种服务而产生的一系列交易活动的总称。

1.1 汽车服务工程的分类与基本内容

1.1.1 汽车服务行业的分类

汽车服务行业的分类方式很多，常见的有以下几种。

1. 按照服务的技术密集程度分

按照服务的技术密集程度，汽车服务行业可分为技术型服务与非技术型服务。

技术型服务包括汽车厂商售后服务、汽车维修检测服务、智能交通服务、汽车故障救援服务和二手车交易服务等。除技术性服务以外的其他服务为非技术型服务，如汽车金融服务、汽车广告服务、汽车信息服务等。

2. 按照服务行业的资金密集程度分

按照服务行业的资金密集程度，汽车服务行业可分为金融类服务和非金融类服务。

金融类服务包括汽车消费信贷服务、汽车租赁服务和汽车保险服务等，其他服务为非金融类服务。

3. 按照服务的知识密集程度分

按照服务的知识密集程度，汽车服务行业可分为知识密集型服务和劳务密集型服务。

知识密集型服务包括售后服务、维修检测服务、智能交通服务、信息咨询服务和汽车文化服务等。劳务密集型服务则包括汽车物流服务、报废汽车的回收与拆解服务、汽车驾驶培训服务、汽车会展服务、场地使用服务和代办各种服务手续的代理服务等。

4. 按照服务的作用特性分

按照服务的作用特性，汽车服务行业可分为生产作业型服务和实体（企业）经营型服务。

生产作业型服务包括汽车物流服务、售后服务、维修检测服务、美容装饰服务、废旧汽车的回收与拆解服务、二手车交易服务、汽车配件营销与精品销售服务等，其他服务为实体（企业）经营型服务。

5. 按照服务的载体特性分

按照服务的载体特性，汽车服务行业可分为物质载体型服务和非物质载体型服务。

物质载体型服务是通过一定的物质载体实现的服务，如技术型服务、生产作业型服务、交易经营型服务、汽车租赁服务、汽车广告服务、展会服务、场地使用服务等。非物质载体型服务没有明确的服务物质载体，如汽车消费信贷服务、汽车保险服务、信息咨询服务、汽车俱乐部等。

6. 按照服务内容的特征分

按照服务内容的特征，汽车服务行业可分为汽车销售服务、汽车检测维修服务、汽车使用服务和汽车延伸服务。

1.1.2 汽车服务工程的基本内涵

1. 汽车厂商的分销流通

汽车厂商的分销流通是指汽车厂商为了分销自己的产品而建立的区域性、全国性，甚至全球性的产品销售网络及物流配送网络。当前我国汽车厂商的分销模式一般是以汽车制造商的营销部门为中心，以区域管理中心为依托，以特许或特约经销商为基点，集新车销售、零配件供应、维修服务、信息反馈与处理为一体，受控于制造商的分销渠道模式。目前，其主要表现形式是"四位一体"的"4S"，包括整车销售（Sale）、零配件（Sparepart）、售后服务（Service）、信息反馈（Survey）等的专卖店模式。

2. 汽车售后服务

汽车售后服务是指汽车作为商品销售出去以后，由制造商和销售商为客户拥有的汽车提供的全过程、全方位服务，是售后服务中最重要的环节。汽车售后服务是厂家保持或扩大市场份额的要件，其优劣直接影响消费者的满意程度。在购买时，商品的保修、售后服务等有关规定可使消费者摆脱疑虑、摇摆的心态，从而下定决心购买商品。优质的售后服务可以算是品牌经济的产物。在市场激烈竞争的当今社会，随着消费者维权意识的提高和消费观念的变化，他们不再只关注产品本身，而是在同类产品的质量与性能都相似的情况下，更愿意选择拥有优质售后服务的公司。

3. 汽车检测维修与美容装饰服务

这里的汽车检测维修服务是指汽车厂商售后服务体系以外的社会独立提供的服务，是汽车正常运行的基本保障。

随着汽车保有量的迅猛增长和汽车技术的不断进步，现今社会从数量上和技术上对汽车维修提出了更高的要求。

随着汽车技术和维修技术的发展，汽车维修从业人员的素质也得到了较大的提高。在从业人员中，研究生和本科生已经占有较高的比例，这为提高汽车维修质量和维修效率奠定了坚实的基础，也为全方位提高汽车维修服务奠定了坚实的基础。

汽车美容装饰服务包括汽车美容、汽车精品和汽车改装等，其作用是美化、清洁、环保、点缀、提高汽车性能（包括动力性、安全性、舒适性和可靠性），以满足广大消费者个性化的需要，但是，由于汽车美容装饰行业在我国属于新兴的行业，还缺少相应的规范和标准，因此汽车美容装饰行业容易出现鱼目混珠的现象，这会严重损害消费者的利益。

4. 汽车售后备件服务

汽车售后备件是汽车销售后备以替换易损、易耗部分的零部件和运行材料（如润滑材料、防冻液、制动液、玻璃水、轮胎等）。

随着我国汽车保有量的迅速增长，汽车售后备件服务市场规模不断扩大，主机厂、零部件供应商、电商平台等众多势力纷纷发力进军汽车后市场。

当汽车保有量稳定与饱和后，汽车后市场将是汽车行业的主要营利点。整车制造与销售、汽车零部件运作和汽车维修服务是汽车产业链的三大主要利润来源。欧美发达国家的汽车产业链已经十分成熟，新车产销利润占比仅为20%，汽车后市场的利润占比高达80%。而我国新车产销利润占比为40%，汽车后市场的利润占比为60%。按照规律，我国汽车后市场，特别是汽车配件市场，还有很大的发展空间。

5. 汽车金融服务

汽车金融服务是汽车生产、汽车流通、汽车消费全过程的一种金融衍生品。现在汽车金融服务在世界发达国家已经得到普及，并达到相当成熟的程度。从20世纪20年代开始，美国大力发展汽车消费信贷，活跃了当时的购车市场，不仅减轻了消费者的资金压力，刺激了消费，还促进了美国汽车产业的发展。

6. 汽车保险服务

机动车辆保险简称车险，是指对机动车辆由于自然灾害或意外事故所造成的人身伤亡或财产损失负赔偿责任的一种商业保险。其保险客户主要是拥有各种机动交通工具的法人、团体和个人。其保险标的主要是各种类型的汽车，也包括电车、电瓶车等专用车辆及摩托车等。

7. 汽车租赁

汽车租赁是指在约定时间内，租赁经营人将租赁汽车（包括载货汽车和载客汽车）交付承租人使用，不提供驾驶劳务的经营方式。汽车租赁不同于一般汽车出租业务的是，在租赁期间，承租人自行承担驾驶职责。汽车租赁业务的核心思想是资源共享、服务社会。

汽车租赁作为我国新兴的交通运输服务业，是满足人民群众个性化出行、商务活动需求和保障重大社会活动的重要交通方式，是综合运输体系的重要组成部分。

8. 智能交通服务

智能交通系统（Intelligent Transportation System，ITS）是未来交通系统的发展方向。

它是一种将先进的信息技术、数据通信传输技术、电子传感技术、控制技术及计算机技术等有效集成运用于整个地面交通管理系统，在大范围、全方位发挥作用的，实时、准确、高效的综合交通运输管理系统。ITS 可以有效利用现有交通设施、减少交通负荷和环境污染、保证交通安全、提高运输效率。智能交通包括车辆控制系统、交通监控系统、车辆管理系统、旅行信息和机动车自动控制系统。

智能交通系统通过人、车、路的和谐、密切配合提高交通运输效率，缓解交通阻塞，提高路网通过能力，减少交通事故，降低能源消耗，减轻环境污染。

汽车后市场除了以上汽车服务系统外，还有二手车交易服务、汽车报废服务、汽车驾驶服务、汽车广告服务、汽车文化服务、汽车资讯服务、汽车俱乐部服务、汽车救援服务、汽车市场与场地服务等。

1.2 汽车服务业的形成与发展

1.2.1 国际汽车服务业的形成与发展

1. 国际汽车服务业的形成

汽车工业的迅速发展带动了汽车服务业的形成和发展。汽车服务市场非常大，包括所有与汽车使用相关的业务。发达国家早就进入汽车服务时代，服务项目不断拓展，服务水平不断提高，现在各种服务都已达到了相当先进和规范的水平。

美国的汽车服务概念形成于 20 世纪初期。20 世纪 20 年代开始出现专业的汽车服务商，从事汽车的维修、配件、用品销售、清洁养护等工作，著名的 PEP - BOYS、AUTOZONE、NAPA 等连锁汽车服务超市，都是在这一时期开始创立的。当前，PEP - BOYS 已经拥有 800 多家大型汽车服务超市，每家面积近 2 000 m^2，被称作汽车服务行业的沃尔玛；AUTOZONE 发展了 5 000 多家 700～800 m^2 的汽车服务中心；而 NAPA 的终端则达到 60 多家。

进入 20 世纪 70 年代，世界性的石油危机和外国汽车大量涌入美国，不仅给美国的汽车工业带来巨大冲击，同时，也引起了美国汽车售后服务市场的巨变，经营内容大大扩展，服务理念也明显改变，汽车服务开始向低成本经营转变，注重发展连锁店和专卖店的服务形式。连锁技术的充分应用是美国汽车服务业最大的特点。在美国，几乎不存在单个的汽车服务店，无论是全业务的 PEP - BOYS，还是单一功能的洗车店，无不以连锁的形式经营。这种模式不但能满足汽车服务行业发展与扩张的需要，而且能保证服务的专业化、简单化、标准化和统一化，得到了从业者和消费者的普遍欢迎。

连锁经营在这一行业充分地展示了它强大的生命力和独特的魅力。例如，一个人驾车周游美国全境，他选择了 AUTOZONE 作为他的汽车服务商，那么他在全美国（甚至包括墨西哥）都能得到一致的服务。从导购小姐的笑，到各工位的操作程序，再到各项服务的价格，从外面的招牌，到店内的布局，再到员工的服装，他的感受是基本相同的。也正因为如此规范，连锁店在美国才能得到消费者的普遍认同。如果说连锁经营是服务商开拓市场的武器，那么规范化则是这个武器是否有效的有力保证。

美国不但有数千平方米的PEPBOYS连锁店的大型卖场，也有AUTOZONE这样的一站式汽车服务中心；更有星罗棋布、分散在大街小巷的便利型连锁店，如NAPA；还有各式各样的专业店，如专业贴膜、专业喷漆、专业装音响等。多种业态各有优势、相互补充，各有自己的生存与发展空间，可以满足不同层次消费者的不同需要，为他们提供了极大的便利。

2. 国际汽车服务业的发展现状

（1）品牌化经营。一辆汽车的交易是一次性的，但是优秀的品牌会赢得消费者一生信赖，这就是品牌的价值所在。品牌可以使商品卖出更好的价钱，为企业创造更大的市场；品牌比产品的生命更为持久，好的品牌可以创造牢固的客户关系，形成稳定的市场。品牌经营要求企业告别平庸，打动消费者。品牌如同一个精美的瓷花瓶，烧制不易，价值连城，但是失手将其打破是再简单不过的事。在国外，著名汽车厂家的产品商标同时也是服务商标，特别是在汽车修理方面，如果挂出某一大公司的商标，则意味着提供的服务是经过该公司确认的，即使用商标是经过该公司许可的。近年，美国德尔福公司宣称在中国树立汽车品牌服务形象，应该说是国外品牌服务向国内进军的开始，美国的保标快修业到中国推行连锁加盟计划，实际上就是以品牌带动服务网络建设的。

（2）从修理为主转向维护为主。汽车坏了就修理并非真正的服务，真正的服务是要保证客户能够正常使用。厂家在产品制造上提出了零修理概念，售后服务的重点也应该转向维护。20世纪80年代，美国汽车维修市场开始萎缩，修理工厂锐减了31.5万家。与此同时，专业汽车养护中心出现爆炸性增长，仅1995年就增加了3.1万家。目前，美国的汽车养护业的数量已经占到美国汽车维修行业的80%，年均收入超过100亿美元。

（3）规模化经营和规范化经营。汽车维修行业的规模化经营与汽车制造业不同，不是通过建立大规模的汽车修理厂或汽车维修中心，而是通过连锁、分支机构实施经营。美国的保标快修业在美国本土就有1 000家加盟店，并在全世界扩展着自己的网络系统。

规模化经营同规范化经营是密不可分的。同一连锁系统采用相同的店面设计、人员培训、管理培训；统一服务标识，统一服务标准，统一服务价格，统一管理规则，统一技术支持；中心采用物流配送，减少物资储存和资金占用，降低运营成本。由于汽车产品的复杂化，维修技术也越来越复杂，维修难度越来越高，维修的设备价值越来越高，已经不能像原来那样每个维修服务点都购置一套。为此，国外汽车公司开始实行销售和售后服务的分离，即在一个城市之间有几家规模较大的维修服务中心，备有全套的修理器材；而一般销售点只进行简易的修理和维护作业。在汽车厂家提供越来越周到的售后服务的同时，汽车维修行业也出现专业化经营的趋势，如专营玻璃、轮胎、润滑油、美容品、音响、空调等。专业化经营具有专业技术水平高、产品规格全、价格相对比较低等优势。与此同时，综合化（一站式）经营也发展很快，如加油站同时提供洗车、小修、一般维护、配件供应等服务。

1.2.2 我国汽车服务业的形成与发展

随着我国汽车保有量的迅猛增加，与之配套的汽车服务市场也将蓬勃发展。

1. 我国汽车服务业的形成

（1）起步阶段。1956年，随着中国第一汽车制造厂的建成投产，我国有了自己的汽车制造业，汽车服务业也随之进入起步阶段。这个阶段的汽车生产、汽车销售与汽车维修服务都是在国家计划经济的体制下运行的，归属于国家不同的产业部门管理，汽车的生产、流通与维修服务的各项职能被人为分割，各自独立运行。各生产企业缺乏自主经营权，企业间也不存在竞争关系。汽车服务仅局限于汽车维修服务，几乎没有其他服务内容。1984年以前，国家的经济基础比较薄弱，汽车数量少、汽车品种单一，且汽车使用者几乎都是国有或集体所有制的企事业单位，对汽车服务（汽车维修质量除外）也无太多要求，使得我国的汽车服务业在这一阶段发展速度缓慢，服务内容也很不健全。

（2）发展阶段。1985—1993年，我国全面进入市场经济建设时期，单一的计划经济体制被彻底打破，市场竞争日趋激烈。随着汽车市场的开放，个人购车量大幅增加，汽车保有量也随之迅速增加。这些变化直接推动了汽车服务业的发展，对汽车服务业的服务内容也提出了新的要求，促使汽车服务业突破单一的汽车维修服务形式，新的汽车服务项目随之出现并得到发展。例如汽车配件市场、汽车厂家的售后服务体系、特约维修站、汽车分期付款的销售方式等，都是在这一时期出现的。与此同时，汽车的驾驶培训服务、报废车回收服务也得到强化和规范。

（3）全面形成阶段。从1994年至今，是我国汽车服务业全面形成的阶段。在这一阶段，我国的汽车工业得到了稳步、健康的发展。2000年后，私人购车已经逐步占据了汽车市场的主导地位，汽车的买方市场已经形成。在这种背景下，我国汽车服务业的服务范围迅速扩大，服务的内涵极大地丰富，服务的水准也得到较大提高，汽车服务体系基本形成，并逐步与国际汽车服务业接轨。

2. 我国汽车服务业的发展趋势

（1）在先进服务理念的指导下，我国的汽车服务业将全面形成以人为本和以充分满足个人消费需求为导向的新型服务体系。

（2）在巩固现有服务业务的基础上，我国的汽车服务业不断开拓新兴服务业务，部分传统业务将发生变革。由于汽车服务贯穿从新车到报废回收的全过程，在这个长时间的过程中，汽车服务体系几乎承担了各个环节的全部服务工作。目前，我国的汽车服务体系还没有完全达到要求，其功能体系还不是很健全。因此，随着今后服务市场的发展和逐步细分化，我国的汽车服务必须扩展到服务和贸易的方方面面，一批新兴服务业务的出现是必然趋势。

（3）大力发展汽车服务业连锁经营。汽车服务业主要针对汽车后续服务市场，是汽车产业链中的重要环节。与发达国家相比，我国汽车服务市场的发育程度还很低，因此，有必要在探讨汽车服务业连锁经营的发展模式的同时，借鉴国外发展汽车服务业的成功经验，以寻求提高我国汽车服务业水平的方法。

  我国汽车服务市场最显著的特点是企业规模小、持续经营能力差和品牌优势不突出。据不完全统计，在一些大城市，许多家庭轿车售后服务企业没有进行工商登记或受到厂商授权，而能提供全方位服务与执行较为严格服务标准的企业所占比例不足10%。58%的汽车服务企业属于传统独立的小规模作坊式的维修企业。这种服务市场结构的质量难以保证，影响了服务企业规模的扩大与品牌经营战略的实现，难以满足我国汽车市场快速发展和对消费者售后服务的强劲需求。与此同时，由于我国的汽车服务提供商普遍缺乏较成熟的服务品牌，因此减缓了企业通过差异化服务实现可持续发展的速度。

第 2 章 汽车营销服务与市场分析

汽车营销是指进行汽车市场调研、分析与竞争研究,为企业生产经营决策提供咨询,进行汽车产品营销策划以及实施汽车销售的全过程。

2.1 汽车厂商的分销流通与营销模式

2.1.1 汽车分销渠道

汽车分销渠道,就是汽车产品从生产企业向最终消费者或产业客户移动时,直接或间接转移所有权所经过的途径。

1. 汽车分销渠道的分类

1) 直接渠道和间接渠道

直接渠道又称零级渠道,是指没有中间商参与,产品由生产者直接售给消费者(客户)的渠道类型。间接渠道是指生产者利用中间商将产品销售给消费者(客户),中间商介入交换活动。直接渠道和间接渠道的比较如图 2-1 所示。

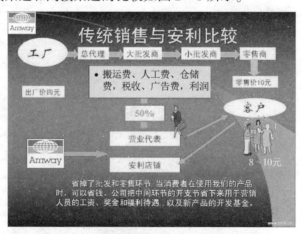

图 2-1 直接渠道和间接渠道的比较

直接渠道的优点是厂家可以直接与客户沟通，获得客户的需要；还可以采用订单式生产，降低销售成本。其缺点是不利于产品推广和客户购买，市场占有率低。

间接渠道的优点是有中间商参与推广和促销，市场占有率高，有利于产品的迅速推广；中间商购买厂家的产品，有利于缓解生产者人、财、物等力量的不足；厂家可以从中间商那里获得大量的市场信息，有利于厂家进行产品改进和新产品开发。其缺点是增加了销售成本；中间产品有可能积压在中间商手中，可能会造成"需求滞后差"，即产品过剩。

2）长渠道和短渠道

分销渠道的长短一般是按通过流通环节的多少来划分。渠道的级数越高，渠道越长；反之，则渠道越短，如图 2-2 所示。

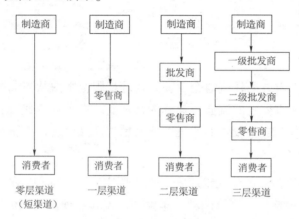

图 2-2 分销渠道的长度

渠道越长，企业产品的市场扩展可能性就越大，但是企业对产品销售的控制性和信息反馈性就越差；相反，渠道越短，企业对产品销售的控制性和信息反馈性就越好，但是，市场扩展性就会下降。

3）宽渠道与窄渠道

分销渠道的宽度，取决于分销渠道中每个层次上使用同种类型中间商数目的多少。在分销渠道的每个层次上，使用同种类型中间商（在生产者与消费者之间参与商品交易业务，促使买卖行为发生和实现的、具有法人资格的经济组织或个人，此处指各级批发商和零售商）数目越多分销渠道越宽，反之分销渠道就比较窄。

一般日用消费品都采用宽渠道，由多家批发商经销，又转卖给更多的零售商，能大量接触消费者，大批量地销售产品。宽渠道专业性强的产品，或贵重耐用的消费品，一般都采用宽渠道。宽渠道生产企业容易控制分销，但市场分销面受到限制。

2. 影响汽车分销渠道选择的因素

任何一家汽车制造企业在选择各区域市场的分销渠道时，都会受一系列微观因素和宏观因素的制约。

(1) 产品因素。一般来说，汽车产品由于体积大、重量大、价值大、运输不便、储运费用高、技术服务专业性强等原因，对分销商的设施条件、技术服务能力和管理水平要求较高，因此，汽车产品的销售渠道宜采取短而宽的销售渠道类型。

（2）市场因素。不同企业的不同产品，其市场特性不同。当前我国汽车市场迅猛发展，特别是轻型汽车和轿车成为汽车市场的主角，其市场分布面广，这就要求汽车企业的销售渠道范围相应地宽一些，以提高市场覆盖率。而对重型汽车、专用汽车等汽车产品的生产企业而言，因其应用市场相对集中，故可以选择窄和短的销售渠道。

（3）环境因素。宏观经济形势对渠道的选择有较大的制约作用，如在经济不景气的情况下，制造商要控制销售成本，降低产品售价，因此必然减少流通环节，使用较短的渠道。

2.1.2 汽车营销模式

1. 代理制模式

1）代理制的概念

代理制是指买方或卖方委托流通企业在其代理权限范围内从事商品交易业务的一种商流形式，接受买方或卖方委托的流通企业称为代理商。汽车营销代理就是汽车生产企业委托区域市场上的某些分销能力较强的代理商为其销售产品。进口汽车通常采用这种模式。

2）代理制的特点

（1）汽车代理商是独立的法人组织，与汽车厂家有较长期稳定的关系。

（2）实现工商分工合作，充分调动汽车生产厂家和代理商的积极性。

（3）通过代理，可以使汽车的销售网点增加，增强营销网络的功能，使汽车营销活动更加灵活，更贴近客户。

（4）汽车生产企业可以通过合理的管理和控制代理商，保证生产的顺利进行，有利于分担经营风险。

（5）厂家的经营信息和经营规划代理商完全不知道，但代理商的经营信息厂家完全掌握。这样厂家可以随时根据代理商的经营信息调整经营策略，并规避风险，有时将风险转嫁给代理商。

2. 特许经营制

1）特许经营的概念

特许经营也称为经营模式特许或特许连锁，是指特许经营权拥有者以合同约定的形式，允许被特许经营者有偿使用其名称、商标、专有技术、产品及运作管理经验等从事经营活动的商业经营模式。当前我国汽车销售多采用4S特许经营模式，即新车销售（Sale）、零配件供应（Sparepart）、维修服务（Service）、信息反馈与处理（Survey）为一体，受控于制造商的分销渠道模式。

2）4S特许经营的标准

4S汽车特许经营模式兴起于19世纪末。汽车4S店在外观形象和内部布局上，统一规范、统一标识，给人强烈的视觉冲击，有助于提升品牌形象魅力。经过二十几年的发展，

4S汽车特许经营模式逐渐完善，已经形成了比较完善的执行标准，如图2-3所示。

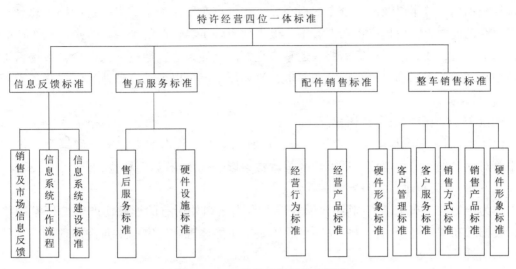

图2-3　4S特许经营的执行标准

3）特许经营的特点

（1）特许经营的优点。

①可以减少流通环节，降低经营成本。特许连锁经营中，汽车生产企业一般通过物流公司统一配送资源，经销店面向直接客户，销售渠道短，经营成本低。

②具有高度专业的维修技术。4S店只针对一个汽车生产厂家的系列车型，有专业设备，有配套的零部件，有汽车生产厂家的系列培训和技术支持，对汽车的性能、技术参数、使用和维修方面都非常专业，做到了"专而精"。

③具有热情周到的人性化服务。4S店豪华气派，让车主真正享受到"上帝"的感觉。同时4S店还有一系列的客户投诉、索赔等管理，确保了车主的利益。

④市场信息反馈准确、及时。特许连锁经营规定统一反馈市场信息，并对市场信息集中处理，各经销店及生产企业能够及时、全面了解市场动态，为市场决策提供了必要依据。

（2）特许经营的局限性。

特许经营模式的优点明显，但也有很多局限性。

①经销商的"道德风险"。

经销商的"道德风险"主要表现在经销商低价销售和跨区域销售（窜货）两个方面。

经销商在销售汽车时不仅要考虑销售一辆汽车所能够带来的利润，同时还要考虑汽车销售数量的增加所带来的年底结算时汽车厂家的返利（又称价格折扣）。跨区域销售会导致经销商在区域销售上的冲突，同时也影响其他区域市场汽车价格的稳定。

②汽车制造商的"道德风险"。

在国家政策、市场信息、产品技术等方面，汽车厂家掌握的信息往往比经销商更多。汽车厂家可能因此产生"道德风险"。

销售商加盟汽车厂家的特许体系后，厂家可能利用掌握的信息以及特许合同所赋予厂家的权利而侵犯经销商的利益。比如，由于不允许经销商跨区域销售汽车，导致区域市场内授权经销商的数量以及网点分布变得至关重要。汽车厂家为了扩大销售网络，总是趋向于多设经销商网点，以提高市场占有率，极大地影响了经销商的利益。特别是汽车产品进行技术革新时，或者汽车厂家需要改造整个经营网络体系时，通过降低差价，市场营销能力较差的经销商无法满足汽车厂家的要求，汽车厂家就可以名正言顺地达到取消劣质经销商资格的目的。

③汽车4S店基本没有话语权。

汽车4S店在很大程度上受控于厂家，没有话语权，没有实力像电器经销商一样与厂家平等对话，处于弱势地位，厂家的政策常常会影响汽车4S店的利益。

④汽车4S店很难有自身的品牌形象。

作为厂家的汽车4S店，其建筑形式以及专卖店内外所有的形象均严格按厂家的要求进行装饰和布置，经销商自身的品牌形象则基本不能体现，厂家也不允许体现，很难创造自己的品牌。

⑤汽车4S店投资大，风险高。

建设一个汽车4S店需要大量的资金投入，少则上百万元，多则上千万元，甚至几千万元，且一般由经销商自己投资建立，一旦所经营的汽车滞销，经销商将背上沉重的经济负担。

⑥维修费用高。

汽车4S店维修收费严格遵守厂家的规定，维修费用过高，损害消费者利益。

3. 汽车超市模式

汽车超市又称汽车商场或汽车大卖场，其将各品牌的汽车产品集中在一起销售，在同一时间，给消费者提供各种品牌、车型、价格等方面更多的选择权。图2-4为某汽车超市展厅。

图2-4 某汽车超市展厅

（1）汽车超市模式的优点。

①多品牌同场经营。将不同品牌、不同价值、不同性能的汽车汇集在一起，给消费者提供了一个充分比较、判断、筛选的机会，选择余地多，范围广，节省购车时间。

②提供"一站式"服务。汽车超市里配备有配套的商务办公楼，工商、税务、公安、交管、银行、保险等政府、金融机构入场办公，为消费者提供美容、保养以及贷款、保险、办理牌照等一站式服务功能，帮助消费者办理购车手续，方便客户购车。

③超市凭借规模效益，可以降低经销商的费用，从而降低汽车的售价。

④将汽车营销与日常生活融合在一起。汽车超市既是汽车销售中心，又是休闲娱乐的场所，顾客在这里可以充分体验汽车文化。汽车超市以汽车服务贸易为主体，并千方百计拓展服务的外延，促使服务效益最大化，是对传统汽车销售方式的有利补充。

⑤经销商的经营风险大大降低。投资一个汽车4S店，在土地、厂房、资金、人力资源等方面的投入很大，并且经销商只能经营单一品牌的汽车，如果该品牌的汽车市场销量不好，经营风险全部由经销商来承担，风险较大。

⑥提高了经销商的话语权。经销商相对汽车企业来说还是弱者，话语权较低。由于汽车市场里的经销商可以经营多种品牌的汽车，因此拥有较高的话语权。

从长远看，随着我国汽车工业的迅速发展，汽车厂家的卖方市场地位也在逐渐减弱，汽车特许经营模式必然会受到冲击，拥有完善流通渠道的经销商必将获得市场优势，汽车厂家将会低下高昂的头，经销商的市场话语权将逐渐提高。

（2）汽车超市模式的缺点。

由于汽车超市价位相对较低，利润空间较小，汽车厂家不愿将汽车交给汽车超市经营，经销商只有从一级经销商那里获得汽车资源，这不仅增加了汽车超市的进货成本，而且在市场旺季或商品车供不应求时很难获得汽车资源，更为重要的是，汽车超市在售后服务方面还无法做到汽车4S店那样规范和有保障。

4. 汽车工业园区模式

汽车工业园区结合我国市场"既集中又分散"的特点，将国内外几种渠道模式有机结合，成为集约式汽车交易市场发展的新方向。汽车工业园区有五种模式：汽车+制造园、汽车+商贸园、汽车+研发园、汽车+文化园、未来汽车小镇，如图2-5所示。

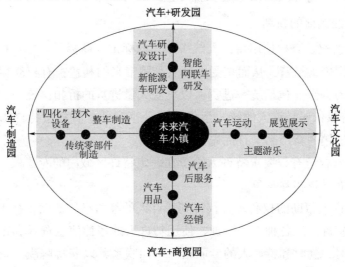

图2-5 汽车工业园区

目前，我国汽车园区的构想刚刚起步，不少地区正积极筹建当地的汽车工业园区，这种模式会发挥出它潜在的巨大功效。

苏州东德智能电动汽车科创园位于吴江区汾湖高新区，规划面积为1 357亩（约904 667平方米）。园区以无人驾驶技术和智能技术为主，融制造、科研、测试、展销、服务等功能于一体，将打造两个中心（汽车文化博览中心和智能电动汽车技术研究中心）、三个基地（中小企业创新基地、汽车物流仓储基地和人才培养聚集基地）、四个平台（展示和销售平台、汽车金融平台、大数据平台、汽车核心技术及产品平台）。

2.1.3 分销机构的责任、权利和义务

1. 汽车特许经销商的含义

我国的"特许经营"汽车销售制度，是指汽车销售企业要想经销某品牌的汽车，必须先取得该汽车供应商的许可，工商行政部门才能进行工商登记并颁发工商执照，若不进行工商登记，也不颁发工商执照，汽车供应商不会向该企业发货，汽车销售企业也无法经销该品牌的汽车。

2. 汽车特许经销商的条件

对于汽车经销商来说，只有具备以下条件才可以成为汽车特许经销商：

（1）独立的企业法人，能自负盈亏地进行汽车营销活动。

（2）有一定的汽车营销经验和良好的汽车营销业绩。

（3）能拿出足够的资金开设统一标识的特许经营店面，具备汽车市场营销所需的周转资金。

（4）达到特许人所要求的特许经销商硬、软件标准。

普通经销商符合以上条件可以通过履行特许经销商申请和受许人审核等手续，经双方签署汽车特许经营合同（或协议）后，就可正式成为某品牌汽车的特许经销商。

3. 汽车特许经销商的权利

（1）特许经营权。有权使用特许人统一制作的标记、商标、司标和标牌；有权在特许经营系统的统一招牌下经营，从而享受由著名品牌带来的利益；有权获得特许人的经营秘诀，以加入统一的运作（包括统一进货，以享受大量进货的折扣；统一促销；统一的市场营销策略等）；有权依照特许人的统一运作系统分享利益；有权按特许人的规定取得优惠政策，对特许人经销的新产品享有优先权。

（2）地区专营权。有权要求特许人给予在一定特许区域内的专营权，以避免在同一地区内加盟商过多而导致相互竞争。

（3）取得特许人帮助的权利。有权得到特许人的经营指导援助、技术指导援助及其他相关服务；参加特许人的各种定期培训，使用特许人的各种信息资料和市场运作情报；在经营中遇到问题时，随时和特许人的专职指导部门联系，以获得解决；资金缺乏时，可以采取连带担保等方式，取得贷款；其他援助。

4. 汽车特许经销商的义务

（1）必须维护特许人的商标形象。在使用特许人的经营制度、经营策略以及与其相关的标记、商标、司标和标牌时，应当积极维护特许人的品牌声誉和商标形象，不得有损害特许人商标形象和统一经营制度的行为。

（2）在参加特许经营系统统一运营时，只能销售特许人的合同产品；必须按特许人要求的价格出售；必须从特许人处取得货源；不得跨越特许区域销售；不得自行转让特许经营权。

（3）应当履行与特许经营业务相关的事项，随时和特许人保持联系，接受特许人的指导和监督；按特许人的要求，购入特许人的商品；积极配合特许人的统一促销工作；负责店面装潢的保持以及定期维修。

（4）应承担相关费用，如加盟金、年金、加盟店包装费等。

2.1.4 汽车分销渠道的规划与管理

渠道管理是指制造商为实现公司分销的目标而对现有渠道进行管理，以确保渠道成员间、公司和渠道成员间相互协调和通力合作的一切活动，其意义在于共同谋求最大化的长远利益。渠道管理分为选择渠道成员、激励渠道、评估渠道、修改渠道决策以及退出渠道。

1. 汽车分销渠道规划

1）汽车分销渠道规划的原则

（1）畅通高效原则。

畅通高效原则是渠道选择的首要原则。任何正确的渠道决策都应符合物流畅通、经济高效的要求。商品的流通时间、流通速度、流通费用是衡量渠道效率的重要标志。畅通的营销渠道应以消费者的需求为导向，将产品尽快、尽好、尽早地通过最短的路线，以尽可能优惠的价格送达消费者方便购买的地点。畅通高效的营销渠道模式，不仅要让消费者在适当的地点、时间以合理的价格买到满意的产品，而且应努力提高企业的营销效率，争取最大限度地降低营销成本，获得最大的经济效益，从而赢得长期竞争优势。

（2）覆盖适度原则。

随着市场环境的变化和整体市场的不断细分，以及人们生活水平的提高，消费者的消费心理和消费行为都发生了翻天覆地的变化，如要求购买方式更便捷、产品更物超所值、拥有更大的选择空间等。因此，企业应认真考察目标市场的变化，及时把握原有渠道的覆盖能力。另外，企业在选择营销渠道的模式时，仅仅考虑加快速度、降低费用是不够的，还应考虑及时准确地送达的商品能不能尽快地销售出去，能否获得较高的市场占有率。因此，不能一味强调降低营销成本，这样可能导致销售量下降、市场覆盖率不足的后果。在分销渠道模式的选择中，也应避免经销商扩张过度，以防由于竞争过于激烈而影响经销商的效益。

（3）稳定可控原则。

营销模式一旦选定，企业就应花费相应的人力、物力和财力去建立和维护。因此，企业一般不要随意更换自己的渠道成员，也不要随意转换渠道模式。事实上，任何企业若要提高渠道的效益，必须保持渠道的稳定性，否则，企业就很容易在渠道竞争中"翻船"。当然，由于影响营销渠道的各种因素总在不断变化，一些原有的营销渠道难免会出现某些不合理的问题，这时，就需要对营销渠道进行相应的调整。

（4）市场导向原则。

企业的存在和发展必须以市场为导向，这是市场经济条件下企业主体的根本指导方针。

汽车分销渠道规划一定要建立在了解市场情况、预测市场未来、分析市场动态的基础上，以市场需求作为规划的基本出发点。

（5）协调平衡原则。

保持营销渠道上下游成员之间的协调与合作是保证渠道畅通的关键。因此，企业在确定渠道层次结构时，不能只简单地追求自身的利益最大化，忽视乃至损害其他渠道成员的利益，这无益于整合渠道的高效运转。企业在选择渠道模式时，应综合考虑各渠道成员之间的利益，尽量使各成员之间的利益达到平衡。

（6）精耕细作原则。

市场覆盖面大了，如果缺乏管理，缺乏精耕细作，那么分销渠道的危机就会凸现出来。在精耕细作的网络设计中，所有的网络管理工作必须做到定点、定时、定人、定路线、定效应，推行细致化、个性化服务，及时准确地反馈市场信息，全面监控市场的动向。

（7）不断创新原则。

企业在不同的发展阶段，在不同的品牌发展阶段，分销渠道的设计应该有所不同。分销渠道的设计应该注重求新、求变的原则。企业应根据竞争和市场的发展，根据消费者的变化和个性化需求，不断调整分销渠道，让分销渠道和企业、产品、品牌共同进步。

2）影响渠道设计的主要因素

影响分销渠道设计的因素很多，其中主要因素有以下几种。

（1）企业特性。

企业规模大、实力强，往往有能力担负起部分商业职能，如仓储、运输、设立销售机构等，有条件采取短渠道；而规模小、实力弱的企业无力销售自己的产品，只能采用长渠道。

（2）产品特性。

产品的特性不同，对分销渠道的要求也不同。汽车产品重量大、价值高、运输不便、储运费用高、技术服务专业性强，对中间商的设施条件、技术服务能力和管理水平要求较高，所以汽车产品的销售渠道宜采取短而宽的销售渠道。

（3）市场特性。

近年我国汽车行业保持快速增长，汽车市场仍将快速发展，市场竞争日趋激烈，市场需求呈多元化格局。因此，汽车的市场分布面广，这就要求汽车企业的销售渠道应力求宽一些。

(4) 生产特性。

汽车生产在时间或地理上比较集中，而在使用上比较分散，其销售渠道一般应有中间环节，不宜采用直接环节。

(5) 客户特性。

渠道设计深受客户人数、地理分布、购买频率、平均购买数量等因素的影响。在客户人数多、购买力强的大城市，宜采用每一层次都有许多中间商的长渠道。

(6) 中间商特性。

汽车技术性强的，一般要选择具备相应技术能力或设备的中间商来完成销售任务。

(7) 竞争特性。

渠道设计要考虑同区域竞争者的情况，如果自己的产品比竞争者有优势，可选择同样的渠道；反之，则应尽量避开。

2. 渠道设计的步骤

渠道设计的步骤有确认渠道设计的需要、确认渠道目标、明确渠道任务、制定可行的渠道结构和选择渠道成员，如图2-6所示。

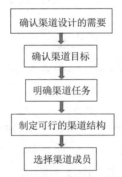

图2-6 渠道设计的步骤

(1) 确认渠道设计的需要。

对于新企业必须设计销售渠道。对于老企业，当有新产品上市、价格政策发生变化、企业渠道政策发生变化和老渠道出现危机时，都需要重新规划设计新的销售渠道。

十年前，"汽车人"将目光瞄准一、二线城市，大量建设汽车4S店，十年来这些汽车4S店的建设和管理在营销中成效显著，渠道在产品的销售、品牌价值提升中发挥着重要的作用。当前，"汽车人"将目光瞄准二、三线城市，准备进行渠道的二次扩张，因此渠道的建设与管理便成为目前汽车企业、集团经销商的重要工作内容。

(2) 确认渠道目标。

①销售渠道从空间到时间都要方便客户购买，汽车销售一般采用比较宽的渠道。

②规划汽车销售渠道时，要坚持售后先行的原则，打消消费者的后顾之忧。

③考虑自身的经济效益和消费者利益。若销售渠道过长过宽，营销费用过高，会使销售价格升高；销售渠道过短过窄，会影响顾客购买的方便性和销售量。因此，在规划销售渠道时，一定要进行经济性预测。

④合理确定市场经营目标，具体包括市场竞争情况、销售量的大小和经销商的效益、

成本的高低、对中间商的可控程度、各渠道冲突的大小等。

（3）明确渠道任务。

在规划流通渠道时，要明确各个环节，如生产商、物流、经销商的任务、权利、责任，并明确相互协作的方法制度。

（4）制定可行的渠道结构。

做任何决策时，都要设计几个可行的方案，然后进行分析筛选，确定最佳的方案。方案的选择见表 2-1。

表 2-1　渠道方案选择

项目 内容	广度		长度			宽度	
	直接	间接	集中性	选择性	密集性	单元	多元
销量最大		√			√		√
成本最低		√	√			√	
信誉最佳	√			√			√
铺货率最强		√			√		√
冲突最低	√		√			√	
控制最强	√		√			√	
合作程度最高	√		√			√	

（5）选择渠道成员。

渠道成员的选择，就是从众多的相同类型的分销成员中选出适合公司渠道结构的能有效帮助完成公司分销目标的分销伙伴（中间商）的过程。中间商选择得是否得当，直接关系到生产企业的市场营销效果的好坏。选择中间商首先要广泛搜集有关中间商的业务经营、资信、市场范围、服务水平和财务状况等方面的信息，确定审核和比较的标准。

3. 汽车分销渠道的评价

在汽车的日常营销中，常常用"经验"来对营销渠道进行管理，这样的管理手段和方法缺乏全面性、科学性、针对性和准确性，所以对各个销售成员无法进行正确的甄别，更谈不上制定改进措施了。

从渠道的数量、质量、政策力、执行力四个方面完全能够做到对渠道进行系统、量化、准确的评估，在量化评估的过程中诊断出渠道存在的问题，并制定出改善、提高这些问题的具体措施。

1）渠道数量

通过以下几个指标进行评估渠道数量：

（1）渠道比率：渠道比率＝本品某区域内渠道数量/（本品＋竞品）某区域内渠道数量，这个比率的高低是与竞品进行比较取得的。这个指标与区域销量结合程度的高低是判断渠道多少的重要指标。

（2）渠道新增率：渠道新增率＝本期本品本区域渠道数量/去年同期本品本区域渠道

数量。按照此法可以得取本、竞品的新增率，然后进行比较，通过新增率的比较可以了解本品及竞品的渠道发展趋势。

（3）重点经销商比率：K-A比率=本品本区域重点渠道数量/本品本区域渠道数量，这是判断渠道健康度的一个重要指标。此指标的取值在30%~40%比较好。

（4）重点区域覆盖率：K-区域覆盖率=重点区域内渠道数量/重点区域数量。此指标是个绝对指标，同时，也可与竞品进行比较，以便了解为什么有些重要地区不能建渠道的真实原因。

注：在弱势市场里，渠道比率、新增率一般比竞品低，否则，渠道的质量就会存在严重的问题。这两个指标可以帮助企业判断出渠道在数量、结构、位置方面存在的问题。

2）渠道质量

评价渠道质量的指标有：

（1）分销能力率：分销能力率=某区域某渠道时间销量/某区域所有渠道时间销量。此指标是判断在某区域里本品各渠道（本品各渠道之间的比较）的销售能力。

（2）销售能力率：销售能力率=某区域某渠道时间销量/某区域（本品所有渠道+竞品所有渠道）时间销量。此指标是判断在某区域里某渠道（包括竞品）的市场销售能力。

（3）渠道效率：渠道效率=开票数/零售数。这是一个纵向比较的指标，用来判断渠道库存增加的速度以及渠道的长度是否合理。

（4）渠道健康度：这个指标是指渠道的市场控制能力，可以从主推能力、消费者二次购买数量、推荐购买数量、成交率等指标来判断。

注：分销能力率、销售能力率这两个指标除了按照它们自身的高低来判断销售能力以外，通过这两个指标的比较还可以判断出其他问题。例如，经过评估，渠道甲的分销能力率很高，但销售能力率非常低（这种情况在市场里非常多）。

3）渠道政策力

渠道政策力并不是渠道政策，而是指渠道政策（商务政策、区域政策）在该地区的作用，它包括以下几个方面：

（1）渠道组织设计得合理与否？

（2）渠道激励政策是否有效？

（3）渠道管理政策的合理性、针对性、有效性。

（4）有没有渠道冲突与沟通政策？如果有，它在解决渠道冲突与沟通方面的作用如何？

（5）渠道销售、推广、技术支持政策怎么样？

（6）渠道服务政策如何？

4）渠道执行力

渠道执行力是指渠道对以下几方面问题的执行能力。

（1）渠道的考核：包括信息渠道的质量、服务质量、促销效率、合同管理。

（2）渠道管理方面：包括营销人员的管理和终端销售的管理。

(3) 渠道的惯性：运动的物体都有自己的惯性，发展着的渠道也有自己的惯性。这个指标是指渠道在无作为的情况下销售能力的大小。

以上评估有些可以量化，有些需要定性评估。定性评估的部分可以采取抽查、问卷、座谈等形式。需要强调的是，对任何一个环节的评估都要得出一个明确的结论，但不要急于制定改善措施，必须待整个系统评估结束，进行综合评价时才能制定各个环节的改善措施。

2.2 汽车市场调查

市场调查，就是运用科学的方法，有目的地、有系统地搜集、记录、整理有关市场营销的信息和资料，分析市场情况，了解市场的现状及其发展趋势，为市场预测和营销决策提供客观的、正确的资料和依据。

2.2.1 汽车市场调查的内容

1. 经营环境调查

（1）政策、法律环境调查。调查汽车行业和服务业有关的政策和法律法规，这样才能做到依法经营。

（2）行业环境调查。调查汽车行业的发展状况和发展趋势，预测未来市场可能发生的变化，以抓住新的发展机会，并对可能发生的不利情况及时地采取应变措施。

（3）宏观经济状况调查。宏观经济状况是否景气，直接影响消费者的购买力，汽车销售会大受影响。

2. 市场需求调查

了解市场的最大和最小需求量，消费者现有和潜在的购买力、购买原因或动机，同类产品市场分布及占有率。市场需求调查的关键问题是产品购买力，因为它集中反映着市场产品需求的总量。

3. 汽车产品调查

汽车产品调查包括对现有汽车产品的销售情况、使用维修情况、顾客的反应进行调查，为汽车新产品的设计开发、对现有汽车产品进行改良提供依据；对现有汽车产品的价格、供求关系进行调查，以便对自己的汽车产品价格定位提供依据。

4. 消费者情况调查

消费者情况调查包括对消费心理、消费行为的特征进行调查分析，研究社会、经济、文化等因素对购买决策的影响及其影响的具体环节和领域。了解潜在消费者在产品款式、性能、质量、包装等方面的偏好趋势，了解消费者的品牌偏好及对企业产品的满意度等。

5. 竞争对手调查

竞争对手调查主要是对竞争对手的营销组合、产品的市场占有率和企业实力、竞争对手的优缺点及营销策略等进行调查,以便于有的放矢地采取一些竞争策略。

6. 市场销售策略调查

调查了解目前市场上的促销手段、营销策略和销售方式等,如销售渠道、销售环节、广告宣传方式和重点、价格策略等,为决策采取什么经营策略、经营手段提供依据。

2.2.2 汽车市场调查的方法与程序

1. 汽车市场调查的方法

(1) 观察法。

观察法是指通过直接观察取得第一手资料的调查方法。

市场调查人员直接到商店、订货会、展销会等消费者比较集中的场所,借助照相机、录音机或直接用笔录的方式,身临其境地进行观察记录,从而获得重要的市场信息资料。对汽车市场来讲,在马路上或停车场上观察,就可以大体了解各厂家生产出的汽车产品的市场占有率,以及人们对生产出的汽车产品款式、外形、颜色的偏好,这些很可能是厂家开发产品的依据。

观察法的优点是可以客观地收集资料,集中地了解问题。

(2) 问卷法。

问卷法是指通过设计问卷的方式向被调查者了解市场情况的一种方法。按照问卷发放的途径不同,可以分为当面调查、通信调查、电话调查、留置调查四种。当面调查,是按事先设计好的问卷,有顺序地依次发问,让被调查者回答;通信调查,是将调查表或问卷邮寄给被调查者,由被调查者填妥后寄还的一种调查方法;电话调查,是指按照事先设计好的问卷,通过电话向被调查者询问或征求意见的一种调查方法;留置调查,指调查人员将问卷或调查表当面交给被调查者,由被调查者事后自行填写,再由调查人员约定时间收回的一种调查方法。

(3) 座谈法。

座谈法,是采用小组座谈会的形式,挑选一组具有代表性的消费者或者行业专家,由主持人对到会人员进行询问,从而获得对有关问题的深入了解的一种调查方法。小组座谈会是资料收集中一种比较独特的形式,它远不止是一问一答式的面谈,而是在主持人的引导下,进行深入讨论,是一种主持人与被调查者之间、被调查者与被调查者之间互动的过程。

(4) 资料研究法。

资料研究法是间接调查的方法,它是利用已有的市场统计资料对调查的内容进行分析研究,以获取市场情况。

资料通常来源于政府机关或者统计部门的统计数据、报纸杂志、以往的行业报告、互联网等。

2. 汽车市场调查的程序

市场调查程序，是指从调查准备到调查结束全过程工作的先后阶段和具体步骤。整个调查过程一般分四个阶段进行，即确定调查目的、做好调查前的准备工作、实施调查以及处理资料与撰写调查报告。

1）确定调查目的

首先要就市场状况和存在问题的背景做初步的分析并进行非正式探测性调查，以明确问题所在，然后确定调查目的，这样可避免实际操作中的调查工作走弯路，保证调查结果的准确性和时效性。

2）做好调查前的准备工作

调查前的准备工作主要包括制订调查计划、确定调查项目、组建并培训调查人员以及具体的工作安排等。制订市场调查计划是对整个调查工作的事先设计，目的是使调查工作能有计划有组织地进行，以确保调查任务的完成。制订市场调查计划主要应解决以下问题：

（1）确定调查对象。

调查对象是由性质相同的各个调查单位或者个人组成，是拟定的实际被调查者。调查中实际观测或调查的一部分个体称为样本，也可解释为按一定的程序、方法从总体中随机抽取的部分个体。调查对象的选取首先应根据调查的目的确定调查对象的母集团，然后再根据调查所要求的精确度和调查范围确定需要调查的个体。

（2）确定调查的方法。

包括样本大小的确定、调查地点、调查时期的选择和次数、调查方式的确定（即采用询问法、观察法还是座谈法），以及资料统计分析方法等。

（3）拟定调查大纲或表格。

为了提高调查效率和确保调查内容全面具体真实，实施调查前要拟定调查大纲或调查表格。

（4）调查日程进度的确定。

市场调查时效性很强，故每次调查的时间不宜过长。在准备阶段，项目组对调查过程的每个环节要做出合理的具体的日程安排，以确保按时完成调查任务。

3）实施调查

组织调查人员按照拟定的方法实施调查，按照计划收集各种可靠的资料和数据。首先要收集现成的二手资料，包括地方统计年鉴以及各种报纸和期刊等。其次，进入实地调查阶段，这是最为关键的一环，因此必须加强组织管理，掌握好进度，以确保能够实现目标。

4）处理资料与撰写调查报告

处理资料大体可分为两个步骤：第一，对资料或数据进行整理、统计、分析（即对收集的资料进行检查、辨析、核实、校订、编号、归类等）；第二，通过讨论或数据处理进行统计、分析,从中得出合乎实际的结论。

调查报告是调查研究之后的书面报告,要以事实材料为基础,对所调查的问题做出系统的分析说明并提出结论性的观点。

天津一汽丰田花冠全系列车型调查报告

调查车型:天津一汽丰田花冠全系列车型

上市时间:2004年2月23日下线,3月23日上市

调查范围:样本以广州、深圳、东莞三地车主为主,兼顾武汉、海南、广西车主

样本数量:有效样本90人

调查时间:2007年1月5—20日

1月5—20日,我们对广州、深圳、东莞90位花冠车主进行了调查。接受调查的车主年龄大部分为20~35岁,以男性居多。通过电话采访和问卷调查,探寻天津一汽丰田生产的花冠,这款从1966年诞生至今历经9代、行销世界上超过140个国家和地区、累计销量超过千万辆,甚至以"世界最畅销车"(2 498.660 7万辆)被载入《吉尼斯世界纪录》的车型,在中国车主的心目中,究竟是什么样子?

在这90人中,只有6个人表示对购买花冠感到"有一些后悔",而超过70%的人对花冠的综合评价打出了高分。"外形漂亮""操控感不错,提速快""音响效果好""售后服务好"这样的评价一直不绝于耳。令人印象最深的是,在购买花冠1年以上的人中,表示曾经因为车的质量故障而去维修的人寥寥无几,一般的小毛病发生在汽车上路1个月至半年的时间段,而且所占比例也很小,这种反馈似乎证明了花冠畅销世界的必然性。

但我们也听到了一些反对的声音。在电话中,确实有些车主对花冠流露出失望的情绪,如"做工不够精细""配置缩水较多""动力还达不到预期"是我们听到的抱怨。

1. 花冠之爽

(1) 稳定性高,质量好,出现的问题少。

(2) 发动机动力好,提速时间令人满意。

(3) 油耗低,不论是在市区道路还是高速公路,其在这个级别的车型中省油性都很突出。

(4) 简洁利落的车身线条,饱满、厚实的后部车身,车型外观令人满意。

(5) 价格经济。

(6) 车内空间宽敞。

2. 花冠之不爽

(1) 车身较轻,悬挂硬,减振效果差。

(2) 行驶一段时间后,隔声效果下降。

(3) 急速时发动机声音过大,特别是行驶10 000 km后。

(4) 高速表现一般,方向盘不稳,特别是行驶速度超过120km/h时。

(5) 雨刮器使用效果不尽如人意。

(6) 转弯半径大。

3. 花冠之最满意

(1) 稳定性高，质量好，出现的问题少。

支持比例：87%

调查结果：90个被调查者中，大部分车主对丰田品牌都有较高的信任度，认为花冠确实是一款性能稳定的车。多数车主提到使用过程中几乎没有出现问题，除了基本维护之外，使用在三年内有维修记录的车主仅9位，看来质量关是大家都比较满意的。机械方面、电子仪表、灯都没有出现问题。

(2) 发动机动力好，提速时间令人满意。

支持比例：72%

调查结果：90个被调查者中，64个车主表示花冠的加速性令人满意，其中49个车主表示，开起来非常舒服，完全能达到速度要求，15个车主则表示在市区内行驶没有问题，20~80km/h提速表现突出。剩下26个车主认为花冠动力一般，主要提到的不满是高速不理想，100km/h以上加速开始变慢，120km/h车子会比较飘。

(3) 油耗低，不论是在市区道路还是在高速公路，其在这个级别的车型中省油性都很突出。

支持比例：70%

调查结果：90个被调查者中，63个车主表示花冠"比较省油"，对于花冠的油耗感到满意，和同级别1.8L车型相比有优势。5位从前开过其他品牌车的车主在对比后也对花冠的油耗给予了很高的评价。从调查数据分析，汽车在市区路面平均百公里①油耗为9~11L，各车情况略有差别。

(4) 简洁利落的车身线条，饱满、厚实的后部车身，车型外观令人满意。

支持比例：64%

调查结果：90个被调查者中，57个车主盛赞了花冠的外形，其中不少人表示当时买车其实相当大的原因就是喜欢这款车的外形。有21个车主接受调查时表示，花冠外形一般，比较平庸。12个车主则认为"外形很普通""不够时尚、没有个性"。

(5) 价格经济。

支持比例：61%

调查结果：90个被调查者中，55个车主提到花冠"最满意的地方"是价格。汽车上市后经历了一次幅度在万元以上的降价是不少人随后购买花冠的原因。在2005年以后购买花冠的车主多数认为其价格很经济，但是在花冠刚上市时就购买的车主对于"价格经济"这一点则多不认同。

(6) 车内空间宽敞。

支持比例：57%

调查结果：90个被调查者中，51个车主认为花冠车内空间宽敞是一大优点，特别是与竞争车型宝来相比。有40个车主明确表示，当时购买花冠，车内空间宽敞确实是购买理由之一。

---

① 1公里＝1 000米。

(7) 原配音响效果理想。

支持比例：45%

调查结果：90个被调查者中，41个车主认为花冠原装的音响是这款车最令人满意的地方，其拥有6碟音响播放器和环绕喇叭，有车主表示"不用改装也可以听得很舒服"。

4. 花冠之最不满意

(1) 车身较轻，悬挂硬，减振效果差。

抱怨比例：79%

调查结果：90个被调查者中，71个车主认为花冠车身较轻，其中65个车主认为，花冠的悬挂给人感觉很硬，直接体现就是在某些街道尤其是在过减速带的时候"感觉颠簸得厉害"。

(2) 行驶一段时间后，隔声效果下降。

抱怨比例：52%

调查结果：90个被调查者中，46个车主反映在花冠行驶一段时间后，隔声效果下降了一些。其中17个车主对于花冠的隔声效果表示"不大满意"，认为花冠的胎噪比较大。28位车主提到车使用一段时间后，有较大的杂音。其中有2个车主提及曾因为某处响声过大而去维修过，还有1位车主因发动机杂音而去维修过，但没能解决。

(3) 怠速时发动机声音过大，特别是行驶10 000 km后。

抱怨比例：42%

调查结果：90个被调查者中，37个车主表示汽车起动时，发动机声音很大。有不少车主反映，以前冷车起动是瞬间在1 500~1 600转，20~30 s开始下降，后来冷车起动瞬间就达到1 800转以上，而且下降的时间变慢了，有时2~3 min后还维持在1 200转。

(4) 高速表现一般，方向盘不稳，特别是当速度达到120km/h以上时。

抱怨比例：38%

调查结果：90个被调查者中，34个车主认为花冠在速度上到120km/h以上的时候，加速性就明显下降，而且车身给人感觉不大稳，方向盘好像会左右扭动，让人没有安全感。

(5) 雨刮器使用效果不尽如人意。

抱怨比例：25%

调查结果：90个被调查者中，22个车主认为雨刮器使用效果不尽如人意，雨迹不能很好刮净是花冠的一个缺点。其中17个车主有过想更换雨刮器的想法，认为原来的雨刮器不能很好地发挥作用。有7个车主已经将其更换为无骨雨刮器了。

(6) 转弯半径大。

抱怨比例：21%

调查结果：90个被调查者中，19个车主认为花冠的转弯半径过大，给人感觉不够灵活，对操控汽车带来一定困扰。尤其是在掉头位比较窄的时候，往往要转两次，很容易堵塞交通。另外，还有少数车主认为车身弹簧太软带来转向不足，过弯时汽车有明显的侧倾，激烈驾驶时会发生侧滑。

2.3 汽车销售实务

2.3.1 汽车销售流程

汽车销售流程如图 2-7 所示。

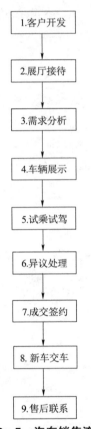

图 2-7 汽车销售流程

1. 客户开发

客户开发过程如图 2-8 所示，下面详细介绍前 3 个过程。

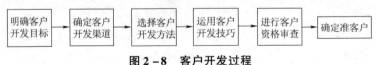

图 2-8 客户开发过程

1) 明确客户开发目标

通常，在销售人员的客户信息中，真正有购买意向的客户可能仅占约 30%，而这 30% 当中真正成交的可能仅占约 40%。由于经验、能力不同，成交率会有所不同，但每个销售人员都要对自己的商谈率和成交率进行分析，并根据自己的销售目标和成交率来制定客户开发目标。

2）确定客户开发渠道

（1）通过媒介渠道开发客户。

主要有网络渠道（公司网站、汽车专业网站、其他网站）、广告渠道和报纸渠道。

（2）在汽车4S店外部开发客户。

①在现有客户中寻找潜在客户。
②从市场调查走访中开发客户。
③在认识的人中开发客户。
④从商业联系中开发客户。
⑤善用各种统计资料寻找准客户。
⑥利用各种名录资料开发客户。
⑦从各种贸易展销会中开发客户。

（3）在汽车4S店内部开发客户。

汽车4S店很多部门都有客户资料，应加强客户联络，有可能获得目标客户。

①企业的财务部门。
②汽车4S店的服务部门。
③公司的销售记录。
④客户来电记录。

3）选择客户开发方法

（1）展销会。

展销会是为了展示产品和技术、拓展渠道、促进销售、传播品牌而进行的一种宣传活动。举办展销会是当前汽车行业宣传自己的产品、开发客户的主要方法。

（2）拜访客户。

通过拜访客户，主要了解客户的经济实力、客户的工作及购买汽车的用途、客户的人际关系、客户的性格喜好等，从而为客户制定符合客户需要的车辆。

（3）情感感动客户。

经常给客户发信息、打电话、送节日礼物、送生日礼物、邀请客户到展厅体验自己的产品，通过感情联络客户，先与客户成为朋友，然后再谈合作。

（4）为老客户提供优质的服务。

老客户不但能够给我们再次带来销售的机会，更重要的是老客户的口碑传播可以给我们带来新的客户。特别是互联网时代，如果能把老客户变成"粉丝"，那么你的营销活动便成了"粉丝"活动，只需要一个爆款或者一次事件营销就可以引爆销售的增长，因为"粉丝"购买的不再是你的产品，而是你传递给客户的信念和价值观。

2. 展厅接待

展厅接待任务分析如图2-9所示。

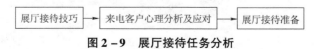

图2-9 展厅接待任务分析

展厅接待流程如图2-10所示。

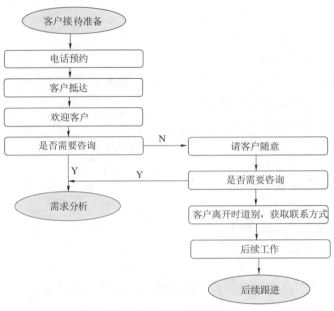

图 2-10　展厅接待流程

3. 需求分析

准确地了解客户的需求是销售成功的基础。

销售顾问通过与客户的有效沟通，能够了解对方目前的状况和存在的问题，掌握对方的需求以及影响购买的因素，然后对客户进行优先轻重分析，并推荐合适的车型。

4. 车辆展示

车辆展示，又名车辆介绍，是对所推荐车型的外观、性能和特点进行全面介绍的过程。

车辆介绍一般按车前、发动机舱、车侧、车后、车后座和驾驶座的顺序进行，这就是业内常说的车辆六方位介绍，如图 2-11 所示。

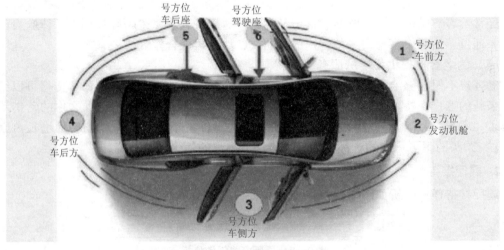

图 2-11　车辆六方位介绍

六方位介绍的主要内容：

（1）1号方位：车前方，重点介绍车辆的外观造型、腰线伸展、大灯造型、品牌及价值所在。

（2）2号方位：发动机舱，重点介绍发动机性能、技术和油耗等。

（3）3号方位：车侧方，重点介绍汽车的安全性及侧视效果。

（4）4号方位：车后方，重点介绍车尾的设计特色及行李箱大小、空间等。

（5）5号方位：车后座，重点介绍乘坐的空间及舒适性等。

（6）6号方位：驾驶座，重点介绍仪表台外观特点、驾驶的操控性、乘坐的舒适性等。

5. 试乘试驾

试乘试驾（图2-12）是为了给客户进行新车体验，增强客户的购买信心，同时也是展示该车性能的最佳途径。

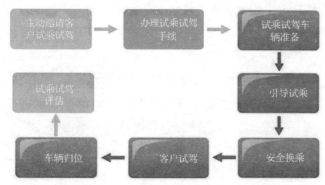

图2-12 试乘试驾的流程

试乘试驾注意事项：

①试驾人员须拥有合法的中华人民共和国机动车驾驶证满2年。

②试乘试驾要有工作人员全程陪同，陪同人员要详细介绍试驾车型的特点。

③试驾时一定要遵守交通规则，上车时系好安全带，停车换人时注意来往车辆和行人。

④为了保证您的安全，如无特殊情况，不要猛踩油门及刹车。试驾人员在行车途中要保持车速稳定，最高限速40km/h，严禁强行超车。

⑤试驾人员必须严格按照试驾路线行驶。

⑥试驾人员如对车辆状况不熟，不要按与试乘试驾无关的按钮或开关，如有疑问，可向陪驾人员咨询。

⑦注意保护车内装饰，不准在车内吸烟、吃东西，严禁使用手机。

⑧试验刹车性能时，注意保持安全距离，并在刹车前做出有效提示。

工作人员要提醒试驾人员，如违反试乘试驾规定，由此产生的一切后果将由试驾人自行负责。

6. 异议处理

客户的异议是多种多样的，处理的方法也千差万别，必须因时、因地、因人、因事采取不同的方法。常见的处理客户异议的方法有以下几种：

1）转折处理法

转折处理法是汽车4S店销售人员根据有关事实和理由来间接否定客户的意见。应用这种方法是首先承认顾客的看法有一定道理，也就是对客户做出一定让步，然后再讲出自己的看法。此法一旦使用不当，可能会使客户提出更多的意见。交流中要保持良好的洽谈气氛，为谈话留有余地。

2）转化处理法

客户的反对意见是有双重属性的，既是交易的障碍，同时又是一次交易机会。营业员要是能利用其积极因素去抵消其消极因素，未尝不是一件好事。这种方法是直接利用顾客的反对意见转化为肯定意见，但应用这种技巧时一定要讲究礼仪，不能伤害客户的感情。

3）以优补劣法

如果客户的反对意见的确切中了产品或公司所提供的服务中的缺陷，千万不可以回避或直接否定。明智的方法是肯定相关缺点，然后淡化处理，利用产品的优点来补偿甚至抵消这些缺点。这样有利于使客户的心理达到一定程度的平衡，有利于使客户做出购买决策。

4）委婉处理法

汽车4S店销售人员在没有考虑好如何答复顾客的反对意见时，可用委婉的语气把对方的反对意见重复一遍，或用自己的话复述一遍，这样可以削弱对方的气势。有时，转换一种说法会使问题容易回答得多，但要注意，只能减弱而不能改变客户的看法，否则客户会认为汽车4S店销售人员在歪曲他的意见而产生不满。

5）合并意见法

合并意见法是将客户的几种意见汇总成一个意见，或者把客户的反对意见集中在一个时间讨论，其目的是削弱反对意见对客户所产生的影响，但要注意不要在一个反对意见上纠缠不清，由于人们的思维有连带性，因此往往会由一个意见派生出许多种反对意见。摆脱这种状况的方法是在回答了客户的反对意见后马上把话题转移开。

6）反驳法

反驳法，是指汽车4S店销售人员根据事实直接否定客户异议的处理方法。理论上讲，这种方法应该尽量避免。直接反驳对方容易使气氛僵化而不友好，使客户产生敌对心理，不利于客户接纳汽车4S店销售人员的意见和建议。

7）冷处理法

对于客户一些不影响成交的反对意见，汽车4S店销售人员最好不要反驳，采用不理睬的方法是最佳的。千万不能当客户提出反对意见时，马上反驳或以其他方法处理，那样就会给客户造成汽车4S店销售人员总在挑他毛病的印象。

7. 成交签约

这个阶段，汽车4S店销售人员要动作迅速，一切按规范处理，一定要确认资金金额和支付方式，按规定收取订金、签订订单协议与合同，同时应在客户支付购车款前把注意事项说清楚。

8. 新车交车

1）交车前的文件准备

交车前要对涉及车辆的相关文件进行仔细全面的检查，确认无误后，装入文件袋，以便交给客户。这些文件包括商业单据发票、合同等；临时行车牌照；使用说明手册、保修手册、产品合格证等；完税证明、保险凭证等；销售人员、服务部经理/服务代表的名片；交车确认表和"PDI（车辆的售前检验记录）"检查表等。

2）车辆状况检查

交车时，汽车4S店销售人员要带领客户按规定对车辆进行检查，检查内容主要包括：

（1）车辆细节检查。检查车辆有无漆面划伤、剥落、凹痕、锈点、饰条；内、外观有无划伤或缝隙的大小和均匀度是否符合规定等；车内电线束是否扎紧和吊挂是否牢靠；车窗、引擎盖及行李箱等是否有损失；汽油箱内是否按规定加有规定数量的汽油。

（2）每月经办人员整理"PDI"检查表，按新车汇总表的顺序归档，以备查验。

（3）交车前装配好约定的选用备件，安装选用配件时必须按照作业标准进行。

（4）检查随车出厂合格证、所有的票据、临时牌照、随车工具、各种说明书和手册、备胎等，要齐全完好。

（5）功能演示。在规定的交车区域里演示各项功能的操作：如座椅、方向盘的调整；后视镜调整和电动窗的操作；如何开启空调及除雾装置；车内音响的使用；灯光、仪表、电子钟的使用介绍；特殊配备的功能介绍，如定速巡航功能、GPS功能等；其他任何客户可能不熟悉的事项。

9. 售后联系

汽车4S店销售人员要对"使用说明书及保修手册"的各项内容及使用方法做详细的说明，以免日后因误解产生不必要的麻烦，说明项目如下：

①车辆各部分使用说明并演示基本项目。

②400免费服务电话或其他服务专线电话及24小时求援服务说明。

③紧急情况处理。

④定期保养项目表。

⑤根据不同的品牌，对行驶1 000km或3 000km或公司具体规定的不同的免费保养内容予以说明。

⑥保修时间和保修里程数，说明两者之中只要出现一个，都表示保修期已到。

⑦保修项目和非保修项目，如易损部件和维护材料等。

⑧确定首次保养的日期，并记入《保有客户管理卡》。

⑨当面向客户介绍服务经理和服务代表，并递交名片。

⑩服务经理向客户介绍日常为其服务的服务代表，并说明有任何解决不了的问题都可找服务经理协调解决。

2.3.2 汽车销售技巧

1. 第一印象是成功的关键

假如汽车4S店销售人员能够第一次见面就被客户喜欢，那么他（她）就已经成功了一半。汽车4S店销售人员在与客户初次见面时需要注意以下几点：

1）服饰

汽车4S店销售人员的着装要整洁、得体、符合自己的身份，不要过于前卫或者佩戴过多的饰物，更不要穿着奇装异服。汽车销售展厅工作人员服饰厂家有统一的规定。

2）言谈举止

汽车4S店销售人员的一言一行都代表了公司的形象。因此，有些问题是汽车4S店销售人员必须避免的，比如：语速太快、语言粗俗、说大话、撒谎；油腔滑调、沉默寡言；太随便、吃零食、与客户勾肩搭背；脚不住地抖动；不停地看表、东张西望、慌慌张张等。

3）有礼貌，行为得体

有礼貌是一个人内在素养的外在表现，与客户说话时态度要谦逊有礼，让客户觉得汽车4S店销售人员很有教养。有礼貌的基本原则是：真诚、热情、自信、谦虚。围绕这几个基本原则交往，必然能给客户留下彬彬有礼的印象。

2. 对自己的产品要了如指掌、信心十足

产品是汽车4S店销售人员打仗的武器，如果不熟悉产品，在客户面前就先输了一半；信心是能传染人的，如果汽车4S店销售人员对自己的产品都没信心，那客户对汽车4S店销售人员更没信心。汽车4S店销售人员的信心来源于三个方面：一是自己的业务能力，二是产品的质量，三是企业的实力。

3. 保持一颗平常心

大量实践表明，一次拜访就成功签约的比例不到10%，一般汽车4S店销售人员都需要拜访客户3次以上，才有机会成功签约。所以，初做业务的汽车4S店销售人员需要保持一颗平常心，别给自己太大的压力，要抱着"混个脸熟"的思想去拜访客户，但每次拜访一定要给下次留有余地，而且随着访问次数的增加，还可以增加访问的深度，这样才有可能成交。

2.4 汽车电子商务与网络营销

随着网络时代和电子商务的兴起，各个行业都产业了新的商机，电子商务也将成为汽车营销与技术服务新的渠道。汽车网络销售让不少企业取得了辉煌的销售业绩。2010年，奔驰SMART在3h28min内被抢购205辆；同年，吉利熊猫汽车某日0点刚上线1min就卖出300辆；2012年江淮悦悦在天猫"双11"购物狂欢节活动中热销1 225辆。

电子商务是通过互联网进行的各项商务活动，包括广告、交易、物流、支付、服务等活动。其基本框架如图2-13所示。

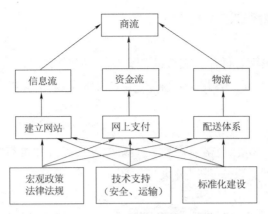

图 2-13　电子商务的基本框架

经济活动中的要素可以用四种方式表达：信息流、资金流、物流和商流。信息流包括商品信息、技术支持信息、服务信息、企业资信信息等的传递过程，也包括询价信息、报价信息、付款通知书等商业贸易单证信息的传递过程。资金流是指资金的转移过程，包括付款和账单等。物流是商品或服务的流动过程，具体指物质运输的全过程。商流是指物品在流通中发生形态变化的过程，即由货币形态转化为商品形态以及由商品形态转化为货币形态的过程，随着买卖关系的发生，商品所有权也发生转移。

2.4.1 汽车生产企业的营销管理与电子商务

1. 汽车企业对客户的电子商务（BTOC）

汽车企业对客户的电子商务简称 BTOC（B – Business，指生产厂家；C – Consumer，指客户）。

汽车厂商建立自己的网站，把信息发布出去，加强与客户之间的信息联系；网站通过建立论坛、公开电子邮件地址等方式，可以收集客户和竞争对手对自己的意见和看法；客户可以通过厂商的网站了解厂家的产品，并提出自己对产品和服务的意见；通过论坛，客户之间可以沟通交流，为买车、驾车提供参考。

2. 汽车企业对经销商和供应商的电子商务

汽车企业通过互联网构筑虚拟专用网络，将分销渠道的内部网融入其中，可以及时了解分销过程的商品流程和最终销售状况，这将为企业及时调整产品结构、补充脱销产品、分析市场特征、实时调整市场策略等提供依据，从而为企业降低库存、采用实时生产方式创造条件。对于分销商而言，网络销售也开辟了及时获取畅销产品信息、处理滞销商品的巨大空间。

汽车厂商网站可实现的功能有产品目录管理、网上洽谈、订单管理等。

汽车电子商务平台可实现的功能包括以下几个：

（1）前台购物客户登记。

客户可以将个人信息存入网上的数据库，用于鉴别自己的身份，厂家对符合条件的客户给予适当的优惠。登记只需进行一次，在以后的购买过程中，系统会根据客户的信息自动加以识别，方便客户的购买。

(2) 在线商品查询。

在线商品查询包括模糊查询和分类查询，所有的查询条件可以自定义，由数据库自动生成。并可根据多种组合查询，客户只需输入几个关键字就可以查询到自己感兴趣的商品信息。

(3) 在线商品浏览。

让客户根据商品的价格、规格、产地、厂家、外观等特性进行选购。显示的商品记录由客户或选择的查询条件产生，可以分页显示商品记录。

(4) 客户登录。

不同的代理商有不同的代理代码，同一代理商也可以有不同的客户名和客户密码，系统可以实现对网站的浏览者进行良好的控制，没有权限的客户无法浏览。

(5) 信息发布。

信息发布是一个在线交流系统，可分为两部分：一是重要信息，即共同信息，所有的代理商都能看到；二是代理商信息，不同的代理商看到的内容不同，具有针对性。

(6) 查无查询。

不同的代理商可以看到自己的财务账单，可按时间、金额、月份查询。

(7) 产品目录。

所有的代理商都可以看到商品的概况，包括价格、外观和技术参数等。

2.4.2 汽车网络销售流程

(1) 汽车经销商将自己所有的产品发布到网页上，包括产品图片、价格、性能描述、使用及维修说明、售后服务等详细信息。

(2) 客户通过浏览器输入汽车经销商的地址，进入其网站。

(3) 客户通过查看相关车型、款式、价格、配置等，经过详细对比选中某一车型。

(4) 客户通过购物对话框填写购物信息，包括个人信息、所选车型品牌、配置、颜色、款式、规格、价格等详细参数，填写完毕提交。

(5) 客户选择付款方式，如用网银、信用卡、电子支票，或者办理有关购车贷款等。

(6) 汽车经销商确认客户付款后，通知销售部门，销售部门通过物流送货上门。

(7) 客户按时收货，确认车款、配置、颜色、价格等后签字收货，完成网上销售全过程。

(8) 若客户在使用过程中对技术性能、产品参数等有异议，可以通过汽车经销商的网站参与在线互动，与专业技术人员交流沟通。

第 3 章 物流服务

物流是物品从供应地向接收地的实体流动过程。物流由物体的运输、配送、仓储、包装、搬运装卸、流通加工以及相关的物流信息 7 个环节组成。

3.1 物流概述

3.1.1 物流的特点

现代物流具有以下几个特点。

1. 物流服务在时间上的准确性

物流的运输、配送、仓储、加工、分拣、包装等是以生产企业的生产、销售计划为前提的。生产企业的精益化组织要求物流单位要对物流的全过程进行精确的控制和组织，保证物资准时送达生产现场，保证生产单位的材料供应。准时是物流服务的第一要求。

2. 物流服务在计划安排上的灵活性

货运物流服务应有高度的计划性，但这种计划必须充分考虑各种偶然性和不确定性因素。其本质要求是必须服从生产和销售的节奏，一旦生产和销售的节奏发生变化，再合理的计划也要不厌其烦地进行调整和补救。

3. 物流服务在服务范围上的广延性

物流对客户服务应追求高质量，质量有标准但没有极限。在服务过程中，凡是客户不满意的都是必须改进的，凡是客户需要的都是必须去做的。往往这些改进和附加的工作会形成新的服务项目或服务产品，如运输中的分装、包装与贴签等，为物流企业带来更多的商机和更高的回报。

4. 物流服务在营销上的创造性

物流要加强市场营销以争取客户，但这种营销不是简单的报价和签约，而是为客户设计一整套最优化、最经济的产品物流方案，因此营销的成败往往取决于是否有一支既懂运输又精通生产、销售和财务管理的人才队伍，取决于他们创造性的应变和设计能力的高低。

5. 货运物流服务在伙伴关系上的长期性

物流企业应审慎选择那些能长期合作的客户伙伴，这可以体现出一个物流企业的实力和规避风险的能力。与此同时，这种实力还体现在与各种运输方式的协作伙伴关系（与铁路、航空和航海运输的联运）是否巩固、网络化技术支撑是否强大，因此具备多式联运功能是物流企业生存和发展的必要条件。

6. 物流运输的风险大

由于物流行业的特殊性，物流运输存在着远远大于生产企业的风险，具体包括以下几个方面：

（1）交通肇事风险。

在运输货物的过程中发生交通肇事，虽然很多事故是驾驶员造成的，但其民事责任由其所属的物流企业承担。

（2）货物损坏或者丢失。

在运输、仓储、装卸搬运和配送环节中的货物有可能会损伤、丢失、泄露和燃烧，造成的损失都由运输企业负责。

（3）延时配送带来的责任风险。

在准时制生产方式（Just In Time，JIT，又称无库存生产方式或零库存生产方式原则）的要求下，物流企业延时配送影响到生产企业的生产进度，往往会导致客户索赔。从实践中看，客户索赔的依据大多是物流协议，此时第三方物流企业承担的是违约赔偿责任。

3.1.2 物流的发展及发展趋势

1. 物流的发展过程

物流管理的发展经历了配送管理、物流管理和供应链管理三个阶段。

1）配送管理阶段

物流起源于第二次世界大战中军队输送物资装备所发展出来的储运模式和技术。在战后，这些技术被广泛应用于工业界，并极大地提高了企业的运作效率，为企业赢得了更多的客户。当时的物流管理主要针对企业的配送部分，即在成品生产出来后，如何快速而高效地经过配送中心把产品送达客户，并尽可能维持最低的库存量。在这个初级阶段，物流管理只是在既定数量的成品生产出来后，被动地迎合客户需求，将产品运到客户指定的地点，并在运输的领域内实现资源最优化使用，合理设置各配送中心的库存量。准确地说，在这个阶段，物流管理并未真正出现，出现的只是运输管理、仓储管理和库存管理。物流经理的职位当时也不存在，有的只是运输经理或仓库经理。

2）物流管理阶段

现代意义上的物流管理出现在 20 世纪 80 年代。人们发现，利用跨职能的流程管理的方式去观察、分析和解决企业经营中的问题非常有效。通过分析物料从原材料运到工厂，流经生产线上每个工作站，产出成品，再运送到配送中心，最后交付给客户的整个流通过程，企业可以消除很多看似高效率但实际上降低了整体效率的局部优化行为。因为每个职能部门都想尽可能地利用其产能，没有留下任何富余，一旦需求增加，则处处成为瓶颈，导致整个流程的中断。又如，运输部作为一个独立的职能部门，总是想方设法降低其运输成本，但若其因此而将一笔必须加快的订单交付海运而不是空运，这样做虽然省下了运费，却失去了客户，导致整体的失利。所以传统的垂直职能管理已不适应现代大规模工业化生产，而横向的物流管理却可以综合管理每个流程上的不同职能，以获得整体最优化的协同作用。

3）供应链管理阶段

随着信息化的发展与应用，物流管理的范围扩展到除运输外的需求预测、采购、生产计划、存货管理、配送与客户服务等，以系统化管理企业的运作，达到了从原材料供应、各个生产环节直至产品到客户手中的整体效益的最大化。

2. 物流的发展趋势

物流的发展趋势可以总结为以下几点：

（1）物流功能集成化。

现代物流着重于将物流与供应链的其他环节进行集成，包括物流渠道与商流渠道的集成、物流渠道之间的集成、物流功能的集成、物流环节与制造环节的集成等。

（2）物流服务系列化。

现代物流强调物流服务功能的恰当定位与完善化、系列化。除了传统的储存、运输、包装、流通加工等服务外，现代物流服务在外延上向上扩展至市场调查与预测、采购及订单处理，向下延伸至配送、物流咨询、物流方案的选择与规划、库存控制策略建议、货款回收与结算、教育培训等增值服务。

（3）物流作业规范化。

现代物流强调功能、作业流程、作业动作的标准化与程式化，使复杂的作业变成简单的、易于推广与考核的动作。

（4）物流目标系统化。

现代物流从系统的角度统筹规划一个企业整体的各种物流活动，处理好物流活动与商流活动及企业目标之间、物流活动与物流活动之间的关系，不求单个活动的最优化，但求整体活动的最优化。

（5）物流管理手段现代化。

现代物流使用先进的技术、设备与管理为销售提供服务，生产、流通、销售规模越大、范围越广，物流技术、设备及管理就越现代化。计算机技术、通信技术、机电一体化技术、语音识别技术等也得到普遍应用。世界上最先进的物流系统运用了全球定位系统（Global Positioning System，GPS）、卫星通信、射频识别装置、机器人，实现了自动化、机械化、无纸化和智能化。

（6）物流组织网络化。

物流领域网络化的基础是信息化，这里指的网络化有两层含义：一是物流配送系统的计算机通信网络，包括物流配送中心与供应商或制造商的联系要通过计算机网络，另外与下游顾客之间的联系也要通过计算机网络通信。例如，物流配送中心向供应商提出订单这个过程就可以使用计算机通信方式，借助增殖网上的电子订货系统（Electronic Ordering System，EOS）和电子数据交换（Electronic Data Interchange，EDI）来自动实现，物流配送中心通过计算机网络收集下游客户订货的过程也可以自动完成；二是组织的网络化，即所谓的企业内部网（Intranet），例如，中国台湾地区的计算机业在20世纪90年代创造出了"全球运筹式产销模式"，这种模式的基本点是按照客户的订单组织生产，生产采取分散形式，即将全世界的计算机资源都利用起来，采取外包的形式将一台计算机的所有零部件、元器件和芯片外包给世界各地的制造商去生产，然后使用全球物流网络将这些零部件、元器件和芯片发往同一个物流配送中心进行组装，由该物流配送中心将组装的计算机迅速发给订货客户。

3.2 物流管理

3.2.1 物流管理的概念

物流管理是指在社会再生产过程中，根据物质资料实体流动的规律，应用管理的基本原理和科学方法，对物流活动进行计划、组织、指挥、协调、控制和监督，使各项物流活动实现最佳的协调与配合，以降低物流成本，提高物流效率和经济效益。

随着生产技术和管理技术的提高，企业间的竞争日趋激烈，人们逐渐发现，企业在降低生产成本方面的竞争似乎已经走到了尽头，产品质量的好坏也仅仅是一个企业进入市场参加竞争的敲门砖。这时竞争的焦点开始从生产领域转向非生产领域，转向过去那些分散的、孤立的、被视为辅助环节而不被重视的物流活动领域。人们开始研究如何在这些领域降低成本，提高服务质量，创造"第三个利润源泉"。从历史发展来看，人类历史上有过两个大量提供利润的领域。第一个是资源领域，第二个是人力领域。在前两个利润源潜力越来越小，利润开拓越来越困难的情况下，物流领域的潜力逐渐被人们所重视，按时间序列排为"第三个利润源"。

3.2.2 物流管理的主要内容

物流管理主要内容包括物流作业管理、物流战略管理、物流成本管理、物流服务管理、物流组织管理和供应链管理。

（1）物流作业管理。

物流作业管理是指对物流活动或功能要素的管理，主要包括运输与配送管理、仓储与物料管理、包装管理、装卸搬运管理、流通加工管理、物流信息管理等。

(2) 物流战略管理。

物流战略管理是对企业的物流活动实行的总体性管理,是企业制定、实施、控制和评价的一系列管理决策与行动,其核心问题是使企业的物流活动与环境相适应,以实现物流的长期、可持续发展。

(3) 物流成本管理。

物流成本管理是有关物流成本方面的一切管理工作的总称,即对物流成本所进行的计划、组织、指挥、监督和调控。物流成本管理的主要内容包括物流成本核算、物流成本预测、物流成本计划、物流成本决策、物流成本分析、物流成本控制等。

(4) 物流服务管理。

物流服务管理是指物流企业从处理客户订货开始,直至商品送交客户的过程中,为满足客户的要求,有效地完成商品供应、减轻客户的物流作业负荷所进行的全部活动。

(5) 物流组织管理。

物流组织管理是指专门从事物流经营和管理活动的组织机构。物流组织既包括企业内部的物流管理和运作部门、企业间的物流联盟组织,也包括从事物流及其中介服务的部门、企业以及政府物流管理机构。物流管理组织的主体是物流管理人员,行为准则是健全的规章制度,媒介是企业物流信息。物流管理组织的建立遵循精简、统一、自主、高效的原则。

物流组织管理的工作内容包括以下四个方面:

①确定实现物流组织目标所需要的活动,并按专业化分工的原则进行分类,按类别设立相应的工作岗位,如运输、仓储、包装加工和装卸等。

②根据组织的特点、外部环境和目标需要划分工作部门,设计组织机构。

③规定组织结构中的各种职务或职位,明确各自的责任,并授予相应的权力。

④制定规章制度,建立和健全物流组织结构中纵横各方面的相互关系。

(6) 供应链管理。

供应链管理是用系统的观点通过对供应链中的物流、信息流和资金流进行设计、规划、控制与优化,以寻求建立供、产、销企业以及客户间的战略合作伙伴关系,最大限度地减少内耗与浪费,实现供应链整体效率的最优化,并保证供应链成员取得相应的绩效和利益,以此来满足客户需求的整个管理过程。

3.3 物流实务

3.3.1 物流的基本作业

1. 运输

运输是物流的核心业务之一,也是物流系统的一个重要功能。选择何种运输手段对于物流效率具有十分重要的意义。在决定使用何种运输手段前,必须权衡运输系统要求的运输服务和运输成本,可以用运输机具的服务特性作为判断的基准,包括运费、运输时间、运输能力、货物的安全性、时间的准确性、适用性、伸缩性、网络性和信息等。

2. 仓储

仓储功能包括对进入物流系统的货物进行堆存、管理、保管、保养、维护等一系列活动。仓储的作用主要表现在两方面:一是完好地保证货物的使用价值和价值;二是将货物配送给客户。流通仓库作为物流仓储功能的服务据点,在流通作业中发挥着重要的作用,它不再以储存保管为主要目的。流通仓库包括拣选、配货、检验、分类等作业,并具有多品种、小批量、多批次等收货配送功能以及附加标签、重新包装等流通加工功能。根据使用目的,仓库可分为以下几种形式:

(1) 配送中心(流通中心)型仓库:具有发货、配送和流通加工的功能。

(2) 存储中心型仓库:以存储为主的仓库。

(3) 物流中心型仓库:具有存储、发货、配送、流通加工功能的仓库。

3. 包装

为使物流过程中的货物完好地运送到客户手中,并满足客户和服务对象的要求,物流企业需要对大多数商品进行不同方式、不同程度的包装。

4. 装卸与搬运

装卸与搬运(图3-1)是随运输和保管而产生的必要物流活动,是对运输、保管、包装、流通加工等物流活动进行衔接的中间环节,以及在保管等活动中为进行检验、维护、保养所进行的装卸活动,如货物的装上卸下、移送、拣选、分类等。装卸作业的代表形式是集装箱化和托盘化,使用的装卸机械设备有吊车、叉车、传送带和各种台车等。

图3-1 装卸与搬运

5. 流通加工功能

流通加工功能是在货物从生产领域向消费领域流动的过程中,为了促进产品销售、维护产品质量和实现物流效率化,对物品进行加工处理,使物品发生物理或化学变化的功能。这种在流通过程中对商品进一步的辅助性加工,可以弥补企业、物资部门、商业部门生产过程中加工程度的不足,更有效地满足客户的需求,更好地衔接生产和需求环节,使流通过程更加合理化,是物流活动中的一项重要增值服务。流通加工的内容有装袋、定量化小包装、拴牌子、贴标签、配货、挑选、混装、刷标志等。

6. 配送功能

从物流角度来讲，配送几乎包括所有的物流功能要素，是物流的一个缩影或在某小范围中物流全部活动的体现。一般的配送集装卸、包装、保管、运输于一身，通过这一系列活动完成将货物送达的目的。

7. 信息服务功能

现代物流需要依靠信息技术来保证物流体系的正常运作。物流系统的信息服务功能包括进行与上述各项功能有关的计划、预测、动态（运量，收、发、存数）的情报及有关的费用情报、生产情报、市场情报活动。从信息的载体及服务对象来看，该功能还可分成物流信息服务功能和商流信息服务功能。商流信息主要包括进行交易的有关信息，如货源信息、物价信息、市场信息、资金信息、合同信息、付款结算信息等；物流信息主要是物流数量、物流地区、物流费用等信息。

3.3.2 物流的管理模式与信息管理系统

1. 物流管理模式

物流管理模式（图3-2）是利用现在的供应链管理系统、第三方物流模式和电子商务模式整合出的一套管理模式。

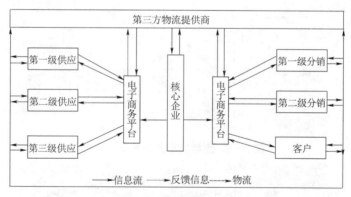

图3-2 物流管理模式

第三方物流是由物流劳务的供方、需方之外的第三方去完成物流服务的物流运作方式。第三方是相对"第一方"发货人和"第二方"收货人而言的，它是物流交易双方的部分或全部物流功能的外部服务提供商。第三方物流是物流专业化、社会化的一种表现形式。

1）第三方物流模式

物流中的各个生产厂家专注于各自主业的发展，提高自己的核心竞争力，而将其他业务外包给第三方物流提供商，使核心企业、第三方物流提供商、生产厂家和销售商成为合作伙伴关系，利益共享，共同发展。

2）基本运行路线

销售商将客户的需求、客户的反馈意见等信息发布到商务平台上；整车生产企业根据客户的需求、客户的反馈意见等形成自身的生产计划、订单、改进措施等信息,并发布到电子商务平台上,作为供应链上各个企业共享的信息;供应链上的各个企业可以了解客户需求的变化,并及时做出各种调整措施;各个零件制造商根据销售商提供的顾客需求及整车生产企业的生产计划、订单等信息进行生产、改进,组织零件的生产,及时将自身的生产信息反馈到电子商务平台上;第三方物流企业根据整车生产企业的生产计划与配送订单及时组织包装、运输、上线配送等物流活动,同时将零件、整车的运输配送信息反馈到电子商务平台上。

2. 物流信息管理系统

物流信息管理系统是指由人员、设备和程序组成的,为物流管理者执行计划、实施、控制等职能提供信息的交互系统,其与物流作业系统一样,都属于物流系统的子系统。

1) 物流信息管理系统的组成

物流信息管理系统涉及仓储作业管理、运输及配载管理、财务管理、人力资源管理等内容,使用计算机技术、通信技术、网络技术等手段来建立物流信息化管理,使物流活动的效率和快速反应能力得到提高,提升更人性化的服务,完善实时物流跟踪,降低物流成本。物流信息管理系统的功能如图3-3所示,其组成如图3-4所示。

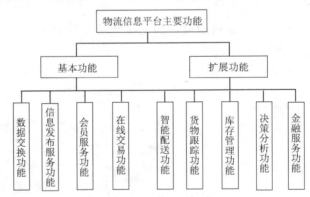

图3-3 物流信息管理系统的功能

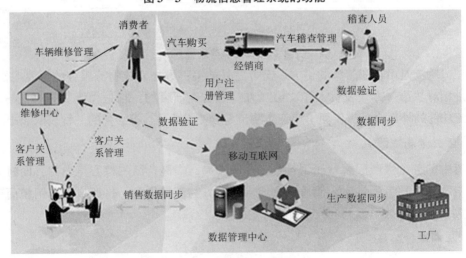

图3-4 物流信息管理系统的组成

2) 物流信息管理与物流的关系

物流信息管理是一场商业领域的根本性革命,其核心内容是商品交易,而商品交易涉及商品所有权的转移、货币的支付、有关信息的获取与应用、商品本身的转交四方面,即商流、资金流、信息流、物流,如图3-5所示。在电子商务环境下,这四个部分都与传统情况有所不同,商流、资金流与信息流这三种流的处理都可以通过计算机和网络通信设备实现。电子商务对物流的影响极为巨大,物流未来的发展与电子商务是密不可分的。

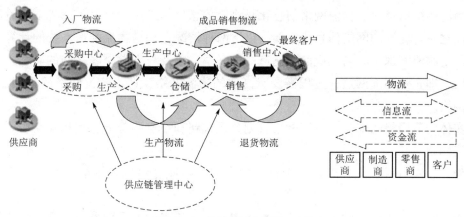

图3-5 物流供应链管理系统

(1) 零售商与客户的信息交互。

零售商与客户近距离接触,将商品的功能、特性等信息传递给客户,同时采集顾客的需求和偏好的变化以及最新潮流等信息,利用这些最新动态进行市场预测。

(2) 零售商与制造商的信息交互。

零售商将需求信息、预测信息和促销计划以及产品改进等传递给制造商,制造商能及时地了解顾客需要,快速响应市场,防止超量生产造成的库存增加或赶工生产引起的成本增加。零售商仅仅保持合适的库存水平就可以保证服务需要。

(3) 供应商与制造商的信息交互。

供应商掌握了制造商的生产进程安排和库存需要,就可以安排自己的长、短期生产和供货计划,根据制造商的库存水平变化及时、准确地安排送货,这样既可节约制造商的订单发货成本,又能保证供货商和制造商的原材料库存最低。

3) 物流信息管理对物流业的影响

(1) 物流业的地位大大提高。

物流信息管理使物流企业的功能越来越强大,在电子商务环境里承担着越来越重要的任务。物流企业既要把虚拟商店的货物送到客户手中,又要从生产企业及时进货入库。物流企业既是生产企业的仓库,又是客户的实物供应者。物流业成为社会生产链条的领导者和协调者,为社会提供全方位的物流服务。电子商务把物流业提升到了前所未有的高度,为其提供了空前的发展机遇。

(2) 供应链管理发生变化。

在电子商务环境下,供应链实现了一体化,供应商与零售商、客户三方通过互联网连在了一起。通过POS、EOS，供应商可以及时且准确地掌握产品销售信息和客户信息。此时，存货管理采用反应方法，按所获信息组织产品生产和对零售商供货，存货的流动变成"拉动式"，实现销售方面的"零库存"。

4）物流信息管理对物流各功能环节的影响

（1）物流网络的变化。

物流信息管理对物流网络的影响主要包括以下两方面：

①物流网络信息化。物流网络信息化是物流信息化的必然，是电子商务下物流活动的主要特征之一。此处的网络信息化主要指以下两种情况：一是物流配送系统的计算机通信网络，包括物流配送中心与供应商或制造商的联系，以及与下游顾客之间的联系；二是组织的网络，即企业内部网这一过程需要有高效的物流网络支持，物流网络的基础是信息、计算机网络。

②实体物流网络的变化。物流网络可划分成线路和结点两部分，其相互交织联结，就成了物流网络。

首先，仓库数目减少，库存集中化。配送中心的库存将取代社会上千家万户的零散库存。

其次，将来物流结点的主要形式是配送中心。在未来的电子商务环境下，物流管理以时间为基础，货物流转更快，制造业将实现"零库存"，仓库为第三方物流企业所经营。

最后，综合物流中心将与大型配送中心合而为一。物流中心被认为是各种不同运输方式（货站、货场、仓库、转运站等）的演变和进化而成的一种物流结点，主要功能是衔接不同运输方式。综合物流中心一般设于大城市，数目极少，而且主要衔接铁路与公路运输。配送中心是将集货、分货、集散和流通加工等功能集为一体的物流结点。物流结点的设置与运输是有密切关系的。目前，城市综合物流中心的筹建已经开始，它是上述变化的一个具体体现。城市综合物流中心将铁路货运站和公路货运站、配送、仓储、信息设施集约在一起，实现各城市综合物流中心之间的直达货物列车运行，又可以利用公路运输实行货物的集散，还可以实现配送中心的公用化、社会化，并使库存集中化。

（2）运输的变化。

在电子商务环境下，传统运输的原理并没有改变，但运输组织形式受其影响，有可能发生较大的变化。

①运输分为一次运输与二次运输。物流网络由物流结点和运输线路共同组成，结点决定着线路。传统经济模式下，各个仓库位置分散，物流的集中程度比较低，这使得运输也很分散，像铁路这种运量较大的运输方式，为集中运量，不得不采取编组而非直达方式。

在电子商务环境下，库存集中起来，而库存集中必然导致运输集中。随着城市综合物流中心的建成，公路货站、铁路货站、铁路编组站被集约在一起，物流中心的物流量达到足够大，可以实现大规模的城市之间的铁路直达运输，运输也就被划分成一次运输与二次运输。一次运输是指综合物流中心之间的运输，二次运输是指物流中心辐射范围内的运输。

②多式联运大发展。在电子商务环境下,多式联运将得到大的发展,这是由以下几点因素导致的:第一,电子商务技术,尤其是外联网(Extranet,企业为了与其他企业和客户共享信息而使用的一种系统)使企业联盟更加容易实现。而不同的运输方式之间和运输企业之间通过联盟,可扩大多式联运经营。第二,多式联运方式为托运人提供了一票到底、门到门的服务方式,因为电子商务的本质特征之一就是简化交易过程,提高交易效率。在未来的电子商务环境下,多式联运方式与其说是一种运输方式,不如说是一种组织方式或服务方式。

(3) 信息的变化。

物流信息在物流活动中变得越来越重要,将成为物流管理的依据。

①信息流由闭环变为开环。原来的信息管理以物流企业的运输、保管、装卸、包装等功能环节为对象,以自身企业的物资管理为中心,与外界信息交换很少,是一种闭环管理模式。现在和未来的物流企业注重供应链管理,以客户服务为中心。它通过加强企业间的合作,把产品的生产、采购、库存、运输配送、产品销售等环节集成起来,将生产企业、配送中心、分销商网络等经营过程的各方面纳入一个紧密的供应链中。此时,信息就不仅只在物流企业内闭环流动了,因此信息的快速流动、交换和共享成为信息管理的新特征。

②信息各模块功能的变化。电子商务环境下现代物流技术的应用,使得传统物流管理信息系统某些模块的功能发生了变化。例如,在电子商务环境下,采购的范围扩大到全世界;运用地理信息系统(Geographic Information System,GIS)、GPS 和射频识别装置等技术(Radio Frequency Identification,RFID),运输将更加合理,路线更短,载货更多,而且运输由不可见变为可见;条码技术的使用可以快速、准确而可靠地采集信息,这极大地提高了成品流通的效率,而且提高了库存管理的及时性和准确性;原先一个企业的各仓库管理系统互不联系,从而造成大量交叉运输、脱销及积压,而在电子商务环境下,各个仓库管理系统实现了信息共享,发货由公司中央仓库统筹规划,可以消除上述缺点;交易过程实现无纸化。

总之,电子商务和物流作为现代流通的两大手段,相互之间有着密切的联系。

3.4 集装箱和危险品运输

3.4.1 集装箱运输

集装箱是一种将品种众多、形状各异、大小不等的货物在运输前装入标准尺寸的特制箱内,以便于水陆空联运的运输方式,如图 3-6 所示。集装箱能实现装卸和运输机械化、标准化,是交通运输现代化的重要组成部分。

图 3-6 集装箱运输方式

1. 集装箱运输的优点

1) 简化了装卸作业

集装箱在转运时，只需集装箱整体换装，不需要货物倒装，大大地简化了装卸作业，便于实现装卸机械化。集装箱的换装一般只需几分钟，缩短了货物等待装卸的时间，提高了劳动生产率，加快了货物和运输工具的周转速度。

2) 节省了包装费用

由于货物直接装在集装箱内，不用倒装，因此不需要对货物另行包装，节省了包装费用。

3) 减少了货损与货差

因为在整个运输过程中，集装箱本身就是一个坚固的包装，只有起始运输和最终运输才打开集装箱装卸货物，其中间环节集装箱的货物无须倒装，所以货物不易损坏和丢失。

4) 降低了整体运输成本

由于集装箱的装卸基本上不受恶劣气候的影响，船舶非生产性停泊时间缩短；又由于装卸效率高，因此装卸时间也可缩短，从而降低了运输成本。

2. 常见集装箱规格及尺寸

集装箱内尺寸是指集装箱内部的最大长、宽、高尺寸。高度为箱底板面至箱顶板最下面的距离，宽度为两内侧衬板之间的距离，长度为箱门内侧板量至端壁内衬板之间的距离。它决定集装箱内容积和箱内货物的最大尺寸。

集装箱的尺寸规格见表 3-1。

表 3-1 集装箱的尺寸规格

规格	长×宽×高/（m×m×m）	配货毛重/t	体积/m³
20GP	内：5.898×2.352×2.385 外：6.058×2.438×2.591	17.5	33.1（正常装28.0）
740GP	内：12.032×2.352×2.385 外：12.192×2.438×2.591	22.0	67.5（正常装58.0）
40HC/HQ（高柜）	内：12.032×2.352×2.690 外：12.192×2.438×2.896	（资料暂缺）	76.2（正常装68.0）

续表

规格	长×宽×高/（m×m×m）	配货毛重/t	体积/m³
45HC/HQ（高柜）	内：13.556×2.352×2.698 外：13.716×2.438×2.896	29.0	86（正常装78）
20 OT（开顶柜）	内：5.898×2.352×2.342 外：6.058×2.438×2.591	20.0	32.5
40 OT（开顶柜）	内：12.034×2.352×2.330 外：12.192×2.438×2.591	30.5	65.9
20FR（脚架式折叠平板）	内：5.650×2.030×2.073 外：6.058×2.438×2.591	22.0	24.0
20FR（板架式折叠平板）	内：5.638×2.228×2.233 外：6.058×2.438×2.591	22.0	28.0
40FR（脚架式折叠平板）	内：11.784×2.030×1.943 外：12.192×2.438×2.591	39.0	46.5
40FR（板架式折叠平板）	内：11.776×2.228×1.955 外：12.192×2.438×2.591	36.0	51.0
20Refigerated（冷冻柜）	内：5.480×2.286×2.235 外：6.058×2.438×2.591	17.0	28.0
40Refigerated（冷冻柜）	内：11.585×2.290×2.544 外：12.192×2.438×2.896	22.0	67.5
20ISO TANK（罐式集装箱）	内：（资料暂缺） 外：6.058×2.438×2.591	26.0	24.0
40 挂衣柜	内：12.030×2.350×2.690 外：12.190×2.440×2.900	（资料暂缺）	76.0

3. 集装箱标志

集装箱标志是指为便于对集装箱在流通和使用中进行识别与管理，便于单据编制和信息传输而编制的集装箱代号、标志的统称。国际标准化组织规定的标志有必备标志和自选标志两类，每类标志又分为识别标志和作业标志。必备标志中的识别标志包括箱主代号、顺序号和核对数字。自选标志中的识别标志包括国家和地区代号、尺寸和类型代号。

1）必备标志

集装箱的必备标志如图3-7所示。

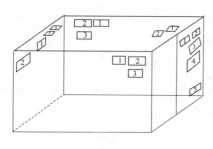 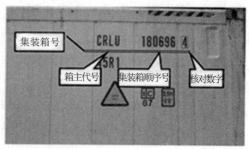

图 3-7 集装箱的必备标志

1—箱主代号；2—箱号或顺序号；3—集装箱类型及尺寸号；4—集装箱总质量、自定质量和容积；
5—集装箱制造厂名及出厂日期

（1）识别标志。

识别标志包括箱主代号、顺序号与核对数字。

①箱主代号。国际标准化组织规定箱主代号由四个大写的拉丁文字母表示，前三位由箱主自己规定，第四个字母一律用 U 表示（表 3-2）。

表 3-2 箱主代号

公司名称	箱主代号
马士基	MSKU、MAEU
中远	CBHU、COSU
中海	CCLU
商船井三	MOLU
总统轮船	APLU
长荣	EMCU
东方海外	OCLU

②顺序号。其又称箱号，是由 6 位阿拉伯数字组成。如有效数字不是 6 位时，则在有效数字前用 "0" 补足 6 位，如 "053842"。

③核对数字。核对数字是用来核对箱主代号和顺序号记录是否准确的依据。它位于箱主代号后，以 1 位阿拉伯数字加 1 个方框表示。

（2）作业标志。

作业标志包括以下 3 个内容：

①额定质量和自定质量标志。额定质量就是集装箱总质量，自定质量就是集装箱空箱质量，ISO688 规定应以千克（kg）和磅① （lb）同时表示，如图 3-8 和表 3-3 所示。

---

① 磅，质量单位，英文为 lb。1lb≈0.453 6kg。

图3-8 集装箱质量和容积标志

表3-3 集装箱质量和容积标志汉英对照

参数及单位	标志
最大质量	GROSS MAX GROSS
皮重	TRAE
净重、货重	NET PAYLOAD
千克 磅	KG/KGS LB/LBS
立方	CUBE
立方米 立方英尺①	CU. M CU. FT

②空陆水联运集装箱标志如图3-9所示。由于该集装箱的强度仅能堆码两层，所以

---

① 1立方英尺≈0.0283立方米。

国际标准化组织对该集装箱规定了特殊的标志，该标志为黑色，位于侧壁和端壁的左上角，并规定标志的最小尺寸为高127mm、长355mm，字母标志的字体高度至少为76mm。

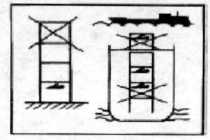

图3-9 空陆水联运集装箱标志

③登箱顶触电警告标志。该标志为黄色底黑色三角形，一般设在罐式集装箱和登箱顶的扶梯处，以警告登顶者有触电危险。

2）自选标志

（1）识别标志。

①国家和地区代号。中国用CN，美国用US。

②尺寸和类型代号（箱型代码）。其由2位阿拉伯数字组成，说明集装箱的类型。其中，0~9为通用集装箱，30~49为冷藏集装箱，50~59为敞顶集装箱。

（2）作业标志。

①超高标志。该标志为在黄色底上标出黑色数字和边框，此标志贴在集装箱每侧的左下角，距箱底约6mm处，同时，该贴在集装箱主要标志的下方。凡高度超过2.6m的集装箱应贴上此标志。

②国际铁路联盟标志。凡符合《国际铁路联盟条例》规定的集装箱可以获得此标志，如图3-10所示。该标志是在欧洲铁路上运输集装箱的必要通行标志。

图3-10 国际铁路联盟标志

3）通行标志

集装箱在运输过程中能顺利地通过或进入他国国境，箱上必须贴有按规定要求的各种通行标志，否则必须办理烦琐的证明手续，这会延长集装箱的周转时间。

集装箱上主要的通行标志有安全合格牌照、集装箱批准牌照、防虫处理板、检验合格徽及国际铁路联盟标志等。

3.4.2 危险品运输

危险品运输是指专门的组织或技术人员对非常规物品使用特殊车辆进行的运输。通常只有经过国家相关职能部门严格审核，并且拥有能保证安全运输危险货物的相应设施设备，才能有资格进行危险品运输。

危险品是指易燃、易爆、有强烈腐蚀性物品的总称，如汽油、炸药、强酸、强碱、苯、塑料、过氧化物等。

1. 危险品

危险品分为理化危险品、健康危险品、环境危险品三大类。在此仅介绍易燃易爆危险品。

（1）爆炸物。

爆炸物质（或混合物）是一种固态或液态物质（或物质的混合物），其本身能够通过化学反应产生气体，而产生气体的温度、压力和速度能对周围环境造成破坏。其中也包括发火物质，即使它们不放出气体。发火物质（或发火混合物）是这样一种物质或物质的混合物，它旨在通过非爆炸自持放热化学反应产生的热、光、声、气体、烟或所有这些的组合来产生效应。爆炸性物品是含有一种或多种爆炸性物质或混合物的物品。

烟火物品是包含一种或多种发火物质或混合物的物品。

爆炸物包括以下三种：

①爆炸性物质和混合物。

②爆炸性物品，但不包括下述装置：其中所含爆炸物质（或混合物）由于其数量或特性，在意外或偶然点燃或引爆后，不会由于迸射、发火、冒烟、发热或巨响而在装置之外产生任何效应。

③在①和②中未提及的为产生实际爆炸或烟火效应而制造的物质、混合物以及物品。

（2）易燃气体。

易燃气体是在20℃的气温和101.3kPa的标准压力下，与空气有易燃范围的气体。

（3）易燃气溶胶。

此处的气溶胶是指气溶胶喷雾罐，系任何不可重新罐装的容器，该容器由金属、玻璃或塑料制成，内装强制压缩、液化或溶解的气体，包含或不包含液体、膏剂或粉末，配有释放装置，可使所装物质喷射出来，形成在气体中悬浮的固态或液态微粒，或者形成泡沫、膏剂或粉末，或者处于液态或气态。

（4）氧化性气体。

氧化性气体是一般通过提供氧气，比空气更能导致或促使其他物质燃烧的任何气体。

（5）压力下气体。

压力下气体是指高压气体在压力等于或大于200kPa（表压）下装入贮存的气体，或是液化气体或冷冻液化气体。压力下气体包括压缩气体、液化气体、溶解液体、冷冻液化气体。

（6）易燃液体。

易燃液体是指闪点不高于93℃的液体。

（7）易燃固体。

易燃固体是容易燃烧或通过摩擦可能引燃或助燃的固体。易于燃烧的固体为粉状、颗粒状或糊状物质，它们与燃烧着的火柴等火源短暂接触后即可点燃，并造成火焰迅速蔓延，这种情况下非常危险。

（8）自反应物质或混合物。

①自反应物质或混合物是即使没有氧（空气）也容易发生激烈放热分解的不稳定液态或固态物质或者混合物。本定义不包括根据统一分类制度分类为爆炸物、有机过氧化物或氧化物质的物质和混合物。

②自反应物质或混合物如果在实验室的实验中其组分容易起爆、迅速爆燃或在封闭条件下加热时显示剧烈效应，应视为具有爆炸性质。

（9）自燃液体。

自燃液体是即使数量少也能在与空气接触后5min之内引燃的液体。

（10）自燃固体。

自燃固体是即使数量少也能在与空气接触后5min之内引燃的固体。

（11）自热物质和混合物。

自热物质是指除发火液体或固体以外，与空气反应不需要能源供应就能够自己发热的固体或液体物质或混合物；这类物质或混合物与发火液体或固体不同，因为这类物质只有数量很大（公斤①级）并经过长时间（几小时或几天）才会燃烧。

（12）遇水放出易燃气体的物质或混合物。

遇水放出易燃气体的物质或混合物是通过与水作用，容易具有自燃性或放出危险数量的易燃气体的固态或液态物质或混合物。

（13）氧化性液体。

氧化性液体是本身未必燃烧，但通常因放出氧气可能引起或促使其他物质燃烧的液体。

（14）氧化性固体。

氧化性固体是本身未必燃烧，但通常因放出氧气可能引起或促使其他物质燃烧的固体。

（15）有机过氧化物。

有机过氧化物是热不稳定物质或混合物，容易放热自加速分解，具有以下一种或几种性质：

---

① 1公斤=1 000克。

①易于爆炸分解。
②迅速燃烧。
③对撞击或摩擦过敏。
④与其他物质发生危险反应。

2. 从事危险品运输的基本条件

《道路危险货物运输管理规定》（2019年）明确要求，申请从事道路危险货物运输经营，应当具备下列条件：

（1）有符合下列要求的专用车辆及设备。

①自有专用车辆（挂车除外）5辆以上；运输剧毒化学品、爆炸品的，自有专用车辆（挂车除外）10辆以上。

②专用车辆的技术要求应当符合《道路运输车辆技术管理规定》有关规定。

③配备有效的通信工具。

④专用车辆应当安装具有行驶记录功能的卫星定位装置。

⑤运输剧毒化学品、爆炸品、易制爆危险化学品的，应当配备罐式、厢式专用车辆或者压力容器等专用容器。

⑥罐式专用车辆的罐体应当经质量检验部门检验合格，且罐体载货后总质量与专用车辆核定载质量相匹配。运输爆炸品、强腐蚀性危险货物的罐式专用车辆的罐体容积不得超过 $20m^3$，运输剧毒化学品的罐式专用车辆的罐体容积不得超过 $10m^3$，但符合国家有关标准的罐式集装箱除外。

⑦运输剧毒化学品、爆炸品、强腐蚀性危险货物的非罐式专用车辆，核定载质量不得超过 10t，但符合国家有关标准的集装箱运输专用车辆除外。

⑧配备与运输的危险货物性质相适应的安全防护、环境保护和消防设施设备。

（2）有符合下列要求的停车场地。

①自有或者租借期限为3年以上，且与经营范围、规模相适应的停车场地，停车场地应当位于企业注册地市级行政区域内。

②运输剧毒化学品、爆炸品专用车辆以及罐式专用车辆，数量为20辆（含）以下的，停车场地面积不低于车辆正投影面积的1.5倍，数量为20辆以上的，超过部分，每辆车的停车场地面积不低于车辆正投影面积；运输其他危险货物的，专用车辆数量为10辆（含）以下的，停车场地面积不低于车辆正投影面积的1.5倍；数量为10辆以上的，超过部分，每辆车的停车场地面积不低于车辆正投影面积。

③停车场地应当封闭并设立明显标志，不得妨碍居民生活和威胁公共安全。

（3）有符合下列要求的从业人员和安全管理人员。

①专用车辆的驾驶人员应取得相应机动车驾驶证，年龄不超过60周岁。

②从事道路危险货物运输的驾驶人员、装卸管理人员、押运人员应当经所在地设区的市级人民政府交通运输主管部门考试合格，并取得相应的从业资格证；从事剧毒化学品、爆炸品道路运输的驾驶人员、装卸管理人员、押运人员，应当考试合格，取得注明为"剧

毒化学品运输"或者"爆炸品运输"类别的从业资格证。

③企业应当配备专职安全管理人员。

(4) 有健全的安全生产管理制度。

①企业主要负责人、安全管理部门负责人、专职安全管理人员安全生产责任制度。

②从业人员安全生产责任制度。

③安全生产监督检查制度。

④安全生产教育培训制度。

⑤从业人员、专用车辆、设备及停车场地安全管理制度。

⑥应急救援预案制度。

⑦安全生产作业规程。

⑧安全生产考核与奖惩制度。

⑨安全事故报告、统计与处理制度。

3. 道路危险货物运输企业专用车辆、设备管理的规定

(1) 道路危险货物运输企业或者单位应当按照《道路运输车辆技术管理规定》中有关车辆管理的规定，维护、检测、使用和管理专用车辆，确保专用车辆技术状况良好。

(2) 设区的市级道路运输管理机构应当定期对专用车辆进行审验，每年审验一次。审验按照《道路运输车辆技术管理规定》进行，并增加以下审验项目：

①专用车辆投保危险货物承运人责任险情况。

②必需的应急处理器材、安全防护设施设备和专用车辆标志的配备情况。

③具有行驶记录功能的卫星定位装置的配备情况。

(3) 禁止使用报废的、擅自改装的、检测不合格的、车辆技术等级达不到一级的和其他不符合国家规定的车辆从事道路危险货物运输。

除铰接列车、具有特殊装置的大型物件运输专用车辆外，严禁使用货车列车从事危险货物运输；倾卸式车辆只能运输散装硫黄、萘饼、粗蒽、煤焦沥青等危险货物。

禁止使用移动罐体（罐式集装箱除外）从事危险货物运输。

(4) 用于装卸危险货物的机械及工具的技术状况应当符合行业标准《汽车运输危险货物规则》（JT 617—2004）规定的技术要求。

(5) 罐式专用车辆的常压罐体应当符合国家标准《道路运输液体危险货物罐式车辆第 1 部分：金属常压罐体技术要求》（GB 18564.1—2019）、《道路运输液体危险货物罐式车辆第 2 部分：非金属常压罐体技术要求》（GB 18564.2—2008）等有关技术要求。

使用压力容器运输危险货物的，应当符合国家特种设备安全监督管理部门制定并公布的《移动式压力容器安全技术监察规程》（TSG R0005—2011）等有关技术要求。压力容器和罐式专用车辆应当在质量检验部门出具的压力容器或者罐体检验合格的有效期内承运危险货物。

(6) 道路危险货物运输企业或者单位对重复使用的危险货物包装物、容器，在重复使用前应当进行检查；发现存在安全隐患的，应当维修或者更换。

道路危险货物运输企业或者单位应当对检查情况做出记录，记录的保存期限不得少于2年。

（7）道路危险货物运输企业或者单位应当到具有污染物处理能力的机构对常压罐体进行清洗（置换）作业，将废气、污水等污染物集中收集，消除污染，不得随意排放，以免污染环境。

4. 危险品运输操作规程

（1）运输化学危险品要事先了解货物的性能和消防、消毒等措施，对包装容器、工具和防护设备要认真检查，严禁危险品漏、散和车辆带"病"运行。

（2）在运输、停靠危险区域时，不准吸烟和使用明火。

（3）凡盛装危险品的容器，发现有渗漏、破损等现象，在未经改装和采取其他安全措施之前，易引起氧化分解、自燃或爆炸现象，应立即采取自救，向领导、厂方、当地消防部门报告，尽快妥善处理解决。

（4）易燃危险品在炎热的季节应在上午10时前、下午3时后运输。

（5）严禁将有抵触性能的危险品混装在一起运输，各种机动车进入危险品库区、场地时，应在消声器上装卸阻火器后方能进入。

（6）装运危险品的车辆不准停在人员稠密区、集镇、交通要道、居住区等位置，不准将载有危险品的车辆停放在本单位车间、场内。如确因装卸不及、停车或过夜修理等，应向领导或负责值班人员报告，采取必要的防护措施。

（7）运输危险品的车辆，应及时进行清洗、消毒处理，在清洗、消毒时，应注意危险品的性质，掌握清洗、消毒的方法，防止污染、交叉反应或引起中毒等事故。

（8）凡装运危险品的车辆需过渡口时，应自觉报告渡口管理部门，遵守渡口管理规定，装运危险品的车辆应严格遵守公安消防部门指定的路线行驶。

（9）装运危险品的车辆，应配备一定的消防器材、急救药品、黄色三角旗或危险品运输车辆标志等。

（10）危险品运输驾驶员除遵守上述安全操作规程外，还需遵守汽车驾驶员的安全操作规程。

5. 道路危险货物运输企业的法律责任

有下列情形之一的，由县级以上道路运输管理机构责令停止运输经营，有违法所得的，没收违法所得，处违法所得2倍以上10倍以下的罚款；没有违法所得或者违法所得不足2万元的，处3万元以上10万元以下的罚款；构成犯罪的，依法追究刑事责任。

（1）未取得道路危险货物运输许可，擅自从事道路危险货物运输的。

（2）使用失效、伪造、变造、被注销等无效的道路危险货物运输许可证件从事道路危险货物运输的。

（3）超越许可事项，从事道路危险货物运输的。

（4）非经营性道路危险货物运输单位从事道路危险货物运输经营的。

（5）道路危险货物运输企业或者单位非法转让、出租道路危险货物运输许可证件的，由县级以上道路运输管理机构责令停止违法行为，收缴有关证件，处2 000元以上1万元以下的罚款；有违法所得的，没收违法所得。

（6）道路危险货物运输企业或者单位有下列行为之一，由县级以上道路运输管理机构责令限期投保；拒不投保的，由原许可机关吊销《道路运输经营许可证》或《道路危险货物运输许可证》，或者吊销相应的经营范围。

①未投保危险货物承运人责任险的；

②投保的危险货物承运人责任险已过期，未继续投保的。

（7）道路危险货物运输企业或者单位不按照规定随车携带《道路运输经营许可证》的，由县级以上道路运输管理机构责令改正，处警告或者20元以上200元以下的罚款。

（8）道路危险货物运输企业或者单位以及托运人有下列情形之一的，由县级以上道路运输管理机构责令改正，并处5万元以上10万元以下的罚款，拒不改正的，责令停产停业整顿；构成犯罪的，依法追究刑事责任：

①驾驶人员、装卸管理人员、押运人员未取得从业资格上岗作业的。

②托运人不向承运人说明所托运的危险化学品的种类、数量、危险特性以及发生危险情况的应急处置措施，或者未按照国家有关危险化学品的要求妥善包装并在外包装上设置相应标志的。

③未按有关规定对所托运危险化学品的危险特性采取相应的安全防护措施，或者未配备必要的防护用品和应急救援器材的。

④运输危险化学品需要添加抑制剂或者稳定剂，托运人未添加或未将有关情况告知承运人的。

（9）道路危险货物运输企业或者单位未配备专职安全管理人员的，由县级以上道路运输管理机构责令改正，可以处1万元以下的罚款；拒不改正的，对危险化学品运输企业或单位处1万元以上5万元以下的罚款，对运输危险化学品以外其他危险货物的企业或单位处1万元以上2万元以下的罚款。

（10）道路危险化学品运输托运人有下列行为之一的，由县级以上道路运输管理机构责令改正，处10万元以上20万元以下的罚款，有违法所得的，没收违法所得；拒不改正的，责令停产停业整顿；构成犯罪的，依法追究刑事责任。

①委托未依法取得危险货物道路运输许可的企业承运危险化学品的。

②在托运的普通货物中夹带危险化学品、将危险化学品谎报或者匿报为普通货物托运的。

（11）违反本规定，道路危险货物运输企业擅自改装已取得《道路运输经营许可证》的专用车辆及罐式专用车辆罐体的，由县级以上道路运输管理机构责令改正，并处5 000元以上2万元以下的罚款。

危险品运输交通事故案例

7·19沪昆高速客货车相撞事故

①时间：2014年7月19日2时57分许。

②地点：沪昆高速湖南邵阳段1 309 km33 m处。

③经过：一辆自东向西行驶、运载乙醇的轻型货车与前方停车排队等候的大型普通客

车发生追尾碰撞，轻型货车运载的乙醇瞬间大量泄漏起火燃烧，致使大型普通客车、轻型货车等5辆车被烧毁。

④后果：事故造成54人死亡、6人受伤（其中4人因伤势过重医治无效死亡），直接经济损失5 300余万元。

事故原因及分析：

①轻型货车未取得危险货物《道路运输经营许可证》，属于违法运输危险货物。

②轻型货车道路机动车辆生产企业及产品公告车辆类型为蓬式运输车，注册登记时载明车辆类型为轻型仓栏式货车。

③轻型货车存在非法改装和伪装。非法加装可移动的塑料罐体用于运输乙醇；在车辆前部和车身货箱两侧有"洞庭渔业"字样，用于伪装运输乙醇。

④轻型货车核定载货量1.58t，实际装载乙醇6.52t，属于严重超载运输。

⑤轻型货车所在的化工有限公司一直使用非法改装的没有持有《危险品道路运输许可证》的肇事轻型货车运输乙醇。

⑥客车公司对承包经营车辆管理不严格，对事故大客车在实际运营中存在的站外发车、不按规定路线行驶的现象没有觉察和治理。

⑦危险品运输车的汽车销售有限公司不具备二类底盘销售资格，超范围经营出售车辆二类底盘，并违规提供整车合格证。

⑧机动车辆检测站对机动车安全技术性能检验工作不规范，检验过程中无送检人签字，检验报告批准人不具备授权签字资格。

从以上分析来看，该事故有交通运输管理部门监管不力的问题，致使不符合危险品运输车辆技术要求的车辆从事危险品运输（包括车辆和驾驶员），不符合危险品运输技术条件的车辆通过了机动车安全性能检测，客运车辆不按线路行驶、乱停车，车辆严重超载上高速路行驶；有运输公司管理不善、对驾驶员教育不够的问题，致使驾驶员安全意识薄弱，不能严格遵守行车规范；有汽车流通管理部门监管不力的问题，致使不符合生产许可的车辆出厂，并进入流通领域。

以上分析可以看出，这是一起严重的责任交通事故，如果方方面面都按规范进行管理，该事故是完全可以避免的。

第4章 汽车维修与美容装饰

4.1 汽车维修

4.1.1 汽车维修的分类

汽车维修是汽车维护与修理的泛称，其分类如图4-1所示。

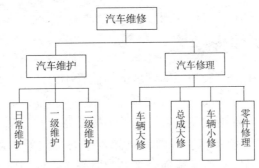

图4-1 汽车维修分类

1. 汽车维护分级

汽车维护是为维持汽车良好技术状况而进行的作业，其作业内容包括清洁、检查、补给、润滑、紧固、调整等项目。

1) 日常维护

是日常性作业，由驾驶员负责执行，其作业中心内容是清洁、补给和安全检视。

2) 一级维护

由专业维修工负责执行，其作业中心内容除日常维护作业外，以清洁、润滑、紧固为主，并检查有关制动、操纵等安全部件。

3) 二级维护

由专业维修工负责执行，其作业中心内容除一级维护作业外，以检查、调整为主，同时还有拆检轮胎、进行轮胎换位。

2. 汽车修理分类

按照作业内容和深度，汽车修理可分为车辆大修、总成大修、车辆小修和零件修理四类。

1）车辆大修

车辆大修是新车或经过大修后的车辆，在行驶一定里程（或时间）后，经过检测诊断和技术鉴定，用修理或更换车辆任何零部件的方法，恢复车辆的完好技术状况，完全或接近完全恢复车辆寿命的恢复性修理。

2）总成大修

总成大修是车辆的总成经过一定使用里程（或时间）后，用修理或更换总成任何零部件（包括基础件）的方法，恢复其完好技术状况和寿命的恢复性修理。

3）车辆小修

车辆小修是用修理或更换个别零件的方法，保证或恢复车辆工作能力的运行性修理，主要目的是消除车辆在运行过程或维护作业过程中发生或发现的故障或隐患。

4）零件修理

零件修理是对因磨损、变形、损伤而不能继续使用的零件进行修理。

4.1.2 汽车维修制度及汽车维修企业

1. 汽车维修制度

汽车维修制度是为实施汽车维修工作所采取的任何组织技术措施，是汽车维修的指导方针。

汽车维修思想

汽车维修思想是指组织实施车辆维修工作的指导方针和政策，是人们对维修目的、维修对象、维修活动的总认识。只有拥有正确的维修思想，才能产生正确的维修方针和政策，才能采用先进的维修手段和维修方法，制定出合理的维修制度和选择适宜的维修方式。

（1）"预防为主"的维修思想。

"预防为主"的维修思想，是建立在零部件失效理论和失效规律的基础上的。这种维修思想认为，汽车在使用过程中由于零部件的磨损、疲劳、老化和松动，其技术状况会不断恶化，到一定程度时就必然会导致故障发生，为了尽可能地保证每个零部件能安全可靠地工作，就必须要求维修作业能符合客观规律。

汽车故障规律如图4-2所示。

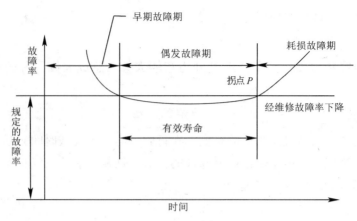

图4-2 汽车故障规律

①早期故障期。

在早期阶段中出现的故障绝对是不受欢迎的,其一般是由缺陷和失误引发,如材料缺陷、设计失误、装配错误等。早期故障期的故障一般是随机的,不好预防。此阶段的使用维修对策是严格地执行汽车厂家关于走合期的规定,限速限载,加强走合维护,及时发现故障隐患。

②偶发故障期。

随着使用时间的延长,汽车制造隐患已经排除,汽车进入偶发故障期(也叫正常使用期),此阶段故障率很低,而且没有规律,多为油电路故障(包括电控系统),此阶段的故障不好预防。

③耗损故障期。

当汽车行驶一定时间后(P点),汽车故障率迅速增加,其多为零件老化或磨损引起。理论上在P点汽车应及时进行修理。

到达P点进行修理,这是"计划修理"的理论基础。由于汽车使用条件千差万别,所以P点没有规律,"计划修理,预防故障"也很难做到。

(2) 以可靠性为中心的维修思想。

以可靠性为中心的维修思想,就是通过可靠性的研究,制定最佳的维修方式和维修时机,在保证汽车技术状况的情况下,获得最佳的经济效益。

以可靠性为中心的维修,强调了诊断检测,加强了维修中的"按需维修"成分,它根据不同零部件、不同的可靠特性及不同的故障后果,选用不同的维修方式,避免了采用单一的维修方式所造成的预防内容扩大、维修针对性差、维修费用增加等缺点。如果汽车的故障可能影响安全性或造成严重后果,就必须尽全力防止其发生;如果故障几乎不产生其他影响,那么就可以除了日常的清洁、润滑外,不对它采取任何预防措施。

根据汽车可靠性研究的成果和不解体检测技术的发展,1990年颁布的《营运车辆技术管理规定》明确了"定期检测、强势维护、视情修理"的维修制度。这个制度是"计划预防维修制度"和"非计划预防维修制度"的结合,定期检测、强势维护是"计划预防维修制度",视情修理是"非计划预防维修制度"。

"非计划预防维修制度"的基础是先进的不解体检测技术的推广和广泛应用,定期对车辆进行不解体检测以及对车辆技术状况进行评价,可以诊断汽车故障并发现故障隐患。

2. 汽车维修企业

GB/T 16739—2014《汽车维修业开业条件》对汽车维修企业的人员条件、设备条件、组织管理条件、设施条件、安全生产条件等都进行了明确的规定,是道路运输管理机构对汽车维修企业实施行政许可和管理的依据。该标准将汽车维修企业分为汽车整车维修企业和汽车综合小修及专项维修业户两类。

1)汽车整车维修企业

汽车整车维修企业是有能力对所维修车型的整车、各个总成及主要零部件进行各级维护、修理及更换,使汽车的技术状况和运行性能完全(或接近完全)恢复到原车的技术要求,并符合相应国家标准和行业标准规定的汽车维修企业。按规模大小,汽车整车维修企业分为一类汽车整车维修企业和二类汽车整车维修企业。

一类汽车整车维修企业和二类汽车整车维修企业的主要区别是规模的大小。如一类汽车整车维修企业的接待室面积不少于 $80m^2$,二类汽车整车维修企业的接待室面积不少于 $20m^2$;应有与承修车型、经营规模相适应的合法停车场地,并保证驾驶通畅,一类汽车整车维修企业的停车场面积不少于 $200m^2$,二类汽车整车维修企业的停车场面积不少于 $150m^2$;一类汽车整车维修企业的生产厂房面积不少于 $800m^2$,二类汽车整车维修企业的生产厂房面积不少于 $200m^2$。生产厂房内应设有总成维修间,一类汽车整车维修企业总成维修间面积不少于 $30m^2$,二类汽车整车维修企业总成维修间面积不少于 $20m^2$。

2)汽车综合小修及专项维修业户

汽车综合小修业户是从事汽车故障诊断和通过修理或更换个别零件,消除车辆在运行过程或维护过程中发生或发现的故障或隐患,恢复汽车工作能力的维修业户;汽车整车维修专项维修业户是从事汽车发动机维修、车身维修、电气系统维修、自动变速器维修、轮胎动平衡及修补、四轮定位检测调整、汽车润滑与养护、喷油泵和喷油器维修、曲轴修磨、气缸镗磨、散热器维修、空调维修、汽车美容装潢、汽车玻璃安装及修复等专项维修作业的业户。

3. 机动车维修管理规定

为规范机动车维修经营活动,维护机动车维修市场秩序,保护机动车维修各方当事人的合法权益,保障机动车运行安全,保护环境,节约能源,促进机动车维修业的健康发展,有关部门根据《中华人民共和国道路运输条例》及有关法律、行政法规的规定,制定了《机动车维修管理规定》。

《机动车维修管理规定》摘要:

第二章　经营许可

第七条　机动车维修经营依据维修车型种类、服务能力和经营项目实行分类许可。机动车维修经营业务根据维修对象分为汽车维修经营业务、危险货物运输车辆维修经营业务、摩托车维修经营业务和其他机动车维修经营业务四类。

汽车维修经营业务、其他机动车维修经营业务根据经营项目和服务能力分为一类维修经营业务、二类维修经营业务和三类维修经营业务。

摩托车维修经营业务根据经营项目和服务能力分为一类维修经营业务和二类维修经营业务。

第八条 获得一类汽车维修经营业务、一类其他机动车维修经营业务许可的，可以从事相应车型的整车修理、总成修理、整车维护、小修、维修救援、专项修理和维修竣工检验工作；获得二类汽车维修经营业务、二类其他机动车维修经营业务许可的，可以从事相应车型的整车修理、总成修理、整车维护、小修、维修救援和专项修理工作；获得三类汽车维修经营业务、三类其他机动车维修经营业务许可的，可以分别从事发动机、车身、电气系统、自动变速器维修及车身清洁维护、涂漆、轮胎动平衡和修补、四轮定位检测调整、供油系统维护和油品更换、喷油泵和喷油器维修、曲轴修磨、气缸镗磨、散热器（水箱）、空调维修、车辆装潢（篷布、坐垫及内装饰）、车辆玻璃安装等专项工作。

第九条 获得一类摩托车维修经营业务许可的，可以从事摩托车整车修理、总成修理、整车维护、小修、专项修理和竣工检验工作；获得二类摩托车维修经营业务许可的，可以从事摩托车维护、小修和专项修理工作。

第十条 获得危险货物运输车辆维修经营业务许可的，除可以从事危险货物运输车辆维修经营业务外，还可以从事一类汽车维修经营业务。

第十一条 申请从事汽车维修经营业务或者其他机动车维修经营业务的，应当符合下列条件：

（一）有与其经营业务相适应的维修车辆停车场和生产厂房。租用的场地应当有书面的租赁合同，且租赁期限不得少于1年。停车场和生产厂房面积按照国家标准《汽车维修业开业条件》（GB/T 16739—2014）相关条款的规定执行。

（二）有与其经营业务相适应的设备、设施。所配备的计量设备应当符合国家有关技术标准要求，并经法定检定机构检定合格。从事汽车维修经营业务的设备、设施的具体要求按照国家标准《汽车维修业开业条件》（GB/T 16739—2014）相关条款的规定执行；从事其他机动车维修经营业务的设备、设施的具体要求，参照国家标准《汽车维修业开业条件》（GB/T 16739—2014）执行，但所配备设施、设备应与其维修车型相适应。

（三）有必要的技术人员。

1. 从事一类和二类维修业务的应当各配备至少1名技术负责人员和质量检验人员。技术负责人员应当熟悉汽车或者其他机动车维修业务，并掌握汽车或者其他机动车维修及相关政策法规和技术规范；质量检验人员应当熟悉各类汽车或者其他机动车维修检测作业规范，掌握汽车或者其他机动车维修故障诊断和质量检验的相关技术，熟悉汽车或者其他机动车维修服务收费标准及相关政策法规和技术规范。技术负责人员和质量检验人员总数的60%应当经全国统一考试合格。

2. 从事一类和二类维修业务的应当各配备至少1名从事机修、电器、钣金、涂漆的维修技术人员；从事机修、电器、钣金、涂漆的维修技术人员应当熟悉所从事工种的维修技术和操作规范,并了解汽车或者其他机动车维修及相关政策法规。机修、电器、钣金、涂漆维修技术人员总数的40%应当经全国统一考试合格。

3. 从事三类维修业务的,按照其经营项目分别配备相应的机修、电器、钣金、涂漆的维修技术人员;从事发动机维修、车身维修、电气系统维修、自动变速器维修的,还应当配备技术负责人员和质量检验人员。技术负责人员、质量检验人员及机修、电器、钣金、涂漆维修技术人员总数的40%应当经全国统一考试合格。

(四)有健全的维修管理制度。包括质量管理制度、安全生产管理制度、车辆维修档案管理制度、人员培训制度、设备管理制度及配件管理制度。具体要求按照国家标准《汽车维修业开业条件》(GB/T 16739—2014)相关条款的规定执行。

(五)有必要的环境保护措施。具体要求按照国家标准《汽车维修业开业条件》(GB/T 16739)相关条款的规定执行。

第十二条 从事危险货物运输车辆维修的汽车维修经营者,除具备汽车维修经营一类维修经营业务的开业条件外,还应当具备下列条件:

(一)有与其作业内容相适应的专用维修车间和设备、设施,并设置明显的指示性标志。

(二)有完善的突发事件应急预案,应急预案包括报告程序、应急指挥以及处置措施等内容。

(三)有相应的安全管理人员。

(四)有齐全的安全操作规程。

本规定所称危险货物运输车辆维修,是指对运输易燃、易爆、腐蚀、放射性、剧毒等性质货物的机动车维修,不包含对危险货物运输车辆罐体的维修。

第十四条 申请从事机动车维修经营的,应当向所在地的县级道路运输管理机构提出申请,并提交下列材料:

(一)《交通行政许可申请书》。

(二)经营场地、停车场面积材料、土地使用权及产权证明复印件。

(三)技术人员汇总表及相应职业资格证明。

(四)维修检测设备及计量设备检定合格证明复印件。

(五)按照汽车、其他机动车、危险货物运输车辆、摩托车维修经营,分别提供本规定第十一条、第十二条、第十三条规定条件的其他相关材料。

第十五条 道路运输管理机构应当按照《中华人民共和国道路运输条例》和《交通行政许可实施程序规定》规范的程序实施机动车维修经营的行政许可。

第十六条 道路运输管理机构对机动车维修经营申请予以受理的,应当自受理申请之日起15日内做出许可或者不予许可的决定。符合法定条件的,道路运输管理机构做出准予行政许可的决定,向申请人出具《交通行政许可决定书》,在10日内向被许可人颁发机动车维修经营许可证件,明确许可事项;不符合法定条件的,道路运输管理机构做出不予许可的决定,向申请人出具《不予交通行政许可决定书》,说明理由,并告知申请人享有依法申请行政复议或者提起行政诉讼的权利。

机动车维修经营者应当在取得相应工商登记执照后，向道路运输管理机构申请办理机动车维修经营许可手续。

第十七条　申请机动车维修连锁经营服务网点的，可由机动车维修连锁经营企业总部向连锁经营服务网点所在地县级道路运输管理机构提出申请，提交下列材料，并对材料真实性承担相应的法律责任：

（一）机动车维修连锁经营企业总部机动车维修经营许可证件复印件。

（二）连锁经营协议书副本。

（三）连锁经营的作业标准和管理手册。

（四）连锁经营服务网点符合机动车维修经营相应开业条件的承诺书。

道路运输管理机构在查验申请资料齐全有效后，应当场或在5日内予以许可，并发给相应许可证件。连锁经营服务网点的经营许可项目应当在机动车维修连锁经营企业总部许可项目的范围内。

第十八条　机动车维修经营许可证件实行有效期制。从事一、二类汽车维修业务和一类摩托车维修业务的证件有效期为6年；从事三类汽车维修业务、二类摩托车维修业务及其他机动车维修业务的证件有效期为3年。

机动车维修经营许可证件由各省、自治区、直辖市道路运输管理机构统一印制并编号，县级道路运输管理机构按照规定发放和管理。

第十九条　机动车维修经营者应当在许可证件有效期届满前30日到做出原许可决定的道路运输管理机构办理换证手续。

第二十条　机动车维修经营者变更许可事项的，应当按照规定办理行政许可事宜。

机动车维修经营者变更名称、法定代表人、地址等事项的，应当向做出原许可决定的道路运输管理机构备案。机动车维修经营者需要终止经营的，应当在终止经营前30日告知做出原许可决定的道路运输管理机构办理注销手续。

第四章　质量管理

第三十条　机动车维修经营者应当按照国家、行业或者地方的维修标准和规范进行维修。尚无标准或规范的，可参照机动车生产企业提供的维修手册、使用说明书和有关技术资料进行维修。

第三十一条　机动车维修经营者不得使用假冒伪劣配件维修机动车。

机动车维修配件实行追溯制度。机动车维修经营者应当记录配件采购、使用信息，查验产品合格证等相关证明，并按规定留存配件来源凭证。

托修方、维修经营者可以使用同质配件维修机动车。同质配件是指，产品质量等同或者高于装车零部件标准要求，且具有良好装车性能的配件。

机动车维修经营者对于换下的配件、总成，应当交托修方自行处理。

机动车维修经营者应当将原厂配件、副厂配件和修复配件分别标识，明码标价，供客户选择。

第三十二条　机动车维修经营者对机动车进行二级维护、总成修理、整车修理的，应当实行维修前诊断检验、维修过程检验和竣工质量检验制度。

承担机动车维修竣工质量检验的机动车维修企业或机动车综合性能检测机构应当使用符合有关标准并在检定有效期内的设备,按照有关标准进行检测,如实提供检测结果证明,并对检测结果承担法律责任。

第三十三条　机动车维修竣工质量检验合格的,维修质量检验人员应当签发《机动车维修竣工出厂合格证》;未签发机动车维修竣工出厂合格证的机动车,不得交付使用,车主可以拒绝交费或接车。

机动车维修竣工出厂合格证由省级道路运输管理机构统一印制和编号,县级道路运输管理机构按照规定发放和管理。

禁止伪造、倒卖、转借机动车维修竣工出厂合格证。

第三十四条　机动车维修经营者应当建立机动车维修档案,并实行档案电子化管理。维修档案应当包括:维修合同(托修单)、维修项目、维修人员及维修结算清单等。对机动车进行二级维护、总成修理、整车修理的,维修档案还应当包括:质量检验单、质量检验人员、竣工出厂合格证(副本)等。

机动车维修经营者应当按照规定如实填报、及时上传承修机动车的维修电子数据记录至国家有关汽车电子健康档案系统。机动车生产厂家或者第三方开发、提供机动车维修服务管理系统的,应当向汽车电子健康档案系统开放相应数据接口。

机动车托修方有权查阅机动车维修档案。

第三十五条　道路运输管理机构应当加强对机动车维修专业技术人员的管理,严格执行专业技术人员考试和管理制度。

机动车维修专业技术人员考试及管理具体办法另行制定。

第三十六条　道路运输管理机构应当加强对机动车维修经营的质量监督和管理,采用定期检查、随机抽样检测检验的方法,对机动车维修经营者维修质量进行监督。

道路运输管理机构可以委托具有法定资格的机动车维修质量监督检验单位,对机动车维修质量进行监督检验。

第三十七条　机动车维修实行竣工出厂质量保证期制度。

汽车和危险货物运输车辆整车修理或总成修理质量保证期为车辆行驶20 000公里[①]或者100日;二级维护质量保证期为车辆行驶5 000公里或者30日;一级维护、小修及专项修理质量保证期为车辆行驶2 000公里或者10日。

其他机动车整车修理或者总成修理质量保证期为机动车行驶6 000公里或者60日;维护、小修及专项修理质量保证期为机动车行驶700公里或者7日。

质量保证期中行驶里程和日期指标,以先达到者为准。

机动车维修质量保证期,从维修竣工出厂之日起计算。

第三十八条　在质量保证期和承诺的质量保证期内,因维修质量原因造成机动车无法正常使用,且承修方在3日内不能或者无法提供因非维修原因而造成机动车无法使用的相关证据的,机动车维修经营者应当及时无偿返修,不得故意拖延或者无理拒绝。

---

①　1公里=1 000米。

在质量保证期内，机动车因同一故障或维修项目经两次修理仍不能正常使用的，机动车维修经营者应当负责联系其他机动车维修经营者，并承担相应修理费用。

第三十九条　机动车维修经营者应当公示承诺的机动车维修质量保证期。所承诺的质量保证期不得低于第三十七条的规定。

第四十条　道路运输管理机构应当受理机动车维修质量投诉，积极按照维修合同约定和相关规定调解维修质量纠纷。

第四十一条　机动车维修质量纠纷双方当事人均有保护当事车辆原始状态的义务。必要时可拆检车辆有关部位，但双方当事人应同时在场，共同认可拆检情况。

第四十二条　对机动车维修质量的责任认定需要进行技术分析和鉴定，且承修方和托修方共同要求道路运输管理机构出面协调的，道路运输管理机构应当组织专家组或委托具有法定检测资格的检测机构做出技术分析和鉴定。鉴定费用由责任方承担。

第四十三条　对机动车维修经营者实行质量信誉考核制度。机动车维修质量信誉考核办法另行制定。

机动车维修质量信誉考核内容应当包括经营者基本情况、经营业绩（含奖励情况）、不良记录等。

第四十四条　道路运输管理机构应当建立机动车维修企业诚信档案。机动车维修质量信誉考核结果是机动车维修诚信档案的重要组成部分。

4.2　汽车美容

汽车美容是指针对汽车各部位不同材质所需的保养条件，采用不同性质的汽车美容护理用品及施工工艺，对汽车进行全新的保养护理。

4.2.1　汽车车身美容

1. 车身清洗

车身清洗主要是利用高压水枪和清洗液，洗去车身外部污物，使车身外部整洁美观，并降低酸雨等腐蚀物对漆面的损坏。

1）汽车污垢的组成及清洗剂的选择

（1）车身污垢的组成。

车身污垢包括外部沉积物、锈蚀物、附着物，如泥土、油腻、鸟粪、沥青等。这些污垢各有特性，清除方式也不一样。

（2）清洗剂的种类及选择。

进行车身清洗时，由于车身漆面的特点，无论什么样的车身漆面，均不能用洗衣粉、洗洁精等碱性成分大的普通洗涤用品。否则，会损坏车身漆面。

①不脱蜡洗车，是指使用高压水枪，配合香波洗车液（又称水系清洗剂），除去车身上的污垢。

②脱蜡洗车，是指使用脱蜡液（主要成分为树脂）洗掉车身上原有的车蜡。注意：脱过蜡的汽车必须重新打蜡。

③洗车蜡洗车，又称天然打蜡香波或二合一洗车香波。洗车蜡除具有洗车功能外，还兼有打蜡功能，但保持的时间不长。

④顽固污渍处理，一般采用有机清洗剂，清洗对象多为牢固附着在车身表面的油脂类污垢。注意，使用时应尽量避免接触到塑料及橡胶部件，以免造成老化。

2）车身清洗的注意事项

（1）清洗车身时，最好在室内或室外阴凉处。尤其注意，不能在强烈阳光下洗车，因为车身上的水滴会产生凸透镜效应，由于聚焦而产生高温，损坏漆面。

（2）应在车身表面温度冷却至60℃以下进行，环境温度应保持在0~40℃。

（3）水枪离漆面15cm以上。

（4）水花与漆面夹角为45°。

（5）冲洗顺序为车顶到两边。

（6）冲洗车前的栅网部位时，应使用雾状水流，不得直接用水柱对着水箱及冷凝器的散热片冲刷，以免造成损伤。

（7）冲洗后视镜时不能将水枪直接对准镜面，否则会损坏后视镜。

（8）在未冲掉车身表面上的泥沙之前，千万不要用毛巾或其他物品蘸水擦洗，否则会使车身漆面被泥沙刮伤，留下划痕。

（9）因车裙和轮胎部位的泥沙较多，不可用擦拭该部位的毛巾再去擦其他部位，以免毛巾上的泥沙刮伤车漆。

2. 车身漆面开蜡和打蜡

汽车打蜡的目的主要是保持车身漆面亮丽整洁，保护车漆。车蜡是车身表面最外层的保护层，打蜡除了能增加漆面的光洁度外，还能起到防止产生静电、防止紫外线对车身的照射、抗高温、防氧化、防水、防划伤的作用。

1）开蜡和除蜡

新车出厂前，为了避免在运输过程中以及在储存时出现漆面的损坏，一般要进行喷蜡处理。新车交付后，新车保护蜡应该除去，称为新车开蜡。

由于所有的汽车车身漆面都要打蜡保护，因此在汽车美容过程中，也必须将车身上的残蜡去除干净（除蜡），否则会在下次打蜡时，因旧蜡覆盖在底部，极易产生局部新蜡附着不良的现象。注意：开蜡和除蜡的环境温度不得低于15℃。其步骤如下：

（1）清洗车身。

（2）用干毛巾将车身擦干。

（3）向车身表面喷洒开蜡剂。可用手动喷壶，也可先将开蜡水倒在车身上，涂抹均匀。

（4）静置5min，使开蜡水完全渗透于蜡层。

（5）用湿毛巾将开蜡剂、残蜡等擦净。擦拭时注意清除车标内空隙以及油箱盖周围、车门车窗密封条边缘、车牌、车灯等处的残余车蜡。

（6）用香波洗车液清洗全车。

（7）用清水将全车冲洗干净。

注意：新车开蜡后，应及时打蜡。

2）打蜡

（1）清洗车身，并保证擦干。

（2）将少量的车蜡涂抹到海绵上。一般每盒车蜡都带海绵。

（3）用海绵把车蜡均匀涂抹到车身表面。打蜡时手的用力要均匀。注意：不能随意画圈，也不宜涂抹过厚，力求薄而均匀（见图4-3）。

图4-3 汽车打蜡

（4）等待几分钟后（以不粘手为宜），用干净无纺棉布从内向外轻擦车表面。

（5）打完蜡后，要把残蜡清除干净，尤其是边角和橡胶件上的车蜡。

3．漆膜研磨抛光

汽车长时间承受紫外线照射后，漆面会出现发乌、发白、无光泽、龟裂现象；汽车使用中漆膜常常会出现轻微的划痕；汽车表面经喷涂之后，可能会出现粗粒、砂纸痕、流痕、反白、橘皮等漆膜表面的细小缺陷。抛光可以消除漆膜轻微缺陷，提高漆膜的镜面效果，给人光亮、平滑、艳丽的感觉。

1）车身漆面划痕类型

车身漆面划痕可以分为以下5种：

①发丝划痕：洗车、擦车或轻微摩擦而产生的细划痕，未穿透透明漆，一般手感察觉不出凹痕处。

②微度划痕：比发丝划痕要深，但未穿透色彩漆层。

③中度划痕：可见底漆，但未划破底漆层。

④深度划痕：可见电解漆，但未见金属。

⑤创伤划痕：指金属受到严重伤害的划痕。

不同的划痕创伤有不同的处理方法。对于发丝划痕，可采用强力抛光剂进行抛光处理；对于微度划痕、中度划痕，可采用研磨的方法进行去除；而深度划痕、创伤划痕则需要采用局部补漆的方法处理。

2) 漆膜抛光步骤

①车身如有车蜡,应先进行开蜡处理,并将车身清洗干净。

②根据漆面情况,选择合适的抛光盘和抛光剂。

③将车身橡胶件用胶带覆盖好。

④将少量抛光剂喷于待抛光漆面。

⑤用抛光机对漆膜进行抛光。注意:抛光机在启动和关闭时,抛光盘都不能接触其他物体,尤其不能接触漆面。

⑥抛光时要按照从前往后、先上后下的顺序抛光,如图4-4所示。

图4-4 汽车抛光

抛光完成后需检查前后刮水器的喷水嘴,应无堵塞,且喷水良好。抛光工序完成后全车应整洁,无油污、氧化物和黏附性杂质,玻璃、保险杠、饰条、轮胎、轮辋等表面、边角部位及缝隙不应有残留物。车身漆面色泽一致,亮度均匀,不应有划痕。

4. 漆面封釉

釉常用于覆盖在陶瓷制品表面,可增加制品的机械强度、热稳定性和电介强度,还有美化器物、便于拭洗、不易被尘土侵蚀等特点。漆面封釉是利用封釉机的振抛技术将车釉深压进车漆纹理中,形成一层网状保护膜。封釉后的车身漆面能够达到甚至超过原车漆效果,使旧车更新、新车更亮,并同时具备抗高温、抗氧化、密封、增光、耐水洗、抗腐蚀等特点。

1) 封釉的步骤

(1) 中性清洗,使用中性洗车液清洗全车漆面。

(2) 抛光研磨,除掉漆面上的氧化层,直至漆面出现光亮效果。用无尘纸或无纺布将抛光残留物清除干净。

(3) 将车釉涂抹至待封釉漆面。面积大概是引擎盖的25%,涂抹面积不要太大。停留约1min。

(4) 用封釉机抛振封釉。注意:抛振机的转速到1 800~2 200r/min,抛振沿车身方向直线来回移动,抛光盘经过的长条轨迹之间相互覆盖1/3。

(5) 封釉后使用无尘纸打磨车身,使车身如镜面般光亮。

2) 封釉注意事项

①封釉后8h内切记不要用水冲洗汽车,因为在这段时间内,釉层还未完全凝结并继

续渗透,若冲洗,则会冲掉未凝结的釉。

②封釉美容后尽量避免洗车,由于产品可防静电,因此一般灰尘用干净柔软的布条擦去即可。

③封釉美容后不要再打蜡,因为蜡层可能会黏附在釉层表面,如果再追加上釉会因蜡层的隔离而影响封釉效果。

5. 漆面镀膜

漆面镀膜应该是无机镀膜,也就是永远不会氧化的水晶玻璃镀膜。漆面镀膜使车漆表面形成一层致密、透明的保护膜,不但耐磨损、耐腐蚀、抗紫外线,而且灰尘、污渍、飞虫的尸体不易附着,雨水就可以轻松带走污渍了。

1) 镀膜操作

(1) 清洗车身时,使用黏土将车漆上的氧化层、顽固污渍处理干净,使车漆手感更光滑。

(2) 擦干车身,将车身塑料部分贴上3M胶纸,如图4-5所示。

图4-5 贴上3M胶纸

(3) 对车漆部分进行抛光、还原,去除车漆表面划痕,还原车漆镜面效果。抛光后去除塑料件上的胶纸。

(4) 用铁粉去除剂去除抛光后车身留下的研磨剂粉末,并去除轮毂上的污物,然后用专用超细纤维毛巾擦干漆膜。

(5) 用脱脂剂清洗漆膜及玻璃上的油脂。前挡风玻璃油膜不去除会模糊前挡风视线。

(6) 用专用毛巾或者鹿皮擦干车身。

(7) 第一名技师将膜液均匀地涂抹在漆膜上,等待1min后,镀膜剂稍干,第二名技师即可用经过一段时间的固化和空气中的水分发生反应后的专用超细纤维毛巾对镀膜擦拭。

注意:涂抹镀膜和擦拭时,都要先横向再纵向涂抹或擦拭。

2) 镀膜注意事项

(1) 施工后48h内漆膜不要沾水,如发生此情况,应立即用毛巾擦干。

(2) 镀膜层基本硬化需要7d时间,在此期间不要洗车或干擦,以免造成划痕;不要停放在树下,以免坠落物擦伤镀膜和鸟粪脏污漆膜。

(3) 清洗维护时不要用强酸性、强碱性清洗剂,只能用中性洗车香波和清水清洗汽车。

镀晶是最近几年兴起的一种车身养护的新工艺,镀晶的成分主要是玻璃纤维素,其原理和操作工艺与镀膜大同小异,也有很多人认为镀晶是镀膜的一种。镀晶相对于镀膜,镀晶层在车身上能迅速固化(因为含有二氧化硅),镀膜硬度更高、亮度更亮。

4.2.2 汽车内饰护理

1. 车内顶棚的清洁护理

车内顶棚因其位置特殊,一般不会沾染其他污物,此处的污物主要是顶棚绒布吸附烟雾、粉尘及人体的头部油脂等。车内顶棚的清洁方法有手工清洗法和机器清洗法两种。

1) 手工清洗法

用软布将绒毛上的尘土、污物擦干净,喷适量的丝绒清洁剂。用棉布擦拭干净,然后棉布顺着车顶的绒毛方向抹平,以恢复其原样。

2) 机器清洗法

(1) 先用软布将绒毛上的灰尘、污物擦干净。

(2) 打开蒸汽机(图4-6)开关,调整适当的压力,得到适当的出气量,再用蒸汽清洗机的小扒头边扒边吸清洁绒毛。

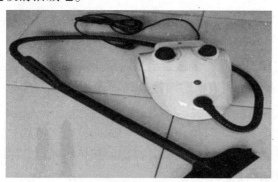

图4-6 蒸汽机

(3) 对于绒毛上的大面积污迹,可先喷上适量的丝绒清洗剂,配上毛刷进行刷洗,然后用高温蒸汽清洗液进行清洗,即可收到良好的清洁护理效果。

2. 皮革座椅的清洁护理

汽车上使用的皮革有真皮革和人造皮革两种。人造皮革和真皮座椅的表面有许多细小的条纹,容易积聚和吸附污垢,且很难彻底清除干净。一般不能直接用清水和洗衣粉清洗,必须用专门的皮革清洁(保护)剂清洗。

皮革座椅的清洁护理步骤如下:

(1) 灰尘清除。将皮革表面用软布擦干净,除去表面吸附的灰尘、水汽。

(2) 污垢处理。将适量的皮革(丝绒)清洗剂喷涂到皮革座椅的表面,稍等片刻,让皮革(丝绒)清洗剂有效地分解硬结在皮革表面的污垢。用软刷子或干净毛巾仔细擦拭皮革座椅表面,直到污垢被全部清除。

(3) 上光处理。将适量的皮革保护剂均匀地喷涂在皮革表面,并用干净毛巾反复擦拭，直到皮革光亮如新。

3. 车内空气的净化

1) 车内污染的来源

（1）新车本身。

很多汽车下了生产线就直接进入市场，各种配件和材料的有害气体和气味没有释放期，安装在车内的塑料件、地毯、车顶毡、沙发、胶黏剂等如果没有严格按照环保要求制作，会释放甲醛、苯、甲苯、二甲苯及其他挥发性有机物，直接造成车内的空气污染。

（2）车用空调蒸发器。

若车用空调蒸发器长时间不进行清洗护理，就会在其内部附着大量污垢，所产生的胺、烟碱、细菌等有害物质弥漫在车内狭小的空间里，导致车内空气质量差甚至缺氧。

（3）车内吸烟。

若车内人员吸烟，不仅会大大增加挥发性有机化合物、一氧化碳和尘埃之类的空气污染物水平，它所散发出的气味也可能会长期停留在车厢内。

2) 车内空气净化的方法

（1）清洁剂净化。

汽车各部位清洗完成之后，用蒸汽清洗机对室内进行高温消毒，然后再向室内喷洒除臭剂，净化车内的空气。

进入夏季，车内空调启动时，常常会出现一种难闻的气味，这主要是因为空调经过较长时间的"休眠"，积存在空调表面的污物腐坏而产生异味。这些异味可以用以下方法来消除。

①将除臭剂喷洒在空调通风口处，并对空调表面做一次清理。

②开启空调，待其运转几分钟后关闭，再次向空调出风口处喷除臭剂。

③向车内喷洒空气清新剂。

④可在空调通风口处喷洒少许芳香型香水或者空气清新剂，这样在空调启动时不但没有臭味，还会有淡淡的香味。

（2）竹炭法。

竹炭（纳米活矿石）可吸附车内的甲醛等散发的异味，效果较好。车主可以买一些竹炭，用干净、透气性好的纱布包好，然后放到后备厢或后排座位的角落里。现在不少竹炭专卖店都有现成的车用除味竹炭。

（3）光触媒技术及原理。

①光触媒技术。

光触媒技术也是一种清除车内异味、净化车厢空气质量的技术。光触媒是光＋触媒（催化剂）的合成词，是一类以二氧化钛为代表的具有光催化功能的半导体材料的总称。

简而言之，光触媒即光催化剂。所谓催化剂就是用于降低化学反应所需的能量，促使化学反应加快速度，但其本身不因化学反应而产生变化的物质。

光触媒是以光的能量作为化学反应的能量来源，利用二氧化钛作为催化剂，加速氧化还原反应，使吸附在表面的氧气及水分子激发成极具活性的 OH – 及 O_2 – 自由基，这些氧化力极强的自由基几乎可分解所有对人体或环境有害的有机物质及部分无机物质，使其迅速氧化分解为稳定且无害的物质（水、二氧化碳），以达到净化空气、杀菌、防臭的功用。

②光触媒的特点。

光触媒消毒具有杀菌效率高、净化效率高、除臭效率高、暗处抗菌净化、亲水防污能力强、无毒无害、功能持久等特点。

③使用注意事项。

使用光触媒前应充分摇匀，在距离喷涂表面 30~40cm 处凌空喷涂，不能直接对准表面喷涂。先在车内大面积喷涂一次，待干净后再喷一次。

请勿过量喷洒光触媒，以免车中的深色内饰发白。喷涂过程中如果出现白色乳液点，即用湿布擦拭。

光触媒禁用于玻璃、反光镜和皮革制品。

4.2.3 汽车精品

1. 汽车贴膜

汽车贴膜简称"汽车膜"，是在车辆前后风挡玻璃、侧窗玻璃以及天窗上贴上一层薄膜，它的作用主要是阻挡紫外线、阻隔部分热量以及防止玻璃突然爆裂导致的人身伤害，同时太阳膜具有单向透视性能，可以达到保护乘员隐私和防炫目的目的。

1）车窗膜的种类与基本结构

（1）车窗膜的种类。

①防晒太阳膜和防爆隔热膜等。普通膜是一种染色膜，不含金属成分，只能降低透光度，保持车内空间的隐蔽性，时间一久就会慢慢褪色，这种膜不仅隔热效果差，对视线影响也大；防晒太阳膜是一种"半反光纸"，其隔热率为40%~50%，使用一两年后表面便会起氧化反应而变质；防爆隔热膜具有耐磨、半反光和防爆功能，隔热率可达85%以上。

②车窗膜按颜色可分为自然色、黑色、茶色、天蓝色、金墨色、浅绿色和变色等品种。

（2）车窗膜的性能指标。

①清晰性能。

这是汽车太阳膜最重要的性能，因为清晰性能直接关系到人身安全，无论太阳膜的颜色多深，在夜间倒车时，都应该视野清晰，从后视镜和后风窗要能看到60m以外的物体。很多劣质膜拿起来看时，会有雾蒙蒙的感觉。

②隔热率。

隔热率是体现隔热性能的重要指标。目前优质的防爆膜隔热率在50%以上（更高的可达70%以上）。

③防爆性能。

防爆是指在汽车发生意外事故时，不会产生玻璃的飞溅而造成人身伤害。当满足防爆要求时，太阳膜越薄越好，膜片越薄，清晰度越高。

④紫外线隔断率。

对于防爆太阳膜来说，紫外线隔断率必须达到80％以上。好的太阳膜能有效防止乘员被过量的紫外线照射，灼伤皮肤，同时，还能保护车内音响等装饰不会被晒坏、褪色老化。

⑤防眩光。

防眩光就是在面对阳光开车，或夜间会车时，可消除刺眼的感觉。对于汽车太阳膜来说，这个性能也很重要。

⑥膜面防划伤层（耐磨保护层）。

优质高档的太阳膜表面都有一层防划伤层，在正常使用下不易划伤，而低档太阳膜就无此保护层，在贴膜时会被工具刮出一道道划痕，令太阳膜面不清晰。

2）车窗膜的选择与鉴别

（1）通过感觉器官来判断。

一看：首先要看透光率，优质车窗膜的可见光透过率高达80％以上，而且不论颜色深浅，都非常均匀，从窗膜向窗膜的保护层一侧看过去清晰度极高，不会影响正常视线。

其次要看颜色，防爆隔热膜是一种高科技产品，它采用金属溅射工艺生产，将镍、银、钛等高级金属涂于高张力的天然胶膜上，无论在贴膜过程中还是在日后的使用过程中都不会出现掉色、褪色现象。防爆隔热膜的颜色多种多样，再加上自然柔和的金属光泽，令防爆隔热膜可以搭配各种颜色、款式的汽车。普通膜和防晒太阳膜是将颜色直接融在胶膜中，撕掉上层塑料纸后，用力刮粘贴面，会有颜色脱落现象，这种膜使用一两年就会褪色。

二摸：劣质膜手感软而脆，很容易发生褶皱。防爆膜一般比较厚且硬，主要是因为膜中有数层纵横交错的聚酯膜层。而隔热太阳膜则相对较薄且柔软，表面手感平滑。

三闻：劣质膜选用质量比较差的材料，做工粗糙，在撕开保护层后会有很难闻的胶臭味。这股胶臭味在贴膜后仍然存在，会长期影响车厢内的气味。

四试：车膜的一大作用是隔热。最简单适用的测试方法是直接体验。很多贴膜专卖店会有隔热试验架。架上的玻璃已经贴有车窗膜，当旁边的数盏500W的太阳灯打开时，你就能很清楚地用手感觉到有膜和无膜，以及不同膜之间的隔热效果区别。

（2）通过膜的质量认定书来鉴别。

很多知名品牌的膜都有质量认定书，只要选用了该品牌的膜，在施工后会得到质量保证和维修承诺，而冒牌产品、水货、串货都没有正规的质量认定书。

3）汽车前、后挡风玻璃贴膜的基本流程

由于前、后挡风玻璃的面积和弧度都很大，因此必须对窗膜进行热成型。不同的贴膜工对前、后挡风玻璃窗膜的热成型方法虽然不同，但总的来说差别不大。湿式热成型是比较常用的方法，在实际应用中有较好的操作性。

（1）前、后挡风玻璃贴膜的工具准备和基本流程。

①工具准备。准备热风机、喷水壶、大小棉毛巾、不起毛的擦洗布、擦洗垫、刀具和可替换刀片、清洗剂刮板和超级刮板、白塑料硬卡片、放工具的卫围裙、调制粘贴溶液、婴儿用洗发精、全能玻璃水等。

②前、后挡风玻璃贴膜前的准备工作。

车辆检查：贴膜前要对施工相关部位进行检查，这是避免完工后与顾客发生不必要的争执的有效方法。首先，要对玻璃表面进行检查，确认是否存在无法去除的污垢和伤痕，是否有造成玻璃破损的冲击点等。其次，要对车厢内待施工玻璃周围内饰件有无破损情况进行检查。

内外防护：由于贴膜要使用大量液剂，不可避免地会喷射到玻璃以外的地方，如车门外侧的漆面，内侧的布材、皮革、塑料件等，专用的助贴剂会在这些地方留下难以清除的痕迹。为了避免额外增加工作量，应该在贴膜前对这些部位进行必要的保护，如图4-7所示。

图4-7 相关部位的保护

玻璃清洗：玻璃清洗是贴膜过程中最烦琐但又非常关键的一项，玻璃的清洁程度将直接影响最后的粘贴效果。

③湿式热成型贴膜的操作。

第一步：测量尺寸。

用卷尺在前、后挡风玻璃处测量玻璃的尺寸，主要是测量玻璃的宽与高。用卷尺量出的应该是前、后挡风玻璃的最大宽度和最大高度，两端都必须预留2cm作为余量。

第二步：粗裁车膜。

用裁纸刀和直尺（最好是钢尺）根据其之前量取的尺寸，从窗膜中裁出矩形的窗膜。裁好的膜在需要移动时，应卷成筒状，防止其在移动中发生褶皱。

第三步：再次清洗玻璃。

按普通清洗方法，喷上清洗剂后用普通橡胶刮板或大橡胶刮板刮干净即可。

第四步：覆盖窗膜。

喷湿玻璃外侧后，小心地在玻璃上展开窗膜。

第五步：二次粗裁。

在玻璃外侧上均匀地喷洒已添加安装液的纯净水，把膜片固定到玻璃外侧上，在玻璃内侧安装边的四边各添加1~2cm，用美工刀把膜片四边裁剪出来。

第六步：曲面的预定型。

将太阳膜贴于平面的侧窗玻璃上并不难，但是贴于曲面的前后挡风玻璃上则技术要求很高。一般是利用该前、后挡风玻璃的外侧面为模型，对太阳膜进行加热预定型。预定型的方法是将太阳膜的保护膜朝外，铺于曲面玻璃的外侧，在太阳膜和玻璃之间洒上水，采用温度可调的电吹风对太阳膜进行加热，一边加热一边用塑料刮刀挤压玻璃上的气泡和水，使太阳膜变形，直至与玻璃的曲面完全吻合，如图4-8所示。

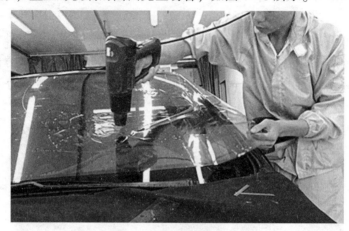

图4-8 太阳车膜热定型

需要特别留意的是，加热要均匀，不要过分集中，否则温度太高有可能造成玻璃开裂。

第七步：贴膜。

先在清洁的玻璃的内侧喷洒清水，然后撕去太阳膜的保护膜，对涂胶的表面也要喷上清水，然后将太阳膜贴于玻璃上，再用塑料刮刀进行挤压，去除太阳膜内的气泡和多余的水分。对于曲面玻璃来说，如个别部位不吻合，还可用电吹风对其加热，使其变形，达到完全吻合。待太阳膜干燥后，便能牢固地黏附于玻璃上。

4）前、后挡风玻璃贴膜的质量检查

①车膜要整张贴装，不能拼接。

②车膜不能有气泡、折痕、沙点和水珠。

③坐在驾驶位，透过前挡风玻璃看车外的景物时不存在模糊、色差等现象。

④查看前挡风玻璃应没有强反光现象（外侧）。

⑤车膜的边缘粘贴完好，无起边现象。

2. 加装倒车雷达

倒车雷达（图4-9）又称泊车辅助系统，由超声波传感器（俗称探头）、控制器和显示器等部分组成，现在市场上的倒车雷达大多采用超声波测距原理。驾驶员在倒车时，将汽车的挡位推至倒挡，由装于车尾保险杠上的探头发送超声波，遇到障碍物时，可产生回波信号，传感器接收到回波信号后经控制器进行数据处理，判断出障碍物的位置，由显示器显示距离,并发出警示信号,从而使驾驶员在倒车时做到心中有数。

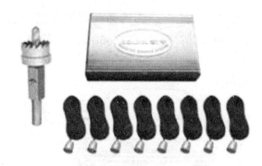

图 4-9 倒车雷达

1) 倒车雷达的功能

(1) 雷达测距:嵌入式雷达测距,数码显示,使泊车更容易,更安全。

(2) 语音报距:能及时报出与障碍物之间的距离信息。

(3) 发出警示音:根据不同的距离发出不同的警示音。

2) 倒车雷达的种类与选购

倒车雷达由探头、主机和显示器 3 部分组成,探头可以根据需要安装不同的数量,目前比较常见的是 4 探头(安装于后保险杠上)、6 探头(2 前 4 后)和 8 探头(前 4 后 4)。

选购倒车雷达时要注意以下几个方面:

(1) 质量方面。

可按照产品说明书对倒车雷达进行距离测试(测量车尾与障碍物之间的实际距离,看其与倒车雷达显示的数据是否一致),即观察障碍物处于说明书中所说的各个区域时,雷达的反应是否与说明书相符,雷达是否敏感,有无误报等问题;其次要对探头进行防水测试,检验其在雨雪和较湿润的天气里能否正常工作。

(2) 功能方面。

从功能方面区分,倒车雷达可分为距离显示、声音提示报警、图像提示、语音提示、探头自动检测等,一个功能齐全的倒车雷达应具备以上这些功能。有的产品还具备开机自检的功能。

(3) 性能方面。

性能主要从探测范围、准确性、显示稳定性和捕捉目标速度来考证。探测范围为 0.4~1.5m;准确性主要看两个方面,首先看显示分辨率,一般为 10cm,好的能达到 1cm;其次看探测误差,即显示距离与实际距离间的误差,质量好的产品的探测误差低于 3cm。显示稳定性,指在障碍物反射面不好的情况下,能否捕捉到并稳定地显示出障碍物的距离。捕捉目标速度,反映倒车雷达对移动物体的捕捉能力。

(4) 外观工艺方面。

作为汽车的内外装饰件,显示器和传感器安装后应美观大方,与汽车相协调。例如传感器的颜色要与保险杠的颜色相一致,尺寸要合适。

3) 倒车雷达的安装

（1）选点。4个探头的钻孔点需在同一水平线上。

（2）距地面高度为45～65cm，推荐值为50cm，如图4-10所示。

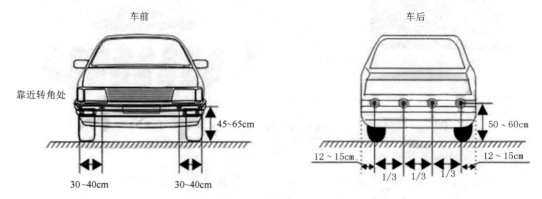

图4-10 倒车雷达的安装

（3）须选在汽车保险杠垂直、平整且无金属构件的地方。

（4）为确保系统的最佳探测角度，A、D两个探头应在距角边两侧8～13cm，推荐值为11cm。

（5）对准已定位点钻孔。

（6）把探头逐个塞入孔内，并预留大约10cm的探头线。

（7）根据各种车型，进行隐蔽铺线。

（8）把显示器底座粘贴在车身仪表板上方的平台上。

（9）主机盒安装于后备厢内，保证安全、不热、不潮、无溅水。

（10）引出倒车灯电源，把主机电源线与倒车灯电源线并接。

（11）将各控制线与主机一一对牢接固，最后接上电源线。将主机包扎好，安置于后备厢内侧不受挤压的位置。

4）使用倒车雷达时应注意的问题

（1）盲区问题。千万不要以为装了倒车雷达就万无一失了，它只能作为一种参考，因为雷达的探头也有盲区，尤其是装两只探头的车主，特别要注意车后的中间地带。

（2）与目测结合问题。当遇到光滑斜坡、光滑圆形球状物以及花坛中伸出的小树叶时，要加以目测，因为这时的探头探测能力下降，提供的数据就不会非常准确了。碰到大气过热、过冷、过湿或路面不平或沙地时，也不能掉以轻心，要多回头看看后面的情况。

（3）进退问题。听到蜂鸣器连续音时，应当及时停车，因为车辆已到危险区域。倒车时，车速一定要慢，以免车辆因惯性碰到障碍物。

（4）注意清洁与保养。探头要经常清洁，特别是雨雪天，泥水和冰雪会覆盖住探头，有附着物存在肯定会影响探测精度。

4.3 汽车装饰与改装

4.3.1 座椅的改装

1. 汽车座椅应符合的条件

汽车座椅应符合以下条件：

（1）座椅是车内体积最大的部件，其体积尽量要小，质量要轻，成本也要低。

（2）要确保安全，必须满足各种标准和法规（形状、尺寸、强度等）的要求。

（3）座椅坐垫面必须可靠地承受人体的坐骨骨节，坐垫前角不要支撑大腿部。座椅靠背必须能承受制动踏板的反作用力，靠背应使长时间的前弯姿势不会疲劳。

（4）坐垫倾斜角可以调节人身下肢角度。

（5）为减小人体与座椅靠背的相对震动，应有好的弹簧系统。

2. 汽车座椅的种类

汽车座椅可按形状、功能、饰面材料等进行分类。

1）按形状分

（1）分开式座椅。其中又分为半分开式座椅和斗式座椅。

（2）长座椅。

2）按功能分

（1）固定式座椅。

（2）可卸式座椅。

（3）调节式座椅。

（4）儿童安全座椅。

（5）赛（跑）车座椅。

3）按饰面材料分

（1）真皮座椅。

（2）仿真皮座椅。

（3）人造革座椅。

（4）布料座椅。

（5）短毛绒织物座椅。

3. 加装儿童安全座椅

在行车过程中，如果车里有儿童，由于行车过程中会出现各种各样的状况，因此安装一个儿童安全座椅是很有必要的，但是并不是所有的安全座椅都可以，不同年龄的儿童所需要的安全座椅也是不相同的。

1) 儿童安全座椅的选择

(1) 选择摇篮式后向儿童安全座椅。

摇篮式后向儿童安全座椅如图4-11所示,适用于年龄在1周岁以下,体重低于10kg的婴幼儿。摇篮式的儿童安全座椅采用的是全包覆性设计,儿童完全处在安全座椅的保护中。坚固的摇篮外壳能够为处在生理最脆弱阶段的儿童提供尽可能多的安全保护。

图4-11 摇篮式后向儿童安全座椅

(2) 选择全包覆型儿童安全座椅。

全包覆型儿童安全座椅如图4-12所示,适用于年龄在1~3周岁,体重在10~20 kg的儿童。全包覆型儿童安全座椅适合那些已经可以独立坐在座位上的儿童,较为开阔的视野可以让他们在旅途中有更好的心情去观察窗外的世界。

图4-12 全包覆型儿童安全座椅

(3) 选择包覆型儿童安全座椅或坐垫。

适用于年龄在3~10周岁,体重在15~36kg的儿童。包覆型儿童安全座椅(坐垫)相当于在普通座位上安装了一层包覆型座位,可以让儿童安全地使用车内配置的固定三点式安全带,而不是使用安全座椅内独立的安全带,垫高的座位让适用于成年人的安全带对于儿童也是安全的。

2) 儿童安全座椅的安装

儿童安全座椅一般安装在后排座椅上。在交通事故中,车辆前撞是最严重也是最经常发生的,坐在汽车后排座位的中间位置可以最大限度地远离危险。

安装儿童安全座椅应按照使用说明书要求,将安全座椅固定在汽车后座上,如果汽车安全带的腰胯部分不紧或安全座椅在座位上滑动,孩子就得不到充分的保护。当安全座椅固定好时,左右摇动幅度不应超过 2.5cm。为使安全座椅稳固,可以将其向汽车座位中压,同时勒紧安全带。如果还是摇动,试着安装在车内其他位置或换用其他类型的汽车安全带。

3) 安装儿童安全座椅的注意事项

(1) 不要将儿童安全座椅安装在有安全气囊的汽车前排座椅上。

(2) 确保儿童安全座椅安全带的松紧度及护垫的位置完全符合说明书的要求。

(3) 穿过儿童安全座椅的汽车安全带必须保持紧绷。

4.3.2 加装底盘保护

汽车底盘是除轮胎以外最贴近地面的汽车部件。车辆在行驶过程中,路面上飞溅起的沙砾不断地撞击底盘,底盘上原有的防锈层会逐渐被破坏,金属暴露在外面。另外,水气、酸雨、融雪剂都会腐蚀汽车底盘,底盘会逐渐锈蚀、老化。

为防止底盘受侵蚀,要对其加以保护,以延长底盘维持良好技术状态的时间。一般底盘保护有底盘塑封和底盘装甲两种方式。

1. 底盘塑封

底盘塑封是使用专用的底盘喷胶,喷涂在底盘上,形成 2mm 左右的保护层,使底盘与外界隔绝,以降低沙石撞击的力度,还能达到防腐、防锈、隔声的功能,延长车身寿命。

1) 底盘塑封的作用

底盘塑封是目前保护汽车底盘裸露部件的切实可行的方法,具体作用如下:

(1) 防腐蚀:雨水、雪水、洗车污水等残留在车辆底部,长久下去就会腐蚀汽车底盘。如果汽车底部做了塑封,腐蚀性液体就不容易侵蚀底盘。

(2) 防撞击:车辆在行驶的过程中,路面上溅起的小石子可能会击破车底金属漆膜,锈蚀底盘。塑封后喷涂材料的厚度可达 1.5~2.5mm,能抗击较大的冲击力,可有效地减轻突起物对底盘的伤害,减小底盘损坏和锈蚀的可能性。

(3) 防振动:发动机、车轮均固定在底盘上,它们的振动在某一频率上会与底盘共鸣,使人产生很不舒服的感觉,而底盘塑封能在一定程度上减弱共鸣。

(4) 隔声降噪,平静车内环境:车辆快速行驶在道路上,车轮与地面的摩擦声与速度成正比,底盘塑封具有较好的底部保护,起到隔声降噪的作用。

2) 底盘塑封的工序

底盘塑封前要使用专用的去污、去脂剂把底盘上的沥青、油污等彻底清除干净,并进行烘干。如果是将整个底盘塑封,还要将传动轴等传动部分和排气管需要散热的部位用胶带封起来再进行刷涂,以免塑封后影响这些部位的正常工作。二次塑封可以提高隔声和防撞效果,但两次喷塑要隔20min,待第一层塑封层彻底干燥后再行施工。

(1)清洗底盘。

①在洗车区,按一般洗车程序,对车辆进行首次清洗,重点冲去底盘下部、轮胎上方等部位。

②用举升机把车辆升起,拆卸4个车轮,配合专用清洁刷及专用清洁剂(或除油剂)对车辆底盘进行彻底清洗。将4轮内衬里面、底板下面的死角用铁铲刀、钢丝刷、砂纸并配合高压水枪等进行彻底清洁,发现起皮、脱落的涂层用灰铲铲去,生锈的部位用砂纸抛光,再用高压水枪冲洗,确保无尘土、无锈。只有清洁到位,才能保证施工质量。

(2)风干及遮蔽。

①配合气动风枪对底盘清洁位置进行风干。

②使用专用遮蔽纸及遮蔽胶带,对底盘不需要施工的位置进行严格遮蔽(排气管、传动轴、刹车盘、减震器等),同时应对车辆整个漆面进行全面遮蔽。

(3)喷涂。

①按不同型号喷涂材料的要求,用专用稀释剂进行调配。

②连接专用喷涂工具,对所需施工的部位均匀喷涂,以达到整体覆盖的效果。间隔20min后,再进行第二次喷涂。

③底盘大梁两侧至下裙及4个轮弧位置,应加强喷涂,使防锈及隔音效果更明显。

(4)检查清除遮蔽。

①喷涂完毕后,使用专用照明灯对施工位置进行仔细检查,以保证施工效果。

②拆除遮蔽纸,检查并清洁污染的位置。

2. 底盘装甲

底盘装甲是目前国际上流行的一种底盘防护措施,是采用橡胶和聚酯材料的混合配方(图4-13),喷涂在底盘上,施工厚度约为4mm,局部5mm以上。这种涂层具有高弹性,有效减弱了砾石直接打在金属上发出的声音。底盘装甲不仅可以减少原有的底盘受侵蚀、隔绝砂石打击底盘发出的噪声,还可以很好地过滤掉行驶过程中由底盘传入驾驶室内的噪声。

图4-13 底盘装甲

1）底盘装甲的使用方法

（1）举升汽车，用高压水枪冲洗底盘，先涂上发动机外部清洗剂或发动机去油剂，去除底盘上黏结的油泥和沙子，或用特制砂纸打磨掉原防锈层。

（2）用吹水枪将缝隙中的水吹出，并用毛巾将水擦干。

（3）准备喷涂防锈处理层，必须先用遮盖纸（多用报纸）和胶带将轮胎和排气管周边遮盖，尤其注意车身上的传感器和减震器要遮盖好。

（4）将底盘装甲各组分材料依次喷涂到底盘，至少喷3层，厚度约为4mm。

（5）涂层局部修补，保证遮蔽性越强越好。

（6）去除周边遮蔽物，用专用清洁剂清洗周边非喷涂部位，等待风干，新车大约1个小时就处理完毕了，旧车则要视车况而定了。

2）底盘装甲的几个标准

（1）耐水性：是底盘装甲对水的作用的抵抗能力。表现为将底盘装甲置于水中浸泡24h，观察底盘装甲有无发白、失光起泡、脱落等现象。

（2）耐盐雾性：是底盘装甲对盐水侵蚀的抵抗能力。可用来试验判断涂层防护性能。用5%的盐水浸泡24h，观察底盘装甲有无发白、失光、起泡、脱落、生锈等现象。

（3）耐酸（碱）性：是底盘装甲对有机溶剂侵蚀的抵抗能力。用3%的硫酸浸泡24h，观察底盘装甲有无发白、失光、起泡、脱落、生锈等现象。

（4）耐汽油性：用97#汽油浸泡30min，次品会起泡、脱落。

第 5 章 汽车售后服务

汽车售后服务泛指为客户提供的所有技术性服务工作及销售部门自身的服务管理工作。技术性服务可能在售前进行（如车辆整修、测试），也可能在售中进行（如车辆美容、对客户进行的培训、技术资料发放等），但更多的是在车辆售出后进行的质量保修、维护、技术咨询及备件供应等一系列技术性工作。

5.1 汽车售后服务概述

5.1.1 汽车售后服务的职能

汽车售后服务的职能包括对外职能和对内职能。对外职能是创造客户满意的口碑，利用售后服务树立和宣传企业形象；对内职能是反馈产品的使用信息、质量信息以及其他重要信息，为汽车厂家在生产制造、技术改进和产品开发等方面及时做出正确的决策提供可靠依据。其职能可以总结为以下几点：

(1) 以客户满意为宗旨，维护企业形象。

(2) 在客户咨询有关销售的信息、售后服务、产品使用发现的常见问题时，能及时为客户提供信息服务。

(3) 了解客户对服务和产品的意见并及时向上级反映，甚至提出切实可行的解决方案。

(4) 开展维修预约工作。维修预约可减少客户的等待时间，合理安排维修人员的工作周期，避开店内的维修高峰期，避免维修人员过度疲劳；提醒车主及时到站保养，防止由于车辆拖保造成的一切损失。

(5) 维修保养的回访。针对客户来店保养维修的内容进行回访。如果客户在维修保养后发现一些问题或所维修的项目没有得到彻底解决，记录下客户所提的问题，了解情况后邀请客户来店检查，及时为客户解决问题。

(6) 客户满意度调查。制作客户满意度调查表，不定期向客户寄发调查表或电话回访，向客户了解对服务存在的意见、看法。通过调查真实的反映提高服务质量。

（7）会员管理。会员管理是提高服务质量和品质，提升公司业务的主要措施。会员管理除了对会员提供优惠服务以外，还可以开展自驾游、技术讲座、邀请来店参观座谈等活动。

（8）客户投诉处理。接受客户投诉，及时与客户沟通，详细了解情况，商议最恰当的解决方案，及时为客户解决问题。向客户表示因为服务不周带来不便并道歉，争取客户的谅解，并制定制度，以提高服务质量。

（9）负责汽车配件采购和配件管理、销售工作。

（10）按照厂家的规定，负责汽车质量鉴定和索赔工作。

5.1.2 汽车售后服务的内容

售后服务的主要内容包括技术培训、质量保修、备件（配件）供应、组织和管理售后服务网络、企业形象建设等。其中，技术培训是先导，质量保修是核心，备件（配件）供应是关键，网点建设是平台，管理机制是保障，信息技术是手段，形象建设是文化。

1. 整理客户资料并建立客户档案

客户送车进厂维修养护或来公司咨询、商洽有关汽车技术服务，在办完有关手续或商谈完后，业务部应于两日内将客户有关情况整理制表并建立档案，装入档案袋。客户有关情况包括客户名称、地址、电话、送修或来访日期、送修车辆的车型、车号、车种、维修养护项目，保养周期、下一次保养期，客户希望得到的服务，在本公司维修、保养记录。

2. 技术培训

1）客户培训

客户培训是指对客户的技术指导、技术咨询和技术示范。客户培训的主要内容包括汽车正确使用、简单养护和简单故障排除等。

2）服务网络培训

服务网络培训是指对售后服务网络（网点）的技术培训、技术示范、技术指导和技术咨询。

凡是需要向社会、经销商、售后服务网络（网点）、客户宣传和交代的技术要领，均全部由厂商售后服务部门去完成。再如，产品更改、新产品上市等，都需要厂商售后服务部门对经销商进行培训。

3. 质量保修

质量保修是售后服务的核心。质量保修又称作质量保证、质量担保、质量赔偿等，其基本含义是指处理客户的质量索赔要求，进行质量鉴定、决定和实施赔偿行为，并向厂商反馈客户质量信息。

质量保修服务的特点是政策性强、技术性强。质量保修工作要求准确、快速，要厚待客户。

4. 备件（配件）供应

（1）备件销售是售后服务工作的"脊梁"，是利润的主要来源。

（2）应保证备件（配件）的数量、质量和价格。

（3）保护自己的知识产权。

5. 汽车故障救援服务

汽车故障救援服务的主要内容包括车辆因燃油耗尽而不能行驶的临时加油服务、因技术故障导致被迫停驶的现场故障诊断和抢修服务、拖车服务、交通事故报案和协助公安交通管理部门处理交通事故等服务。

5.2 售后服务网络的组织与管理

售后服务网络是售后服务的组织管理，主要包括服务网络规划、建站和日常管理工作。

5.2.1 售后服务网络的规划与建设

1. 售后服务网络规模的确定

一个区域售后服务网点的数目 M 可按式（5-1）确定：

$$M = \frac{Q \times F \times H \times r}{P \times E} \tag{5-1}$$

式5-1中：Q——区域内本企业产品的社会保有量；

F——每车每年平均所需要的服务次数；

H——每次服务的平均工时；

r——本企业售后服务网点对本企业产品的服务占有率，即售后网络每年完成的服务频次数与服务总频次数之比；

P——服务网点的平均设计服务能力，取决于服务网点的设计工位数及工作时间；

E——服务网点的平均服务能力利用系数。

2. 售后服务网点的布局

售后服务网点布局一般应考虑以下原则：

（1）统一规划、分别建设相统一的原则。对售后服务网点的规模、功能统一规划，并根据需要按顺序建设。

（2）现实需要与市场开拓相统一的原则。充分满足市场开拓的需要，要坚持先建店后销售的原则，解除客户的后顾之忧。

（3）服务能力与服务地区相统一的原则。服务网点的服务能力必须与其服务地区的范围相统一,不可过大,也不可过小。

①服务范围过大:给客户造成不便,延长服务时间,可能会丢失目标客户;服务网点的服务压力过大;增加服务网点上门服务的成本。

②服务范围过小:服务网点的服务能力闲置、削减服务网点的经济效益;服务网点服务区域偏小,服务网点之间的竞争激烈,不能获得规模效益。

3. 建站程序

1) 申请

维修企业向汽车厂商的地区管理机构提交建站申请书,地区管理机构对其硬件条件进行考察。

2) 初审

汽车厂商的网点管理部门根据服务网点申请的材料和其分支机构的考察报告,结合服务网络规划方案,审查其是否符合自己的售后服务网络体系布局发展规划,将符合条件的网点定级。管理部门要求申请单位具备以下条件:

(1) 有一定的组织机构,一般要求财务独立、维修场地独立,组织机构最好也独立。

(2) 满足厂家规定的设备条件,同时,也应满足国家规定的汽车维修业开业条件。

(3) 维修技术人员、质量鉴定人员和必要的管理人员的数量和资质必须符合厂商的要求。

3) 建设

通过审查的服务网点应根据汽车厂商的统一标准进行设计,经过厂商服务网点管理部门认可后,再进行服务场所建筑主体建设。

(1) 工程规划:包括规模大小与功能、场地规划、业务大厅、维修车间、配件仓库、停车场、厂区照明等。

(2) 标识:包括灯箱、标志牌、色彩、宣传画。一般厂商都有相关的规定标准。

4) 审批签字

建设完毕后,汽车厂商服务管理总部将再次按照事先确立的验收规范对服务网点进行全面考察、考评、验收,通过后报售后服务主管领导审批,审批后签订合同书。

5.2.2 售后服务网点管理

1. 培训

建站后,厂商要对新建店进行产品技术、专业技术、经营管理、质量鉴定、财务、前台接待、配件管理与经营等各项工作进行培训。

2. 日常管理

(1) 按标准价格维修汽车。

(2) 热情周到地为客户服务。

(3) 按时按量完成各种报表、信息收集和向总部进行传送。

(4) 积极配合汽车厂商的服务宣传和促销活动。

(5) 保证服务网点经营的配件由厂商提供或认可。

3. 考核

考核基本项目包括以下几点：

(1) 服务网点组织结构和岗位职责是否符合规定。考核服务网点是否有独立的财务、人员编制和作业场所，人员配备、组织结构和岗位职责是否达到厂商的要求。

(2) 人员培训和服务网点形象建设情况。

服务网点是否按照厂家的规定对员工进行培训，服务网点外部形象和标志物等是否符合厂家的规定。

(3) 服务网点工作环境。

厂家对服务网点的工作环境有明确的规定，厂家要不定期地进行检查。

服务网点工作环境应建立"5S"管理标准。

"5S"管理标准源于日本，指的是在生产现场，对材料、设备、人员等生产要素开展相应的整理、整顿、清扫、清洁、素养等活动，为其他的管理活动奠定良好的基础。因为整理（Seir）、整顿（Seiton）、清扫（Seiso）、清洁（Seiketsu）、素养（Shitsuke）的日文外来词汇用罗马文拼写的第一个字母都为"S"，所以称为"5S"。很多汽车公司要求将"5S"管理标准上墙。

①整理。整理的主要做法是区分必需品和非必需品，一般现场不放置非必需品。经常使用的物品归类放在作业区；偶尔使用或不经常使用的物品放在车间集中处；不常用的物品，如一个月使用一次的，可存入仓库。整理的目的在于改善和增大作业面积，提高职工工作情绪。

②整顿。整顿的主要做法是对现场有用的物品进行科学设计、合理放置，每个物品都能固定摆放在相应的位置，用完的物品及时归回原处。整顿的目的在于减少寻物时间，提高工作效率。整顿的关键是将现场有用的物品定位置、定数量存放管理，也就是"有物必有存放的位置"，必有标志牌，并注明物品名称及数量。

③清扫。清扫的主要做法是每位职工把自己管辖的现场清扫干净，并对设备及工位器具进行维护保养，查处异常。清扫的目的在于保护清洁、明快、舒畅的工作环境。清扫的关键点是自己应负责的范围自己打扫，不能靠增加清洁工来完成。

④清洁。清洁是对整理、整顿、清扫的坚持与深入，同时包括根治现场卫生。清洁的关键点是坚持与保持。

⑤素养。没有良好的素养，再好的现场管理也难以保持。因此提高人的素养关系到"5S"管理的成效。"5S"管理活动的全过程要贯彻自我管理的原则，靠每位职工自己动手创建一个整齐、清洁、方便、安全的工作环境。在维护自己劳动成果的同时，每位职工可以养成遵章守纪的好习惯，这样就容易保持和坚持下去。

(4) 服务网点的服务质量。

检查服务网点的服务是不是符合厂家的服务标准。

（5）服务网点的内部管理。

检查服务网点的管理制度是否完善，并考核执行情况。

（6）信息反馈和广告宣传。

检查服务网点的信息反馈是否及时全面；检查服务网点广告宣传的安排、执行及效果。

（7）配件和索赔工作。

检查服务网点质量索赔的程序是否符合要求，索赔是否符合规定，是否按照厂家规定对索赔更换的零件进行管理。

（8）档案资料管理。

检查考核服务网点的各种档案是否健全，是否按照规定进行档案管理。

（9）客户调查与访问。

厂家调查客户的满意度（一般为电话调查，时间为购车后或接受服务后）。

（10）环境保护。

考察服务网点的生产和环境是否满足国家环保的要求。

5.3 汽车质量担保

5.3.1 汽车质量担保法规

1. 销售者销售家用汽车产品时，应当符合下列要求：

（1）向消费者交付合格的家用汽车产品以及发票。

（2）按照随车物品清单等随车文件向消费者交付随车工具、备件等物品。

（3）当面查验家用汽车产品的外观、内饰等现场可查验的质量状况。

（4）明示并交付产品使用说明书、三包凭证、维修保养手册等随车文件。

（5）明示家用汽车产品三包条款、保修期和三包有效期。

（6）明示由生产者约定的修理者名称、地址和联系电话等修理网点资料，但不得限制消费者在上述修理网点中自主选择修理者。

（7）在三包凭证上填写有关销售信息。

（8）提醒消费者阅读安全注意事项、按产品使用说明书的要求进行使用和维护保养。

对于进口家用汽车产品，销售者还应当明示并交付海关出具的货物进口证明和出入境检验检疫机构出具的进口机动车辆检验证明等资料。

2. 修理者义务

（1）修理者应当建立并执行修理记录存档制度。书面修理记录应当一式两份，一份存档，一份提供给消费者。

修理记录内容应当包括送修时间、行驶里程、送修问题、检查结果、修理项目、更换的零部件名称和编号、材料费、工时和工时费、拖运费、提供备用车的信息或者交通费用补偿金额、交车时间、修理者和消费者的签名或盖章等。

修理记录应当便于消费者查阅或复制。

（2）修理者应当保持修理所需要的零部件的合理储备，确保修理工作能够正常进行，避免因缺少零部件而延误修理时间。

（3）用于家用汽车产品修理的零部件应当是生产者提供或者认可的合格零部件，且其质量不低于家用汽车产品生产装配线上的产品。

（4）在家用汽车产品保修期和三包有效期内，家用汽车产品出现产品质量问题或严重安全性能故障而不能安全行驶或者无法行驶的，应当提供电话咨询修理服务；电话咨询服务无法解决的，应当开展现场修理服务，并承担合理的车辆拖运费。

3. 三包责任

《家用汽车产品修理、更换、退货责任规定》对汽车三包责任做出了明确规定。

（1）家用汽车产品保修期不低于 3 年或者行驶里程 60 000 km，以先到者为准；家用汽车产品三包有效期限不低于 2 年或者行驶里程 50 000 km，以先到者为准。家用汽车产品保修期和三包有效期自销售者开具购车发票之日起计算。

（2）在家用汽车产品保修期内，家用汽车产品出现质量问题，消费者凭三包凭证由修理者免费修理（包括工时费和材料费）。

（3）家用汽车产品自销售者开具购车发票之日起 60 日内或者行驶里程 3 000 km 之内（以先到者为准），发动机、变速器的主要零件出现产品质量问题的，消费者可以选择免费更换发动机、变速器。发动机、变速器的主要零件的种类范围由生产者明示在三包凭证上，其种类范围应当符合国家相关标准或规定，具体要求由国家质检总局①另行规定。

家用汽车产品的易损耗零部件在其质量保证期内出现产品质量问题的，消费者可以选择免费更换易损耗零部件。易损耗零部件的种类范围及其质量保证期由生产者明示在三包凭证上。生产者明示的易损耗零部件的种类范围应当符合国家相关标准或规定，具体要求由国家质检总局另行规定。

（4）在家用汽车产品保修期内，因产品质量问题每次修理时间（包括等待修理备用件时间）超过 5 日的，应当为消费者提供备用车，或者给予合理的交通费用补偿。

（5）在家用汽车产品三包有效期内，符合本规定更换、退货条件的，消费者凭三包凭证、购车发票等由销售者更换、退货。

家用汽车产品自销售者开具购车发票之日起 60 日内或者行驶里程 3 000 km 之内（以先到者为准），家用汽车产品出现转向系统失效、制动系统失效、车身开裂或燃油泄漏，消费者选择更换家用汽车产品或退货的，销售者应当负责免费更换或退货。

在家用汽车产品三包有效期内，发生下列情况之一，消费者选择更换或退货的，销售

---

① 现为国家市场监督管理总局。

者应当负责更换或退货：

①因严重安全性能故障累计进行了 2 次修理，严重安全性能故障仍未排除或者又出现新的严重安全性能故障的。

②发动机、变速器累计更换 2 次后，或者发动机、变速器的同一主要零件因其质量问题，累计更换 2 次后，仍不能正常使用的，发动机、变速器与其主要零件更换次数不重复计算。

③转向系统、制动系统、悬架系统、前/后桥、车身的同一主要零件因其质量问题，累计更换 2 次后，仍不能正常使用的。

转向系统、制动系统、悬架系统、前/后桥、车身的主要零件由生产者明示在三包凭证上，其种类范围应当符合国家相关标准或规定，具体要求由国家质检总局另行规定。

（6）在家用汽车产品三包有效期内，因产品质量问题修理时间累计超过 35 日的，或者因同一产品质量问题累计修理超过 5 次的，消费者可以凭三包凭证、购车发票，由销售者负责更换。

下列情形所占用的时间不计入前款规定的修理时间：

①需要根据车辆识别代号（Vehicle Identification Number，VIN）等定制的防盗系统、全车线束等特殊零部件的运输时间、特殊零部件的种类范围由生产者明示在三包凭证上。

②外出救援路途所占用的时间。

（7）在家用汽车产品三包有效期内，符合更换条件的，销售者应当及时向消费者更换新的、合格的同品牌同型号家用汽车产品；无同品牌同型号家用汽车产品更换的，销售者应当及时向消费者更换不低于原车配置的家用汽车产品。

（8）在家用汽车产品三包有效期内，符合更换条件的，销售者无同品牌同型号家用汽车产品，也无不低于原车配置的家用汽车产品向消费者更换的，消费者可以选择退货，销售者应当负责为消费者退货。

（9）在家用汽车产品三包有效期内，符合更换条件的，销售者应当自消费者要求换货之日起 15 个工作日内向消费者出具更换家用汽车产品证明。

在家用汽车产品三包有效期内，符合退货条件的，销售者应当自消费者要求退货之日起 15 个工作日内向消费者出具退车证明，并负责为消费者按发票价格一次性退清货款。

家用汽车产品更换或退货的，应当按照有关法律法规规定办理车辆登记等相关手续。

（10）按照本规定更换或者退货的，消费者应当支付因使用家用汽车产品所产生的合理使用补偿，销售者依照本规定应当免费更换、退货的除外。

合理使用补偿费用的计算公式为：

合理使用补偿费用 =［（车价款（元）×行驶里程（km））/1 000］×n

使用补偿系数 n 由生产者根据家用汽车产品使用时间、使用状况等因素确定，大小为 0.5%~0.8%，并在三包凭证中明示。

家用汽车产品更换或者退货的，发生的税费按照国家有关规定执行。

（11）在家用汽车产品三包有效期内，消费者书面要求更换、退货的，销售者应当自收到消费者书面要求更换、退货之日起 10 个工作日内，做出书面答复。逾期未答复或者未按本规定负责更换、退货的，视为故意拖延或者无正当理由拒绝。

（12）消费者遗失家用汽车产品三包凭证的，销售者、生产者应当在接到消费者申请后 10 个工作日内予以补办。消费者向销售者、生产者申请补办三包凭证后，可以依照本规定继续享有相应权利。

按照本规定更换家用汽车产品后，销售者、生产者应当向消费者提供新的三包凭证，家用汽车产品保修期和三包有效期自更换之日起重新计算。

在家用汽车产品保修期和三包有效期内发生家用汽车产品所有权转移的，三包凭证应当随车转移，三包责任不因汽车所有权转移而改变。

（13）经营者破产、合并、分立、变更的，其三包责任按照有关法律法规规定执行。

4. 三包责任免除及争议处理

1）三包责任免除

（1）易损耗零部件超出生产者明示的质量保证期出现产品质量问题的，经营者可以不承担本规定的家用汽车产品三包责任。

（2）在家用汽车产品保修期和三包有效期内，存在下列情形之一的，经营者对所涉及的产品质量问题，可以不承担本规定的三包责任：

①消费者所购家用汽车产品已被书面告知存在瑕疵的。

②家用汽车产品用于出租或者其他营运目的的。

③使用说明书中明示不得改装、调整、拆卸，但消费者自行改装、调整、拆卸而造成损坏的。

④发生产品质量问题，消费者自行处置不当而造成损坏的。

⑤因消费者未按照使用说明书要求正确使用、维护、修理产品而造成损坏的。

⑥因不可抗力造成损坏的。

在家用汽车产品保修期和三包有效期内，无有效发票和三包凭证的，经营者可以不承担本规定的三包责任。

2）争议处理

（1）家用汽车产品三包责任发生争议的，消费者可以与经营者协商解决；也可以依法向各级消费者权益保护组织等第三方社会中介机构请求调解解决；或者依法向质量技术监督部门等有关行政部门申诉进行处理。

家用汽车产品三包责任争议双方不愿通过协商、调解解决或者协商、调解无法达成一致的，可以根据协议申请仲裁，也可以依法向人民法院起诉。

（2）经营者应当妥善处理消费者对家用汽车产品三包问题的咨询、查询和投诉。经营者和消费者应积极配合质量技术监督部门等有关行政部门、有关机构对家用汽车产品三包责任争议的处理。

（3）省级以上质量技术监督部门可以组织建立家用汽车产品三包责任争议处理技术咨询人员库，为争议处理提供技术咨询；经争议双方同意，可以选择技术咨询人员参与争议处理，技术咨询人员咨询费用由双方协商解决。

经营者和消费者应当配合质量技术监督部门家用汽车产品三包责任争议处理技术咨询

人员库建设，推荐技术咨询人员，提供必要的技术咨询。

（4）质量技术监督部门处理家用汽车产品三包责任争议，按照产品质量申诉处理有关规定执行。

（5）处理家用汽车产品三包责任争议，需要对相关产品进行检验和鉴定的，按照产品质量仲裁检验和产品质量鉴定有关规定执行。

5. 质保期内的汽车维修

《机动车维修管理规定》（2016 年修正）中的第五条明确规定：任何单位和个人不得封锁或者垄断机动车维修市场。托修方有权自主选择维修经营者进行维修。除汽车生产厂家履行缺陷汽车产品召回、汽车质量三包责任外，任何单位和个人不得强制或者变相强制指定维修经营者。也就是说，在质量保证期内，车主可以到任何有资质的汽车维修企业进行维修，如果车辆出了质量问题，不能证明质量问题是维修者造成的，厂家都应该执行三包。

5.3.2 汽车质量担保工作流程及旧件管理

1. 汽车质量担保工作流程

1）客户报修

2）服务网点受理和审查鉴定

（1）检查报修车辆是否有三包凭证。如果没有三包凭证，消费者向销售者、生产者申请补办三包凭证后，进入索赔程序。图 5－1 为东风本田汽车三包凭证。

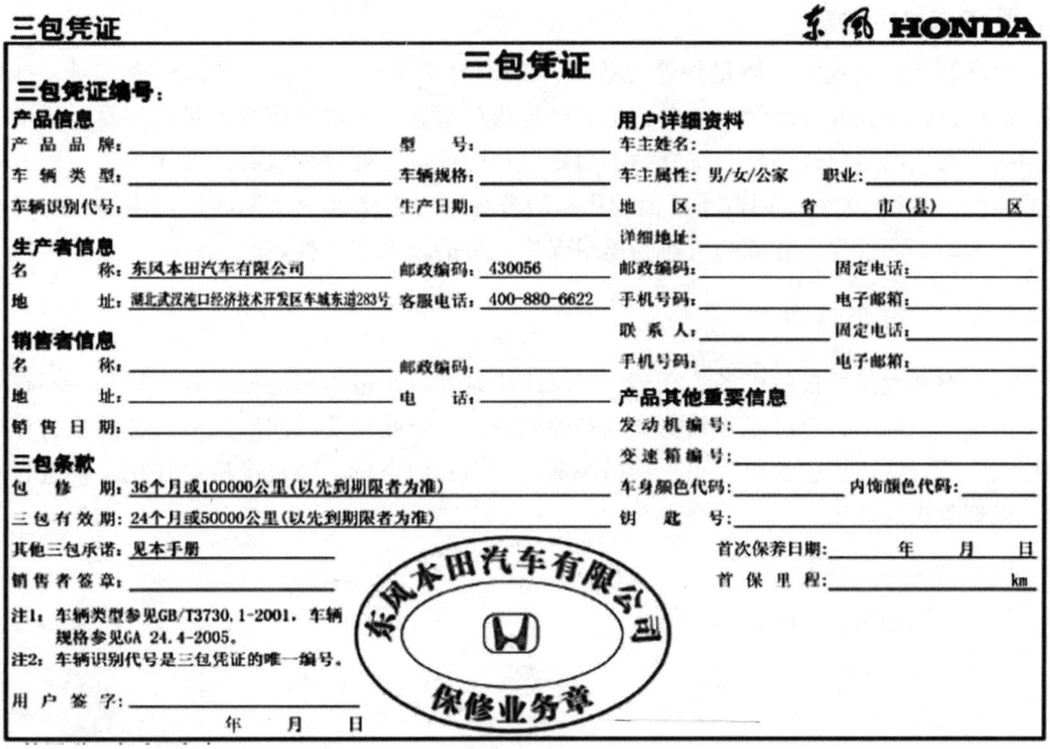
三包凭证　　东风 HONDA

三包凭证

三包凭证编号：

产品信息
产品品牌：　　型号：
车辆类型：　　车辆规格：
车辆识别代号：　　生产日期：

生产者信息
名称：东风本田汽车有限公司　　邮政编码：430056
地址：湖北武汉沌口经济技术开发区车城东道283号　　客服电话：400-880-6622

销售者信息
名称：　　邮政编码：
地址：　　电话：
销售日期：

三包条款
包修期：36个月或100000公里（以先到期限者为准）
三包有效期：24个月或50000公里（以先到期限者为准）
其他三包承诺：见本手册
销售者签章：

注1：车辆类型参见GB/T3730.1-2001，车辆规格参见GA 24.4-2005。
注2：车辆识别代号是三包凭证的唯一编号。

用户签字：
年　月　日

用户详细资料
车主姓名：
车主属性：男/女/公家　　职业：
地区：　　省　　市（县）　　区
详细地址：
邮政编码：　　固定电话：
手机号码：　　电子邮箱：
联系人：　　固定电话：
手机号码：　　电子邮箱：

产品其他重要信息
发动机编号：
变速箱编号：
车身颜色代码：　　内饰颜色代码：
钥匙号：
首次保养日期：　　年　月　日
首保里程：　　km

东风本田汽车有限公司
保修业务章

图 5－1　东风本田汽车三包凭证

（2）检查车辆的购买时间和使用里程是否超过保修期，如果超过保修期，不予索赔。

（3）办理索赔手续。

经过以上审查，如果报修项目符合索赔要求，由索赔员按照厂家规定填写并向厂商主管部门上报相关的车辆信息材料。

（4）报修项目鉴定。

由特约服务网点对故障的原因进行鉴定，如果原因在《家用汽车产品修理、更换、退货责任规定》中规定的"三包责任免除"范围内，索赔员拒绝索赔，并向客户说明原因。如果客户有争议，索赔员应向客户说明《家用汽车产品修理、更换、退货责任规定》中关于"争议的处理"的规定，并提出合理建议。

3）维修赔付

经过以上审查和鉴定，若报修项目符合索赔的要求，由车间派工进行维修。

4）信息反馈

按规定向服务总部反馈索赔信息，包括更换的零部件名称和索赔金额。

5）服务总部赔付

服务总部对上报的索赔信息进行审查鉴定，如符合索赔条件，服务总部按规定向特约维修中心进行赔付。如果不符合索赔要求，则服务总部拒绝向特约维修中心赔付。

服务总部二次索赔。如果出现质量问题是由配套件零件造成的，厂商向配件供应商进行索赔。

2. 索赔旧件管理

汽车制造厂商规定：质量保修更换下来的旧件必须全部保存，进行严格编号，挂标签，以便进行查找和与赔偿单核对，除非经过售后服务总部定期巡视人员的同意，批准销毁和指定寄回的重要样品外，维修站不得随意将旧件进行处理和遗弃。对于协作、配套性质的旧件，必须100%返回汽车厂商的售后服务部门，以保证全部返还给供应商进行二次索赔。同时，旧件保存和陈列可作为质量保修人员的培训实物教具。

5.3.3 汽车召回

汽车召回就是已投放市场的汽车，发现由于设计或制造方面的原因存在缺陷，不符合有关的法规、标准，有可能导致安全及环保问题，厂家必须及时向国家有关部门报告该产品存在问题、造成问题的原因和改善措施等，提出召回申请，经批准后对在用车辆进行改造，以消除事故隐患。

1. 汽车召回的流程

汽车召回的流程如图 5-2 所示。

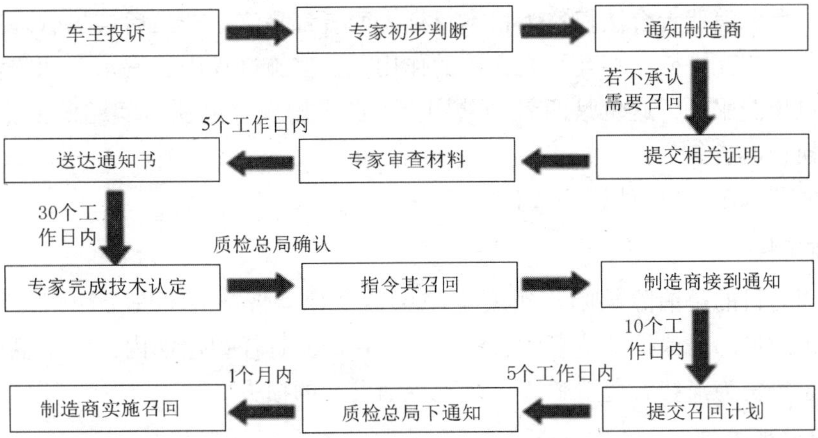

```
车主投诉 → 专家初步判断 → 通知制造商
                                    ↓ 若不承认需要召回
           5个工作日内
送达通知书 ← 专家审查材料 ← 提交相关证明
  ↓ 30个工作日内
           质检总局确认
专家完成技术认定 → 指令其召回 → 制造商接到通知
                                    ↓ 10个工作日内
           1个月内        5个工作日内
制造商实施召回 ← 质检总局下通知 ← 提交召回计划
```

图 5-2 汽车召回的流程

汽车召回包括制造商主动召回和主管部门指令召回两种。

制造商主动召回：制造商自行发现，或者通过企业内部的信息系统，或者通过销售商、修理商和车主等相关各方关于其汽车产品缺陷的报告和投诉，或者通过主管部门的有关通知等方式获知缺陷存在，可以将召回计划在主管部门备案后，按照召回程序的规定，实施缺陷汽车产品召回。

主管部门指令召回：制造商获知缺陷存在而未采取主动召回行动的，或者制造商故意隐瞒产品缺陷的，或者以不当方式处理产品缺陷的，主管部门应当要求制造商按照指令召回程序的规定进行缺陷汽车产品召回。

发布召回公告后，通过汽车整车查找出存在故障追溯件的批次及供应商信息；在系统中根据故障追溯件的批次，可以查找到这些追溯件都使用在哪些汽车整车上；系统再根据这些汽车整车的销售记录，查找到汽车整车的具体客户；最终把存在故障追溯件的汽车整车逐一召回。

政府发布公告后，制造商确认其生产且已售出的汽车产品存在缺陷，决定实施主动召回的，应书面上报主管部门，并应当及时制定包括以下基本内容的召回计划提交主管部门备案。

（1）有效停止缺陷汽车产品继续生产的措施。

（2）有效通知销售商停止批发和零售缺陷汽车产品的措施。

（3）有效通知相关车主缺陷的具体内容和处理缺陷的时间、地点和方法等。

（4）客观公正地预测召回效果。

将汽车产品存在的缺陷、可能造成的损害及其预防措施、召回计划等，以有效的方式通知有关销售商、租赁商、修理商和车主，并通知销售商停止销售有关汽车产品。制造商需设置热线电话，解答各方询问，并在主管部门指定的网站上公布缺陷情况以供公众查询。

2. 汽车召回与汽车三包的共同点和区别

汽车召回和汽车三包都以强化生产经营者的主体责任、促进提高汽车产品质量、维护消费者利益、保护消费者合法权益为根本目标。两者都是汽车产品后市场管理制度的有机组成部分，起着相互支持、相互补充完善的作用。在实施过程中，汽车召回与汽车三包都为消费者提供免费服务，这也是两者的共同点。两者解决产品质量问题的措施基本相同，即修理、更换、退货。

汽车召回和汽车三包有以下区别：

1）性质不同

汽车召回的目的是消除缺陷汽车安全隐患给全社会带来的不安全因素，维护公众安全；汽车三包的目的是保护消费者的合法权益，在产品责任担保期内，当车辆出现质量问题时，由厂家负责为消费者免费解决，以减少消费者的损失。

2）法律依据不同

汽车召回是根据《中华人民共和国产品质量法》（以下简称《产品质量法》）对可能涉及公众人身、财产安全造成威胁的缺陷汽车产品进行召回，维护公共安全、公众利益和社会经济秩序。汽车三包对经营者来讲，在法律关系上属特殊的违约责任，根据《产品质量法》，对在三包期内有质量问题的产品，国家制定有关三包的规定，由销售商负责修理、更换、退货，承担产品担保责任。

3）对象不同

汽车召回主要针对系统性、同一性与安全有关的缺陷，这个缺陷必须是在一批车辆上都存在。汽车三包是解决由于随机因素导致的偶然性产品质量问题的法律责任。对于由生产、销售过程中各种随机因素导致产品出现的偶然性产品质量问题，一般不会造成大面积的人身伤害和财产损失。在三包期内，只要车辆出现质量问题，无论该问题是否与安全有关，只要不是因消费者使用不当造成的，销售商就应当承担修理、更换、退货的产品担保责任。

4）范围不同

汽车三包主要针对家用车辆。

汽车召回则包括家用和各种运营的道路车辆，只要存在缺陷，都一视同仁。

5）解决方式不同

汽车召回的解决方式：汽车制造商发现缺陷后，向主管部门报告，并由制造商采取有效措施消除缺陷，实施召回。

汽车三包的解决方式：由汽车经营者按照国家有关规定对有问题的汽车承担修理、更换、退货的产品担保责任。

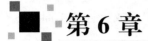

第6章 汽车配件销售服务

汽车零部件行业市场可分为整车配套市场（OEM 市场）和售后服务市场（AM 市场）。整车配套市场是指各零部件供应商为汽车制造企业整车装配供应零部件的市场；售后服务市场是指汽车在使用过程中由于零部件损耗需要进行更换所形成的市场。

6.1 汽车配件基础知识

汽车是由各个分总成、组件和各个零件组合装配而成。组成汽车的这些总成、组件和单个零部件以及在汽车使用中自然消耗和需要补充的或为维持汽车良好状态必须更换的零部件总成、组件和单个零部件，统称为汽车备件。

6.1.1 汽车配件的编号规则

1. 我国汽车零部件编号规则

我国汽车零部件编号按照中国汽车工业协会于 2004 年颁布实施的《汽车零部件编号规则》（QC/T 265—2004）统一编制。该标准只编定了组号、分组号，零部件号未做统一规定，由企业根据自身需要自编。

1）范围

（1）本标准规定了各类汽车、半挂车的总成和装置及零件号编制的基本规则和方法。

（2）适用于各类汽车和半挂车的零件、总成和装置的编号。

（3）不适用于专用汽车和专用半挂车的专用装置部分零件、总成和装置的编号及汽车标准件和轴承编号。

2）术语和定义

（1）组号（Complete Group）：表示汽车各功能系统的分类。

（2）分组（Subgroup）：表示功能系统内分系统的分类顺序。

（3）零部件（Part and Component）：包括总成、分总成、子总成、单元体、零件。

总成（Assembly）：由数个零件、数个分总成或它们之间的任意组合而构成一定装配级别或某一功能形式的组合体,具有装配分解特性。

分总成(Subassembly):由两个或多个零件与子总成一起采用装配工序组合而成,对总成有隶属装配级别关系。

子总成(Subdivisible Assembly):由两个或多个零件经装配工序或组合加工而成,对分总成有隶属装配级别关系。

单元体(Unit):由零部件之间的任意组合而构成具有某一功能特征的功能组合体,通常能在不同环境下独立工作。

零件(Part):不采用装配工序制成的单一成品、单个制件,或由两个及两个以上连在一起具有规定功能,通常不能再分解的制件(如含油轴承、电容器等外购小总成)。

零部件号(Coding for Part and Component):指汽车零部件实物的编号,亦包括为了技术、制造、管理需要而虚拟的产品号和管理号。

3) 汽车零部件编号规则

(1) 汽车零部件编号表达式。

完整的汽车零部件编号表达式由企业名称代号、组号、分组号、源码、零部件顺序号和变更代号构成。零部件编号表达式根据其隶属关系可按图4-1中所示的3种方式进行选择。

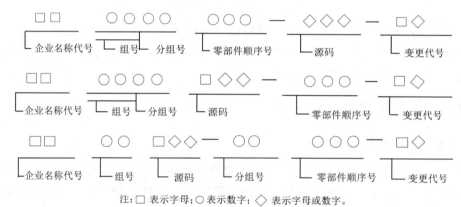

注:□表示字母;○表示数字;◇表示字母或数字。

图6-1 零部件编号表达式

①企业名称代号:当汽车零部件图样的使用涉及知识产权或产品研发过程中需要标注企业名称代号时,可在最前面标注经有关部门批准的企业名称代号。一般企业内部使用时允许省略。企业名称代号由2位或3位汉语拼音字母表示。

②组号:用2位数字表示汽车各功能系统分类代号,按顺序排列,见《汽车零部件编号规则》中的附录A-1。

③分组号:用4位数字表示各功能系统内分系统的分类顺序代号,按顺序排列,见《汽车零部件编号规则》中的附录A-1。

④源码:源码用3位字母、数字或字母与数字混合表示,由企业自定。

描述设计来源:指设计管理部门或设计系列代码,由3位数字组成。

描述车型中的构成:指车型代号或车型系列代号,由3位字母与数字混合组成。

描述产品系列：指大总成系列代号，由3位字母组成。

⑤零部件顺序号：用3位数字表示。总成、分总成、子总成、单元体、零件等顺序代号及零部件顺序号表述应符合下列规则。

总成的第3位应为0。

零件第3位不得为0。

3位数字为001～009，表示功能、供应商、装置、原理、布置、系统等为了技术、制造和管理的需要而编制的产品号和管理号。

对称零件其上、前、左件应先编号，且为奇数；下、后、右件后编号，且为偶数。

共用型的零部件顺序号一般应连续。

⑥变更代号：变更代号为2位，可由字母、数字或字母与数字混合组成，由企业自定。

⑦代替图零部件编号：对零件变化差别不大，或总成通过增加或减少某些零部件构成新的零件和总成后，在不影响其分类和功能的情况下，其编号一般在原编号的基础上仅改变其源码。

（2）汽车组合模块编号表达式。

汽车组合模块组合功能码由组号合成，如图6-2所示。前两位组号描述模块的主要功能特征，后两位组号描述模块的辅助功能特征。如，已知组合模块中10代表发动机模块，16代表离合器模块，17代表变速器模块，35代表手自动模块等。则有10×16表示发动机带离合器组合模块；10×17表示发动机带变速器组合模块；17×35表示变速器带手自动组合模块。

图6-2 汽车组合模块编号表达式

2. 国际汽车配件的类型

国际上汽车配件分为以下3种类型。

1）汽车厂组装用配套件（OEM Parts）

按汽车厂提供的生产图样生产，成品由各专业厂每天按时送汽车厂供组装汽车用的配件。在日本，OEM Parts 一般占专业总产量的60%左右。

2）纯正件（Genuine Parts）

由汽车厂提供给客户维修车辆用的配件，但不一定是汽车厂自行生产的。纯正件质量可靠，但价格较高。在日本，用于日本汽车维修的数量约占专业厂产量的25%，而供国外汽车维修的数量约占产量的15%。纯正件均储存于汽车厂的仓库，而汽车厂通过经营纯正件的商社销售。

3）专厂件（Replacement）

由各专业配件生产厂生产的备件，用各专业厂自己的包装箱包装，不经过汽车厂的渠道，而是由其特定的经销商进行销售。

近年来，我国从国外订购的汽车维修配件中，专厂件占了相当大的比重，因此下面主要介绍专厂件的有关情况。

6.1.2 车辆识别号码

车辆识别号码（Vehicle Identification Number，VIN）由17个英文字母和数字组成，简称车辆17位编码，如图6-3所示。作为汽车上的一组独一无二的号码，可以识别汽车的生产商、引擎、底盘序号及其他性能等资料。为避免与数字的1，0混淆，英文字母"I""O""Q"均不会被使用。

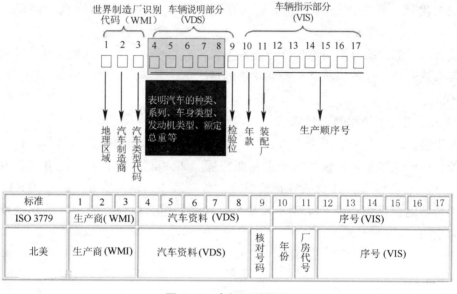

图6-3 车辆识别号码

1. 代码规范

术语定义

（1）车身类型：指根据车辆的一般结构或外形，诸如车门和车窗数量，运载货物的特征以及车顶型式（如厢式车身、溜背式车身、舱背式车身）的特点来区分车辆。

（2）发动机类型：指动力装置的特征，如所用燃料、气缸数量、排量和静制动功率等。装在轿车或多用途载客车或车辆额定总重为10 000 lb或低于10 000 lb的载货车上的发动机，应标明专业制造厂及型号。

（3）种类：是制造商对同一型号内的，在诸如车身、底盘或驾驶室类型等结构上有一定共同点的车辆所给予的命名。

（4）品牌：是制造厂对一类车辆或发动机所给予的名称。

（5）型号：指制造厂对具有同类型、品牌、种类、系列及车身型式的车辆所给予的名称。

（6）车型年份：表明某个单独的车型的年份，只要实际周期不超过两个立法年份，可以不考虑车辆的实际生产年。

(7) 制造工厂：指标贴 VIN 的工厂。

(8) 系列：指制造厂用来表示如标价、尺寸或重量标志等小分类的名称。主要用于商业目的。

(9) 类型：指由普通特征，包括设计与目的来区别车辆的级别。轿车、多用途载客车、载货汽车、客车、挂车、不完整车辆和摩托车是独立的型式。

2. 代码说明

车辆识别号码应由三个部分组成：第一部分，世界制造厂识别代码（WMI）；第二部分，车辆说明部分（VDS）；第三部分，车辆指示部分（VIS）。

1) 第 1~3 位（WMI）：制造厂、品牌和类型

第 1 位：地理区域代码见表 6-1。

表 6-1 地理区域代码

代码	国家或地区	代码	国家或地区
1	美国	J	日本
2	加拿大	S	英国
3	墨西哥	K	韩国
4	美国	L	中国
6	澳大利亚	V	法国
9	巴西	Y	瑞典
W	德国	Z	意大利
T	瑞士		

第 2 位：汽车制造商代码。

1——雪佛兰 Chevrolet； B——宝马 BMW； M——现代 Hyundai；

2——庞蒂亚克 Pontiac； B——道奇 Dodge； M——三菱 Mitsubishi；

3——奥兹莫比尔 Oldsmobile； C——克莱斯勒 Chrysler； M——水星 Mercury；

4——别克 Buick； D——梅赛德斯 Mercedes； N——英菲尼迪 Infiniti；

5——庞蒂亚克 Pontiac； E——鹰牌 Eagle； N——日产 Nissan；

6——凯迪拉克 Cadillac； F——福特 Ford； P——普利茅斯 Plymouth；

7——通用加拿大 GM Canada； G——通用 General Motors； S——斯巴鲁 Subaru；

8——土星 Saturn； G——铃木 Suzuki； T——雷克萨斯 Lexus；

8——五十铃 Isuzu； H——讴歌 Acura； T——丰田 Toyota；

A——阿尔法罗密欧 Alfa Romeo； H——本田 Honda； V-大众 Volkswagen；

A——奥迪 Audi； J——吉普 Jeep； V——沃尔沃 Volvo；

A——捷豹 Jaguar；L——大宇 Daewoo；Y——马自达 Mazda；

L——林肯 Lincoln；Z——福特 Ford；Z——马自达 Mazda；

G——所有属于通用汽车的品牌：别克 Buick，凯迪拉克 Cadillac，雪佛兰 Chevrolet，奥兹莫比尔 Oldsmobile，庞蒂亚克 Pontiac，土星 Saturn。

第3位：汽车类型代码（不同的厂商有不同的解释）。

有些厂商可能使用前3位组合代码表示特定的品牌：

TRU/WAU 奥迪 Audi；1YV/JM1 马自达 Mazda；4US/WBA/WBS 宝马 BMW；
WDB 梅赛德斯奔驰 Mercedes Benz；2HM/KMH 现代 Hyundai；VF3 标志 Peugeot；
SAJ 捷豹 Jaguar；WP0 保时捷 Porsche；SAL 路虎 Land Rover；YK1/YS3 萨博 Saab；
YV1 沃尔沃 Volvo。

2）第4~8位（VDS）

车辆特征：

轿车：种类、系列、车身类型、发动机类型及约束系统类型；

MPV：种类、系列、车身类型、发动机类型及车辆额定总重；

载货车：型号或种类、系列、底盘、驾驶室类型、发动机类型、制动系统及车辆额定总重；

客车：型号或种类、系列、车身类型、发动机类型及制动系统。

3）第9位：校验位，按标准加权计算（参见《世界汽车识别代号（VIN）资料手册》P21~23）。

4）第10位：车型年款，见表6-2。

表6-2 车辆年款对照

年份	代码	年份	代码	年份	代码	年份	代码
1971	1	1981	B	1991	M	2001	1
1972	2	1982	C	1992	N	2002	2
1973	3	1983	D	1993	P	2003	3
1974	4	1984	E	1994	R	2004	4
1975	5	1985	F	1995	S	2005	5
1976	6	1986	G	1996	T	2006	6
1977	7	1987	H	1997	V	2007	7
1978	8	1988	J	1998	W	2008	8
1979	9	1989	K	1999	X	2009	9
1980	A	1990	L	2000	Y	2010	A

注：往后年份按此顺序循环。

5）第 11 位：装配厂，若无装配厂，制造厂可规定其他的内容。

6）第 12～17 位：生产序列号。

3. 编码要求及相关法律

1）编码要求

车辆识别代码一般是由 17 位数字和英文字母组成，这就像是我们的身份证，这个识别代码在全世界的范围内只有这么一个号。

这里以轿车系列为例，识别代码的前 3 位分别以生产国别、制造厂商、车辆类别三个标准来进行确定，比如说 LFW 所指的是载货汽车，LFP 所指的是轿车、LFB 所指的是客车、LFN 所指的是非完整车辆、LFD 所指的是备用车、LFS 所指的是特种车、LFT 所指的是挂车、LFM 所指的是多用途乘用车、LFV 所指的是一汽大众所生产的车。

这里所说的 L 代表的是中国，F 代表的是第一，P 代表的是客，W 代表的是作业，B 代表的是巴士，N 代表的是不完整的，M 代表的是多用途，S 代表的是特别，T 代表的是挂车，V 代表的是一汽大众。

载货所用的越野车，以及自卸车、半挂牵引车和客货厢式车都可属于载货车。人们经常所说的吉普车也包含了越野车和非越野车两种轿车类的形式。如果是用客车改装的客车，是两用车的客车类别。在汽车型号的编码中有一个数字 5，说明这是一种特种车。除了客货厢式轿车以外，客货厢式车也可以看成载货车，其车身可以视为轿车。

2）相关法律

为了加强车辆生产企业的产品管理，规范车辆识别代号的管理和使用，依据国家有关法律、法规，国家发展和改革委员会制定了《车辆识别代号管理办法（试行）》，自 2004 年 12 月 1 日起施行，适用于在中华人民共和国境内制造、销售的道路机动车辆以及需要标示 VIN 的其他类型车辆产品，其中包括完整车辆产品和非完整车辆产品。

中华人民共和国境内的车辆生产企业及进口车辆生产企业均应按照本办法的规定在生产、销售的车辆产品上标示 VIN。

6.2 汽车配件管理实务

6.2.1 汽车配件采购管理

1. 汽车配件采购的程序

汽车配件采购的程序包括拟定采购计划、订立采购合同、商品验收入库、结算货款等环节。

1) 拟定采购计划

采购计划定得是否合适，对资金周转和经济效益起着决定性的作用。采购计划做得好，不仅可加快资金周转，提高经济效益，还可以减少库存积压。

一般采购计划的制订，可从以下 3 个方面考虑：

（1）前段时间销售的情况，根据其统计数字拟出进货的品种、名称、型号规格和数量；

（2）参照库存，库存多的可少进。当然，如果资金允许，那些销路好的也可多进一些；

（3）根据目前市场行情，做出一些适当调整。

2) 市场调查

市场调查的目的是通过调查、比较、分析，寻找价格合适、质量可靠、供货及时、售后服务好的供货单位及其产品。

（1）正确选择供货单位。

主要从价格和费用、产品质量、交付情况、服务水平 4 个方面来评价选择供货单位。

①价格和费用。价格和费用的高低是选择供方的一个重要标准。价格和费用低能降低成本，增加企业利润。

②产品质量。配件质量达不到要求会影响修车质量，给客户带来损失，所以要采购名牌产品或符合配件质量要求规定的合理产品。

③交付情况。它是供应单位按合同所要求的交货期限和交货条件的情况，一般用合同兑现率来表示。交货及时、信誉好的供货单位，自然是选择重点的对象。

④服务水平。考虑供货单位可能提供的服务，如服务态度和服务项目等。

在选择供货单位时，要注意就地就近选择。这样可以加强同供货单位的联系和协作，能得到更好的服务；交货迅速，临时求援方便；节省运输费用和其他费用，降低库存水平等。

（2）正确选择供货方式。

对于需求量大，产品定型、任务稳定的主要配件应尽量选择定点供应直达供货的方式。

对需求量大但任务不稳定的配件，尽量采用与生产厂签订合同直达供货的方式，以减少中转环节，加速配件周转。对需求量少的配件，如一个月或一个季度需求量在订货限额或发货限额以下者，宜采取由配件门市部供货的方式，以减少库存积压。

2. 签订采购合同

采购合同是供需双方的法律依据，必须按合同法规定的要求拟定，合同的内容要简明，文字要清晰，字义要确切。品种、型号、规格、单价、数量、交货时间、交货地点、交货方式、质量要求、验收条件、双方职责权利都要明确规定。签订进口配件合同时，更要注意这方面的问题。

3. 汽车配件的检验及接收

1) 汽车配件的检验

汽车配件市场，尤其是进口汽车配件市场，受经济利益的驱动，制假贩假者对消费者的影响是巨大的。进水货、假货，甚至利用仿造的进口配件包装，将国产劣质配件在市场上出售，会严重危害汽车及驾驶人员的安全。所以，作为进口汽车配件的采购人员，必须熟悉国外主机厂、配套厂、纯正件生产厂以及配件专业厂的产品、商标、包装及其标记，并掌握一般的检测方法。

进口汽车配件通常包装精致，在各层包装，尤其是包装箱外表和零件的醒目位置都有厂名和商标（也有的零件上刻印工厂代号和商标）。进口配件到货后，应由外到里、由大包装到小包装、由外包装到内包装、由包装到产品标签、由标签到封签、由零件编号到实物、由产品外观质量到内在质量，逐一进行详细检查验收。

（1）外包装。纸箱包装质地细密、坚挺，不易弯折、变形，封签完好。进口零部件，外包装印有用英文（或中文）注明的产品名称、零件编号、数量、产品商标、生产国别、公司名称。有的则在外包装箱上贴有反映上述数据的产品标签，图6-4为仿冒机油滤清器外包装。

图6-4 仿冒机油滤清器外包装

（2）小包装。产品的小包装盒（指每个配件的单个小包装盒），一般都用印有该公司商标图案的专用包装盒。例如，日本五十铃汽车公司的纯正件均印有白底红色"纯正部品"字样和白色的"ISUZU"字样及五十铃标志图案。日本日野汽车公司的纯正件，则用棕红底白色"Hino"字样的包装盒。日产柴油机机器公司（尼桑）的纯正件上，用蓝底、红色圆内有白色"UD"二字母或橙黄底、红色圆内有橙黄色"UD"二字母的专用包装盒。德国奔驰汽车公司的纯正件上均用蓝底白字印有"Mercedes-Benz"及奔驰汽车商标的专用小包装盒包装。德国弗里特坦希有限公司（ZF）生产的变速器内各种齿轮及同步器的小包装盒，以不规则几何图形为底纹，并用深蓝色的"ZF"标记特征图案，很容易识别。

(3) 产品标签。日本的日野、五十铃、三菱、日产等汽车公司的纯正件的标签，一般印有本公司商标、中英文纯正件字样及中英文生产公司名称、英文或日文配件名称及配件编号、英文"MADE IN JAPAN"及若干数量的长方形或正方形产品标签，如图 6-5 所示。日本配件专业厂的配件标签无"纯正部品"字样，但一般用英文标明其适用的发动机型号或车型、配件名称、数量及规格、公司名称、生产国别。

图 6-5 产品标签

(4) 包装封签。配件小包装盒的封口封签，一般用透明胶带封口。目前大多用印有本公司商标或检验合格字样的专用封签封口。

(5) 内包装纸。汽车公司的纯正部件及配套厂生产的配件内包装纸，均印有本公司标志，并且一面带有防潮塑料薄膜。

(6) 配件外观质量和产品上的永久性标记。纯正部件及配套厂的配件和专业厂生产的配件，外观做工精细，铸铁或铸铝零件表面光滑、致密、无毛刺，油漆均匀光亮。而假冒产品则铸件粗糙、不光滑、不平整、有毛刺、喷漆不均匀、无光泽。真假配件在一起对比，差别比较明显。原装进口配件，一般都在配件上铸有或刻有本公司的商标或名称标记及配件编号。例如，奔驰汽车公司的纯正配件上都有奔驰标记及零件编号；日野纯正品上刻有 H 标记；日本理研株式会社（RIK）的活塞环在开口处平面上一边刻有 R，另一边刻有 S（表示标准环 STD）字样；德国 WABCO（威伯科）公司生产的气制动阀件上均铆有铝合金标牌。德国 FAG 公司生产的气制动件则在外壳上铸有 FAG 字样。同时，配件编号也是合同签订和验货的重要内容，一般与国外大的汽车生产公司、大的配套厂或他们的代理商直接签订进口合同，每种配件都标有配件编号，当配件编号有新旧变更时，则合同上同时标明新旧两个配件编号。各大配套厂及专业生产厂都有自己生产的配件与主机厂配件编号的对应关系资料。配件编号一般都刻印或铸造在配件上或标明在产品的标牌上，而假冒产品一般无刻印或铸造的编号。验货时应根据合同要求的配件编号或对应资料认真核对。

2）汽车配件的接收

汽车配件采购员在确定了采购渠道及货源，并签订了采购合同之后，在约定的时间、地点对配件的名称、规格、型号、数量、质量等进行检验无误后,方可接收。

①对配件品种和数量的检验。应按合同规定的要求,对配件的名称、规格、型号等认真查验,核对配件数量,如果发现产品品种或数量不符合合同规定,一方面,应妥善保管;另一方面,应在规定的时间内向供方提出异议。

②对配件质量的检验。采用国家规定的质量标准的,按国家规定的质量标准验收;采用双方协商标准的,按照封存的样品或按样品详细记录下来的标准验收。接收方对配件质量提出异议的,应在规定的期限内提出,否则视为验收无误。

4. 汽车配件的入出库

1)办理入库手续

物资经验收无误后即应办理入库手续,进行登账、立卡、建立物资档案,妥善保管物资的各种证件、账单资料。

登账:仓库对每一品种规格及不同质量(级别)的物资都必须建立收、发、存明细账,它是及时、准确地反映物资储存动态的基础资料。登账时必须以正式收发凭证为依据。

立卡:材料卡是一种活动的实物标签,它反映库存物资的名称、规格、型号、级别、储备定额和实存数量。一般是直接挂在货位上。

建档:历年来的物资技术资料及出入库有关资料应存入物资档案,以便查阅,积累物资保管经验。物资档案应一物一档,统一编号,以便查找。

2)汽车配件出库

配件出库是仓库业务的最后阶段,它的任务是把配件及时、迅速、准确地发放到使用单位。

物资出库程序是:出库前准备—核对出库凭证—备料—复核—发料和清理。

(1)物资出库前的准备。为及时供应生产所需物资,仓库要深入实际,掌握用料规律,并根据出库任务量安排好所需的设备、人员及场地等。

(2)核对出库凭证。工业企业仓库发出的物资,主要是生产单位所领用。为了确定出库物资的用途,计算产品成本,防止物资被盗,出库时必须有一定的凭证手续。严禁无单或白条发料。物资出库凭证主要有"限额领料单""领料单""销售材料发料单""外加工发料单"等。保管员接到发料通知单后,必须仔细核对,无误后才能备料。

(3)备料。按照出库凭证进行备料。

(4)复核。为防止差错,备料后必须进行复核。复核的主要内容:出库凭证与物资的名称、规格、质量、数量是否相符,技术证件是否齐全。可保管员自己复核,或保管员之间交叉复核,或由专职复核员复核。

(5)发料和清理。复核无误后即可发料。发料完毕,当日登销料账、清理单据、证件,并清理现场,整理现场,整理垛底或并垛。

6.2.2 汽车配件的索赔

配件在产、供、用全过程中,都会出现质量问题,这是因为在大批数量的配件中,有漏检的、保管的、运输的以及使用方法等的各种因素。当客户发现或发生质量问题时，一般要向销售单位提出三包（包修、包换、包退）。当购入方发现质量问题时，也需向售出方提出索赔要求。

凡是因制造诸如材质、工艺等造成的质量缺陷，应由工厂负责调换；因使用不当造成的，应向客户解释并由他们自己负责；属于运输损坏的只能由销售方和客户协商解决；属于保管超过工厂规定贮存保质期的，应由销售单位自行负责处理。

1. 索赔的目的和原则

索赔的目的是对产品质量的担保，使客户对汽车企业的产品满意，对汽车企业的售后服务满意，以维护汽车企业形象，树立汽车企业信誉，进一步完善汽车配件供应体系，从而以优质的服务赢得客户的信赖。索赔的原则是诚信正直、公平公正、相互信赖、认真负责。

2. 汽车配件的质量担保与索赔

1）担保期

由汽车公司所属服务站售出或装上车辆之日起一定时期内（如江铃汽车公司规定 90 天）且行驶里程在一定范围内（如江铃汽车公司规定 6 000km），达到两个条件中任何一个即为超出担保期。

2）担保索赔条例

在上述规定的担保期内，因质量问题造成的损坏，本公司可以提供免费调试或更换零部件。如因质量事故造成客户的直接经济损失（车辆停驶造成的损失除外），本公司给予赔偿。

3）担保索赔条件

（1）必须在规定的质量担保期内。

（2）客户必须遵守《使用说明书》的规定，正确驾驶、保养和存放车辆。

（3）所有担保服务工作必须由汽车服务公司特约维修单位实施。

4）担保索赔范围

（1）玻璃，如购车后 30 天内，玻璃制品因材料及制造工艺等原因引起的变色、光学畸变、气泡和分层等质量问题应担保。

（2）橡胶和塑料制品，如在正确使用汽车的情况下，在汽车售出后半年内或行驶 10 000km 之内经鉴定后确属质量问题应担保。

（3）轮胎，如在汽车售出后 60 天且行驶里程 5 000km 之内，在正常使用情况下，发现鼓包、龟裂和分层等质量问题予以担保。

（4）电瓶，如在汽车售出后 6 个月且行驶里程 5 000km 之内，在正常使用情况下，电瓶出现质量问题予应担保。

（5）各类继电器的担保期一般为 1 年或行驶里程 20 000km 之内。

（6）灯泡、喇叭、点烟器和油水分离器等零部件，自购车后 60 天或行驶里程 5 000km

之内,在正常使用情况下,出现质量问题应担保。

5)非担保索赔范围

(1)因未按《使用说明书》要求使用和保养引起的损失。

(2)因客户私自改装汽车或换装不属于本公司提供的备件而引起的损坏。

(3)常用消耗品(如润滑油、制动液、熔断丝、冷媒)和易损件(空滤、燃滤、机滤等)。

(4)排气系统的锈蚀。

(5)在非正常温度环境下放置或使用,汽车超载引起的零部件损坏。

(6)由于客户选用不当的燃油、润滑油、防冻液、制动液或保养中没有采用规定材料而造成的故障。

(7)由于发动机吸入水分或进水造成的故障。

(8)对于变色、褪色、气孔、裂纹、凹痕、锈蚀和喷漆板件、内外饰件、橡胶制品等因日晒雨淋老化的情况,客户在提车时应及时提出担保要求,否则不予担保。

(9)在担保期内,客户车辆出现故障后未经汽车公司(或汽车公司特约维修单位)同意继续使用车辆而造成的进一步损坏,汽车公司只对原故障损失负责,其余损失责任则由客户承担。

第 7 章 汽车保险与理赔服务

1886 年，德国人卡尔·本茨发明了作为交通工具的汽车。驾驶汽车是非常冒险和不安全的行为，因此其商机被保险商瞅准。1895 年，英国法律通用保险公司签发了世界上最早的汽车保险单（为责任险保单），保险费为 10～100 英镑，于是汽车保险（简称车险）诞生了。

7.1 汽车保险的作用与特点

7.1.1 汽车保险的作用

保险的基本职能是补偿，而补偿是通过理赔工作来实现的。根据我国保险业的经营方针，理赔工作的意义和作用主要体现在以下几方面。

1. 保障社会再生产的顺利运行

理赔工作使受损单位和个人获得经济补偿，可以通过保险理赔促进社会经济的稳步发展，为社会创造更多的财富。

2. 保障被保险人的合法权益

保险理赔是保险人履行保险合同、进行经济补偿的具体体现。投保人和保险人签订保险合同，缴付保险费，其出发点就是规避被保险人所面临的或潜在的风险，以期在风险降临时获得经济补偿。

3. 提高防灾防损工作质量

防灾防损工作是在损失来临之前，对标的自身和周围环境进行全方位的分析后，为规避风险、降低风险发生系数而采取的一系列措施。理赔工作属于事后的一种补救工作，可以通过事后的补救工作，总结事故原因，掌握事故发生的规律，改善防灾防损工作中存在的不足，从而提高防灾防损工作的质量。

7.1.2 汽车保险的特点

汽车保险与其他保险不同，其理赔工作也具有显著的特点。

1. 被保险人的公众性

我国的汽车保险的被保险人曾经是以单位、企业为主，但是，随着个人拥有车辆数量的增加，被保险人中单一车主的比例将逐步增加。这些被保险人的特点是购买保险具有较大的被动色彩，他们对保险、交通事故处理、车辆修理等知之甚少。在理赔过程中，理赔人员与被保险人的交流沟通存在较大的障碍。

2. 损失率高，损失幅度较小

汽车保险事故的损失金额一般不大，但是事故发生的频率高，保险公司在经营过程中需要投入较多人力、物力，理赔成本较高。

3. 标的流动性大

汽车的功能特点决定了其具有相当大的流动性。由于车辆发生事故的地点和时间不确定，因此保险公司必须拥有一个运作良好的服务体系来支持理赔服务，主体是一个全天候的报案受理机制和庞大而高效的检验网络。

4. 受制于修理厂的程度较高

在汽车保险的理赔中扮演重要角色的是修理厂，修理厂的修理价格、工期和质量均直接影响汽车保险的服务。因为大多数被保险人在发生事故之后，均认为其有了保险，保险公司就必须负责将车辆修复，所以在车辆交给修理厂之后就很少过问。一旦因车辆修理质量或工期，甚至价格等出现问题，被保险人常常一并指责保险公司和修理厂。事实上，保险公司在保险合同项下承担的仅仅是经济补偿义务，而对于事故车辆的修理以及相关的事宜并没有负责义务。

5. 道德风险普遍

在财产保险业务中，汽车保险是道德风险的"重灾区"。汽车保险具有标的流动性强、保险信息不对称、汽车保险条款不完善、相关的法律环境不健全的特点，加之汽车保险经营管理中存在的一些问题和漏洞，这给了别有用心之人可乘之机，因此汽车保险欺诈案件时有发生。

7.2 机动车辆保险合同

机动车辆保险合同是指机动车辆投保人和机动车辆保险人之间关于保险权利义务的协议。投保人和保险人双方协商后在合同中约定：投保人向保险人支付保险费，保险人在保险标的遭受约定的保险事故时承担经济补偿责任。

7.2.1 汽车保险合同的特征

1. 汽车保险合同的基本特征

1）机动车辆保险合同的一般法律特征

机动车辆保险合同与其他经济合同一样，其依据合同建立起来的保险关系属于民事法律关系的范畴。机动车辆保险合同一经成立即受法律保护，对合同各方具有约束力，从而使机动车辆保险合同能够有效履行，保护合同各方当事人的利益。

2）机动车辆保险合同是各方的法律行为，不是单方的法律行为

机动车辆保险合同是投保人和保险人双方意思表达一致的直接结果，即当事人双方不仅要有明确订立保险合同的意思，还要意思表达一致，否则合同不能成立。

3）机动车辆保险合同是双务合同，不是单务合同

双务合同是合同当事人双方必须互相承担义务和享受权利的合同；单务合同是合同一方当事人只承担义务，另一方当事人只享有权利的合同（如赠与合同）。作为双务合同的机动车辆保险合同，投保人和保险人相互都承担义务，投保人的主要义务是向保险人缴纳保费，保险人的主要义务是承担合同约定的保险责任。一方承担的义务也是对方享有的权利。

4）机动车辆保险合同当事人之间的法律地位平等

机动车辆保险合同当事人之间的法律地位平等，是双方当事人订立保险合同时真实表示意思的前提。任何一方均不能把自己的意思强加于对方，在此基础上订立的合同使双方的权利义务是对等、互利的。

2. 汽车保险合同的基本原则

1）诚实信用原则

诚信一般是指诚实可靠、坚守信誉，是签订各种经济合同的基础。它要求合同双方当事人不得隐瞒、欺骗；任何一方当事人都应善意地、全面地履行自己的义务，做到守信用。由于保险经营活动的特殊性，保险活动中对诚信原则的要求更为严格，它要求做到最大诚信，即保险双方当事人在订立与履行保险合同的整个过程中要做到最大化的诚实守信。最大诚信原则的基本含义是：保险双方在签订和履行保险合同时，必须以最大的诚意履行自己应尽的义务，不得隐瞒有关保险活动的任何重要事实，双方都不得以欺骗手段诱使对方与自己签订保险合同，否则保险合同无效。

2）保险利益原则

保险利益原则是指投保人或被保险人对保险标的具有的法律上认可的利益。保险利益必须是合法利益、确定利益、经济利益。遵循保险利益原则的主要目的是限制损害补偿的程度，避免将保险变为赌博行为，防止道德风险出现。

3）损失补偿原则

损失补偿原则是指当保险事故发生时，被保险人从保险人处所得到的赔偿应正好填补

被保险人因保险事故所造成的保险金额范围内的损失。损失补偿可以使被保险人的保险标的在经济上恢复到受损前的状态,不允许被保险人因损失而获得额外的利益。

4) 近因原则

近因是指在风险和损失之间,导致损失的最直接、最有效、起决定作用的原因。近因原则是指判断风险事故与保险标的的损失直接的因果关系,从而确定保险赔偿责任的一项基本原则,是保险当事人处理保险案件或法庭审理有关保险赔偿的诉讼案,在调查事件发生的起因和确定事件责任的归属时所遵循的原则。按照近因原则,当保险人承保的风险事故是引起保险标的损失的近因时,保险人应负赔偿(给付)责任。

案例:

一架飞机在飞行过程中遇到雷击,致使机尾受到严重损坏。为了乘客的安全,飞机必须紧急迫降。由于机尾受损,紧急迫降时机身发生剧烈的震动,机上一名乘客因此突发脑出血而身亡。在这次事故中,其因果关系为:

雷击→机尾受损→紧急迫降→震动→突发脑出血→乘客身亡

从这个因果关系看,导致该乘客死亡的最根本的原因还是雷击,而突发脑出血只是雷击造成的一系列后果之一,因此这次事故的近因是雷击。

7.2.2 汽车保险合同的基本内容

1. 保险合同当事人和关系人的名称和住所

这是关于保险人、投保人、被保险人和受益人基本情况的条款,其名称和住所必须在保险合同中详加记载,以便保险合同订立后,各方能有效行使权利和履行义务。

2. 保险标的

明确了保险标的有利于判断投保人对保险标的是否具有保险利益。因此,保险合同必须载明保险标的。财产保险合同中的保险标的是指物、责任、信用;人身保险合同中的保险标的是指被保险人的寿命和身体。

3. 保险责任和责任免除

保险责任是指在保险合同中载明的对于保险标的在约定的保险事故发生时,保险人应承担的经济赔偿和给付保险金的责任,一般在保险条款中予以列举。保险责任明确的是哪些风险的实际发生造成了被保险人的经济损失或人身伤亡,保险人应承担赔偿或给付责任。保险责任通常包括基本责任和特约责任。

责任免除是保险合同中规定保险人不负给付保险责任的范围。责任免除大多采用列举的方式,即在保险条款中明文列出保险人不负赔偿责任的范围。从逻辑上讲,责任免除中列举的内容本属于保险责任范围。一般的保险责任中包括的事件很多,难以一一列尽,所以应先规定保险责任,大多数事件是保险责任,只有一小部分事件不属于保险责任,然后再把不属于保险责任的那一小部分事件规定为责任免除,从中剔除。这样一来,什么属于保险责任,什么属于责任免除就十分清楚了。当某一事件发生时,应该先看它是否属于保险责任,如果不属于保险责任,保险人就不用负责;如果属于保险责任,我们再看它是否属于责任免除,如果属于责任免除,保险人仍不用负责;如果不属于责任免除,保险人就要负责给付保险金。

4. 保险期间和保险责任开始时间

保险期间是指保险合同的有效期间,即保险人为被保险人提供保险保障的起止时间。

5. 保险价值

保险价值是指保险合同双方当事人订立保险合同时作为确定保险金额基础的保险标的的价值,即投保人对保险标的所享有的保险利益用货币估计的价值额。

6. 保险金额

保险金额是保险人计算保险费的依据,也是保险人承担赔偿或者给付保险金责任的最高限额。在不同的保险合同中,保险金额的确定方法有所不同。

7. 保险费以及支付办法

保险费是指投保人支付的作为保险人承担保险责任的代价。交纳保险费是投保人的基本义务。

8. 保险金赔偿或给付办法

保险金赔偿或给付办法是指保险赔付的具体规定,是保险人在保险标的遭遇保险事故,致使被保险人经济损失或人身伤亡时,依据法定或约定的方式、标准或数额向被保险人或其受益人支付保险金的方法。

9. 违约责任和争议处理

违约责任是指保险合同当事人因其过错致使合同不能履行或不能完全履行,即违反保险合同规定的义务而应承担的责任。

10. 订立合同的年、月、日

订立合同的年、月、日通常是指合同的生效时间,通常以此确定投保人是否有保险利益、保险费的交付期等。

7.2.3 保险合同变更与解除

1. 保险合同变更

保险合同依法成立生效后,当事人不得擅自变更保险合同,但是在保险合同订立以后,在合同有效期届满之前,由于保险合同当事人的主观和客观情况变化,需要对保险合同做出变更的除外。因此,《中华人民共和国保险法》(以下简称《保险法》)规定,在保险合同有效期内,投保人和保险人经协商同意,可以变更保险合同的有关内容。

保险合同变更主要有两种情况。

1) 保险合同主体的变更

这是指保险合同当事人及被保险人或者受益人的变更。在多数情况下,发生变更的是投保人、被保险人或受益人。

2）保险合同内容的变更

这是指在保险合同主体不发生变化的情况下，保险合同的其他记载事项发生变更。按照《保险法》的规定，对于变更保险合同，当事人可以在订立保险合同时一次性做出约定，也可以在每次变更时进行协商。

如果投保人、被保险人或者受益人要变更保险合同，可以先向保险人提出需要变更的事项，并提交有关资料，然后由保险人审查核定；如果保险人要求修改保险合同条款，应当先通知投保人、被保险人或者受益人，征得他们的同意，双方协商一致，即可以对保险合同做出变更。

2. 保险合同解除

保险合同解除，是指保险合同的双方当事人经商定同意消灭既存的保险合同效力的法律行为，或保险合同当事人一方根据法律或合同中的约定行使解除权而采取的单独行为。行使解除权的法律效力是合同双方负有回复到合同订立前的原有状态的义务。由于解除合同，已多领的给付应返还给对方，并且责任方对他方造成的损失负有损害赔偿责任。保险合同的解除如果是由于被保险人不当行为所致，保险人不需要返还保险费。

保险合同的解除是一种法律行为，有法定解除和协议解除两种形式。

1）法定解除

法定解除是法律赋予合同当事人的一种单方解除权。《保险法》第十四条强调："除本法另有规定或者保险合同另有约定外，保险合同成立后，投保人可以解除保险合同"。法律之所以给投保人这样的权利，是因为投保人订立保险合同的目的是保险事故或保险事件发生后，可以从保险人那里获得保险保障。当主客观情况发生变化，投保人感到保险合同的履行已无必要，则可解除保险合同。法律对此也有必要的限制：

（1）货物运输保险合同和运输工具航程保险合同，保险责任开始后，合同不得解除。

（2）当事人通过保险合同约定，对投保人的合同解除权做出限制的，投保人不得解除保险合同。

为了保护被保险人的利益，《保险法》对保险人解除合同做出了规定："除本法另有规定或者保险合同另有约定外，保险合同成立后，保险人不得解除保险合同"。

依照《保险法》的规定，当以下法定事由发生时，保险人有权解除保险合同：

①投保人故意或过失未履行如实告知义务，足以影响保险人决定是否承保或者以何种保险价格承保时。

②投保人、被保险人未履行维护保险标的的义务。

③被保险人未履行危险增加通知的义务。

④在人身保险合同中，投保人申报的被保险人的年龄不真实，并且其真实年龄不符合合同约定的年龄限制的，保险人可以解除合同，并在扣除手续费后，向投保人退还保险费，但是自合同成立之日起逾 2 年的除外。

⑤分期支付保险费的保险合同，投保人在支付了首期保险费后，未按约定或法定期限支付当期保险费的，合同效力中止。合同效力中止后 2 年内双方未就恢复保险合同效力达成协议的，保险人有权解除保险合同。

⑥保险欺诈行为发生后，下述两种情形保险人有权解除保险合同：其一是被保险人或受益人在未发生保险事故的情况下，谎称发生了保险事故，向保险人提出赔偿或者给付保险金的请求；其二是投保人、被保险人或者受益人故意制造保险事故。人身保险合同的投保人交足2年以上保险费的，保险人应当按照合同的约定向其他享有权利的受益人退还保险单的现金价值。保险合同的法定解除关系到双方的重大利益，故应当采取书面的形式。

2）协议解除

保险合同双方当事人依合同约定，在合同有效期内发生约定情况时可随时解除保险合同。意志解除要求保险合同双方当事人应当在合同中约定解除的条件，一旦约定的条件达成，一方或双方当事人有权行使解除权，使合同的效力归于消灭。保险合同的协议解除要注意2个问题：

(1) 不得损害国家和社会公共利益。

(2) 货物运输保险和运输工具航程保险的保险合同不得解除。

7.3 机动车辆保险产品

机动车辆保险主要包括机动车交通事故责任强制保险（以下简称"交强险"）和机动车辆商业保险（以下简称"商业险"）两种类型。交强险是国家强制必须购买的，相对于交强险而言，商业险则是由车主自主选择是否购买。商业险分为主险和附加险。主险主要有第三者责任险、车损险、盗抢险和车上人员责任险。附加险有划痕险、涉水险、自燃险和不计免赔。

7.3.1 交强险

2004年5月1日起实施的《道路交通安全法》中首次提出"实行机动车第三者责任强制保险制度，设立道路交通事故社会救助基金"。2006年3月21日，国务院颁布《机动车交通事故责任强制保险条例》。

交强险是由保险公司对被保险机动车发生道路交通事故造成受害人（不包括本车人员和被保险人）的人身伤亡、财产损失，在责任限额内予以赔偿的强制性责任保险。根据《机动车交通事故责任强制保险条例》的规定，在中华人民共和国境内道路上行驶的机动车的所有人或者管理人都应当投保交强险，机动车所有人、管理人未按照规定投保交强险的，公安机关交通管理部门有权扣留机动车，通知机动车所有人、管理人依照规定投保，并处应缴纳保险费的2倍罚款。

1. 交强险保险期间

交强险的保险期间为1年，仅有四种情形下投保人可以投保1年以内的短期交强险：

(1) 境外机动车临时入境的。

(2) 机动车临时上道路行驶的。

(3) 机动车距规定的报废期限不足 1 年的。
(4) 保监会规定的其他情形。

2. 交强险责任限额

交强险责任限额是指被保险机动车在保险期间（通常为 1 年）发生交通事故，保险公司对每次保险事故所有受害人的人身伤亡和财产损失所承担的最高赔偿金额。

（1）机动车在道路交通事故中有责任的赔偿限额。

死亡伤残赔偿限额：180 000 元。

医疗费用赔偿限额：18 000 元。

财产损失赔偿限额：2 000 元。

（2）机动车在道路交通事故中无责任的赔偿限额。

死亡伤残赔偿限额：18 000 元。

医疗费用赔偿限额：1 800 元。

财产损失赔偿限额：100 元。

死亡伤残赔偿限额是指被保险机动车发生交通事故，保险人对每次保险事故所有受害人的死亡伤残费用所承担的最高赔偿金额。死亡伤残费用包括丧葬费、死亡补偿费、受害人亲属办理丧葬事宜支出的交通费用、残疾赔偿金、残疾辅助器具费、护理费、康复费、交通费、被抚养人生活费、住宿费、误工费、被保险人依照法院判决或者调解承担的精神损害抚慰金。

医疗费用赔偿限额是指被保险机动车发生交通事故，保险人对每次保险事故所有受害人的医疗费用所承担的最高赔偿金额。医疗费用包括医药费、诊疗费、住院费、住院伙食补助费，以及必要的、合理的后续治疗费、整容费、营养费。

财产损失赔偿限额是指被保险机动车发生交通事故，保险人对每次保险事故所有受害人的财产损失承担的最高赔偿金额。

注意：《机动车交通事故责任强制保险条例》第二十二条规定，有下列情形之一的，保险公司在机动车交通事故责任强制保险限额范围内垫付抢救费用，并有权向致害人追偿：

①驾驶人未取得驾驶资格或者醉酒的。

②被保险机动车被盗抢期间肇事的。

③被保险人故意制造道路交通事故的。

有前款所列情形之一，发生道路交通事故的，造成受害人的财产损失，保险公司不承担赔偿责任。

3. 交强险责任免除

下列损失和费用，交强险不负责赔偿和垫付：

（1）因受害人故意造成的交通事故的损失。

（2）被保险人所有的财产及被保险机动车上的财产遭受的损失。

（3）被保险机动车发生交通事故，致使受害人停业、停驶、停电、停水、停气、停产、通信或者网络中断、数据丢失、电压变化等造成的损失以及受害人财产因市场价格变动造成的贬值、修理后因价值降低造成的损失等其他各种间接损失。

（4）因交通事故产生的仲裁或者诉讼费用以及其他相关费用。

4. 交强险赔偿程序

交强险申请理赔如涉及第三者伤亡或财产损失的道路交通事故，被保险人应先联系120急救中心（如有人身伤亡），拨打122交通事故报警电话和保险公司的客户服务电话报案，配合保险公司查勘现场，可以根据情况要求保险公司支付或垫付抢救费。

保险公司应自收到赔偿申请之日起1天内，书面告知需要提供的与赔偿有关的证明和资料；自收到证明和资料之日起5日内，对是否属于保险责任做出核定，并将结果通知被保险人。对不属于保险责任的，应当书面说明理由。对属于保险责任的，在与被保险人达成赔偿保险金的协议后10日内赔付保险金。

被保险人索赔时，应当向保险人提供以下材料：

（1）交强险的保险单。

（2）被保险人出具的索赔申请书。

（3）被保险人和受害人的有效身份证明、被保险机动车的行驶证和驾驶人的驾驶证。

（4）公安机关交通管理部门出具的事故证明，或者人民法院等机构出具的有关法律文书及其他证明。

（5）被保险人根据有关法律法规规定选择自行协商方式处理交通事故的，应当提供依照《道路交通事故处理程序规定》规定的记录交通事故情况的协议书。

（6）受害人财产损失程度证明、人身伤残程度证明、相关医疗证明以及有关损失清单和费用单据。

（7）其他与确认保险事故的性质、原因、损失程度等有关的证明和资料。

7.3.2 商业险

商业险是车主投保了国家规定必保的交强险后，自愿投保商业保险公司的汽车保险。商业险分为基本险和附加险两大类。

基本险又称主险，是指不需附加在其他险别之下的，可以独立承保的险别，简单地说，能够独立投保的保险险种称为基本险。附加险是指不能单独投保和承保的险别，只能附加于主险投保的保险险种。主险因失效、解约或满期等原因效力终止或中止时，附加险效力也随之终止或中止。

其中基本险为车辆损失险、第三者责任险、车上人员责任险以及全车盗抢险四种，而附加险则包括自燃损失险、涉水损失险、车身划痕险、玻璃单独破碎险、基本险不计免赔险等。其中附加险不能独立投保，而必须购买了相应的基本险以后才能投保。

1. 车辆损失险（也称车损险，基本险）

其负责赔偿车辆在使用过程中因自然灾害和意外事故造成车辆损坏及必要、合理的施救费用。

1）自然灾害

自然灾害包括雷击、暴风、暴雨、洪水、龙卷风、雹灾、台风、海啸、热带风暴、地陷、崖崩、滑坡、泥石流、雪崩、冰陷、雪灾、冰凌。

2）意外事故

意外事故包括：碰撞、倾覆、火灾、爆炸、外界物体倒塌、空中物体坠落、保险机动车行驶中坠落。

3）责任免赔规定

事故责任免赔率是根据被保险人车辆在事故中所承担责任的比例，保险公司相对应承担不予赔偿的这部分比例。

事故责任免赔率规定：被保险人全责15%、主责10%、同责8%、次责5%；应由第三方赔偿而无法找到第三方的，实行30%绝对免赔率。

2. 第三者责任险（基本险）

第三者是指被保险人及其财产和保险车辆上所有人员与财产以外的他人、他物。所谓所有人员是指车上的驾驶员和所有乘坐人员，这些人不属于第三者，但下车后除驾驶员外，均可视为第三者。私人车辆的被保险人及其家属成员都不属于第三者。至于保险车辆上的财产，是指被保险人及其驾驶员所有或其代管的财产，这些财产均不属于第三者责任。

负责赔偿车辆在使用过程中发生意外事故，致使第三者遭受人身伤亡或财产的直接损失，对被保险人依法应支付的赔偿金额，对于超过机动车交通事故责任强制保险各分项赔偿限额的部分给予赔偿。

第三者责任险赔偿限额分为5万元、10万元、15万元、20万元、30万元、50万元、100万元等。

主要免赔规定：事故责任免赔率为全责20%、主责15%、同责10%、次责5%。

3. 车上人员责任险（基本险）

其负责赔偿车辆在使用过程中发生意外事故，致使车上人员遭受人身伤害，被保险人依法应支付的赔偿金额，保险人在扣除机动车交通事故责任强制保险应当支付的赔款后，给予赔偿。

4. 全车盗抢险（基本险）

其负责赔偿车辆在使用过程中，因下列原因造成保险机动车的损失，保险人依照保险合同约定负责赔偿。

（1）全车被盗窃、被抢劫、被抢夺，经县级以上公安刑侦部门立案证实，满60天未查明下落。

（2）全车被抢劫、被抢夺过程中受到损坏需要修复的合理费用。

（3）全车被盗窃、被抢劫、被抢夺后受到损坏或因此造成车上零部件、附属设备丢失，需要修复的合理费用。

5. 自燃损失险（附加险）

其负责赔偿车辆因非外界火源（自身电器、线路、供油系统故障）起火燃烧造成的损失。

6. 涉水损失险（附加险）

其负责赔偿车辆在水中灭车后，强行起动车辆致积水吸入发动机内压缩做功，造成缸体、连杆、活塞、曲轴及配气机构造成的损失。

7. 车身油漆单独损伤险（附加险）

其负责赔偿车辆在使用过程中，发生无明显碰撞痕迹的车身表面油漆单独损伤。部分保险公司对此险种有车龄要求，车龄为3年以上的车辆不承保此险种。

8. 玻璃单独破碎险（附加险）

其负责赔偿车辆在使用过程中，发生本车玻璃单独破碎。

9. 基本险不计免赔（附加险）

投保基本险后可特约本险。保险机动车发生保险事故造成损失，对特约了本险的基本险在符合赔偿规定的金额内扣除的免赔金额（事故责任免赔率）负责赔偿。

7.4 机动车辆承保实务

承保是指保险人与投保人签订保险合同的过程，包括展业、受理投保、核保、收取保费、缮制与签发保险单证等程序。其流程如图7-1所示。

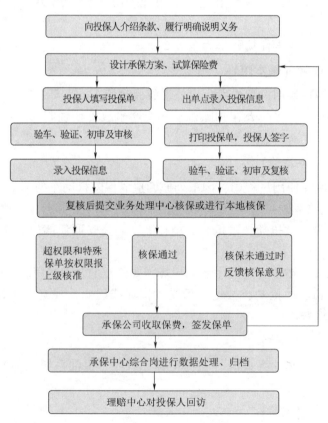

图7-1 汽车承保流程

7.4.1 保险展业

保险展业就是保险公司进行市场营销的过程，即向客户提供保险产品的服务。保险展业的渠道主要包括直接展业、代理人展业及经纪人展业。其中，直接展业是指保险人依靠自己的业务人员争取业务；代理人展业是指在保险人授权范围内，由代理人推销保单。代理人展业可分为专业代理和兼业代理两类。在此就保险展业的一般过程做简单介绍。

1. 展业准备

展业人员需具有较高的综合素质，具备相关的知识和技能。展业人员在进行展业活动前，必须做好必要的准备工作。

（1）展业人员应学习掌握与汽车保险业务有关的法律、法规和规定，这是依法开展汽车保险业务的前提条件。

（2）展业人员应学习掌握保险的基本原理、相关技能及实务操作规程等业务知识，这是顺利开展汽车保险业务的基本要求。

（3）展业人员应调查了解当地机动车辆及其保险的基本情况，包括辖区内机动车辆社会保有量、各类车型所占比例、承保情况、驾驶人员数量、车辆和承保车辆历年事故发生频率、事故规律、出险赔付等情况；了解市场对汽车保险的需求、选择取向，掌握客户投保心理动态；了解当地保险公司数量，各保险公司的汽车保险市场占有率、承保车辆数量、保费收入以及出险赔付等情况。

（4）展业人员应了解展业对象的基本情况是有的放矢地开展汽车保险业务、保证业务质量的根本要求。调查了解展业对象的性质、规模、经营范围和经营情况；了解其拥有的车辆数量、车型和用途；了解车辆的状况、驾驶人员素质、运输对象（货物或人员）情况；了解车辆管理情况，包括安全管理的组织机构和技术力量、对于安全管理（人力或物力）的投入、安全管理的实际情况、以往发生事故的情况；了解历年投保情况，包括承保公司、投保险种、赔付率等；了解投保动机、信誉程度，防止逆向投保和道德风险。

（5）展业人员要备齐各种展业宣传资料及有关单、证，以便展业对象全面了解企业及保险产品。

2. 展业宣传

展业宣传对于保险业务的顺利展开和增强国民的保险意识都具有十分重要的作用。只有更多的人了解和认识保险，才有更多的企业、家庭和个人投保。展业宣传要结合当地特点和保险案例进行，并充分利用报刊、广播、电视、广告牌等各种媒介，开展多样化的宣传活动。对大型企业、车队等重点展业对象，要采取登门宣传的方式。

汽车保险展业宣传应着重介绍以下内容：

（1）汽车保险的职能和作用。要让更多的人了解、认识汽车保险的职能和作用。

（2）结合当地保险市场特征，宣传本公司车险的名优产品以及机构网络、人才、技术、资金、服务等方面的优势。

（3）宣传基本险、附加险条款的主要内容和投保、承保、索赔手续。

3. 制定保险方案

在多种途径、多样化的展业宣传活动后，保险公司或代理人应该从加大产品内涵、提高保险公司服务水平的角度出发，为有意投保的组织或个人提供科学、完善的保险方案。由于不同的投保人面临的风险特征、风险概率、风险程度不同，因此对保险的需求也各不相同，这就要求展业人员从投保人自身风险保障需要的角度出发合理设计投保方案。在此介绍简单易行的 5 个保险方案。

方案 1：最低保障

推荐险种组合：交强险。

保障范围：只对第三者的损失负赔偿责任。

适用对象：适用于怀有侥幸心理，认为保险没用的人或急于拿保单去上牌照或验车的人。

优缺点：可以用来应付上牌照或验车。发生交通事故，对方的损失能得到保险公司的一些赔偿，但本车的损失需要自己负担，对第三者损失的赔偿也有限。

方案 2：基本保障

推荐险种组合：交强险＋第三者责任险（10 万元）＋车上人员责任险。

保障范围：主要是避免涉及第三者人身伤亡的交通意外事故。

适用对象：适用于车辆使用较长时间、驾驶技术娴熟、愿意自己承担大部分风险减少保费支出的车主。

优缺点：本方案对涉及第三者人身伤亡和财产及本车人员有保障，但本车的损失需要自己负担。

方案 3：经济保障

推荐险种组合：交强险＋第三者责任险（20 万元）＋车上人员责任险＋车损险＋全车盗抢险＋基本险不计免赔险。

保障范围：大多数保险责任事故。

适用对象：适用于车辆使用三四年，车辆的价值不高，有一定驾龄，驾驶技术不错，平时注重车辆保养和安全防护，经济不富裕且愿意自己承担部分风险的车主，属经济型的最佳选择。

优缺点：本方案是最具投保价值的险种组合，保险性价比较高。保费经济且保障基本齐备。

方案 4：最佳保障

推荐险种组合：交强险＋第三者责任险（50 万元）＋车上人员责任险＋车损险＋全车盗抢险＋基本险不计免赔险＋玻璃单独破碎险＋倒车镜或车灯单独破碎险。

保障范围：基本覆盖保险责任范围及最大限度降低损失，特别是车辆易损部分得到安全保障。

适用对象：一般公司或个人。

优缺点：本方案属于投保价值大的险种，物有所值，抗风险能力强。

方案 5：全面保障

推荐险种组合：交强险＋第三者责任险（50 万元）＋车上人员责任险＋车损险＋全车

盗抢险＋基本险不计免赔险＋玻璃单独破碎险＋倒车镜或车灯单独破碎险＋自燃损失险＋其他附加险。

保障范围：为所有保险责任事故，全面覆盖保险责任范围及最大限度降低损失。

适用对象：本方案适用于新手、经济情况良好及需要全面保障的车主；也适用于企事业单位、大公司等。

优缺点：几乎与汽车相关的全部事故损失都能得到赔偿。

7.4.2 受理投保

1. 指导填写投保单

（1）业务人员应依法履行告知义务，按照法律对条款及其含义进行告知，特别对条款中的责任免除事项、被保险人的义务，以及其他容易引起争议的部分，应予以解释和说明。

（2）业务人员应提示投保人履行如实告知义务，特别是对可能涉及保险人是否同意承保或承保时需要特别约定的情况应详细询问。

（3）业务人员在投保人提出投保申请时，应要求其按照保证保险条款的规定提供必需的证明材料。

2. 初步审查

业务人员应对填写完整的投保单和所附的资信证明材料进行初步审查，必要时要调查核实。对于审核无误的投保单，由业务负责人签署"拟同意承保"意见后交投保人。业务人员对投保单初步审查的内容包括：

（1）审核证明文件或材料是否齐全。

（2）在审核时，对于存在疑点的或证明材料有涂改、伪造等痕迹的，应通过派出所、居委会或开户银行予以核实。

3. 汽车保险核保

核保是指保险人对投保申请进行审核，决定是否接受承保这一风险，并在接受承保风险的情况下，确定承保条件的过程。

1）投保人资格

对于投保人资格进行审核的核心是认定投保人对保险标的拥有保险利益，汽车保险业务中主要是通过核对行驶证来完成的。

2）投保人或被保险人的基本情况

投保人或被保险人的基本情况主要是针对车队业务的。通过了解企业的性质、是否设有安保部门、经营方式、运行主要线路等，分析投保人或被保险人对车辆管理的技术状况，保险公司可以及时发现其可能存在的经营风险，采取必要的措施降低和控制风险。

3）投保人或被保险人的信誉

投保人与被保险人的信誉是核保工作的重点之一。对于投保人和被保险人的信誉进行调查和评估逐步成为汽车核保工作的重要内容。

4) 保险标的

对保险车辆应尽可能采用"验车承保"的方式，即对车辆进行实际的检验，包括了解车辆的使用和管理情况，复印行驶证、购置车辆的凭证，拓印发动机与车架号码，对于一些高档车辆还应当建立车辆档案。

5) 保险金额

保险金额的确定涉及保险公司及被保险人的利益，往往是双方争议的焦点，因此，确定保险金额是汽车保险核保中的一个重要内容。在具体的核保工作中应当根据公司制定的汽车市场指导价格确定保险金额。对投保人要求按照低于这一价格投保的，应当尽量劝说并将理赔时可能出现的问题进行说明和解释。

6) 保险费

核保人员对于保险费的审核主要分为费率适用的审核和计算的审核。

4. 缮制单证

缮制单证是在接受业务后填制保险单或保险凭证等手续的程序。保险单或保险凭证是载明保险合同双方当事人权利和义务的书面凭证，是被保险人向保险人索赔的主要依据。填写保险单的要求包括单证相符、保险合同要素明确、数字准确、复核签章、手续齐备。

7.5 汽车理赔实务

车险理赔的含义是汽车发生交通事故后，车主到保险公司进行理赔。理赔工作的基本流程包括报案、查勘定损、提交理赔单证等，其流程如图7-2所示。

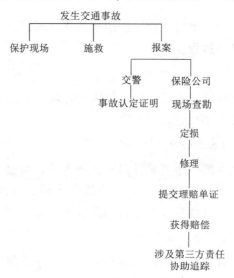

图7-2 车险理赔流程

7.5.1 报案

一般保险公司要求在事发48h内报案。

(1) 出险后,客户向保险公司理赔部门报案。

(2) 接到被保险人或者受害人报案后,保险公司应询问有关情况,并立即告知被保险人或者受害人具体的赔偿程序等有关事项。涉及人员伤亡的,应提醒事故当事人立即向当地交通管理部门报案。

(3) 保险人应对报案情况进行详细记录,并录入业务系统统一管理。

(4) 通知现场查勘人员事故损失情况及出险地点,查勘人员应在规定时间内到达事故现场。

7.5.2 现场查勘

1. 查勘前的准备

查勘人员接到查勘派工指令后,应立即做好以下准备工作。

(1) 在接到查勘指令后5min内与报案人联系,进一步核实地点,告知预计到达时间。

(2) 根据《机动车出险信息表》提供的资料,了解出险车辆的承保、出险情况。

(3) 携带《索赔申请书》和查勘工具(如相机、皮尺等)赶赴事故现场。

2. 现场查勘的内容

(1) 核对客户的保险单是否与《机动车出险信息表》内容相符。

(2) 涉及两辆以上机动车辆的事故,要查明事故各方车辆的强制保险(可通过是否具有强制保险标志进行初步判断)和商业机动车辆保险的投保情况。

(3) 指导标的车的事故当事人正确填写《机动车辆保险索赔申请书》。

(4) 对于损失超过交强险责任限额或涉及人员伤亡的案件,应提醒事故当事人向交通管理部门报案。

(5) 检查驾驶员是否有醉酒、吸食或注射毒品、被药物麻醉等情况,如有应立即向交管部门报案,并做好询问及取证工作。

(6) 查验车型、车牌号码、牌照底色、发动机号、VIN码/车架号、车辆颜色等信息,并与保险单以及行驶证和保险标志所载内容进行核对。

(7) 查验车辆结构有无改装或加装,是否有车辆标准配置以外的新增设备。

(8) 查验是否有超载情况,是否运载危险品。

(9) 查验并记录第三方车辆的车牌号码、车型,交强险和商业险的承保公司。

(10) 核对第三方车辆交强险标志与保单内容是否相符并拍照。

(11) 查明出险经过。了解车辆启程或返回的时间、行驶路线、委托运输单位的装卸货物时间、伤者住院治疗的时间等,以核实出险时间;核实出险地点,对擅自移动现场或谎报出险地点的,需进一步深入调查;查验事故现场碰撞散落物、碰撞痕迹是否吻合等,以此判断是否为事故第一现场。盗抢险案应在车辆被盗地点周围进行调查询问,以确定盗抢时车辆是否真实停放过。

(12) 查明出险原因。根据现场情况和驾驶员陈述,分析判断事故原因,并做好笔录。

对存在疑点的案件，应对事故真实性和出险经过做进一步调查，必要时可到交管部门请求查阅事故资料，对有较高技术性的查勘，可聘请专业部门进行调查鉴定。

（13）判断保险责任。对事故是否属于保险责任进行初步判断，对于暂时不能对保险责任进行判断的，应在查勘记录中写明理由。

（14）初步判断事故损失情况和损失金额。

（15）对本次查勘案件在系统内有历史赔付记录的，必须调出近两次历史赔付记录，核对历史记录中的损失照片及定损资料，确认是否与本次损失有联系。如存在同一损失重复索赔的，应剔除该损失或予以拒赔。

3. 现场查勘工作的实施

1）绘制事故现场图

用图形符号、尺寸和文字记录道路交通事故现场环境、事故形态和有关车辆、人员、物体、痕迹等的位置及相互关系的图。

绘制的道路交通事故现场图一般包括以下内容：

（1）现场地形。现场地形应包括路面、路肩、边沟、路树、电杆、交通标志、标线、标示、道路分隔带、信号灯、岗台、护栏、建筑物、桥梁、隧道、涵洞、纵坡、横坡、视距障碍物等。

（2）现场元素包括车辆、人、畜、痕迹、物证。

（3）现场数据注记包括现场元素的定位数据；道路数据，即路宽、分道情况；机动车的轮距、轴距、前悬、后悬、全长、全宽、全高；参考坐标系原点与基准点的关系；车身、人体痕迹的定位数据等。

绘制的道路交通事故现场图是要进行测量的。首先要确定合适的现场定位方法，选择基准点和基准线。在对现场进行测量的同时，将有关数据记录到现场图以及现场查勘笔录上。现场图绘制无误后，查勘人员、现场当事人或见证人签字，当事人或见证人拒绝签字的，应当在现场图上注明。徒手绘制的某道路交通事故现场如图 7-3 所示。

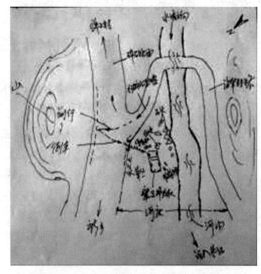

图 7-3 徒手绘制的某道路交通事故现场

2）现场摄影

（1）照相原则。

①先拍摄原始状况，后拍摄变动状况。

②先拍摄现场路面痕迹，后拍摄车辆上的痕迹。

③先拍摄易破坏易消失的，后拍摄不易破坏和消失的痕迹。

（2）事故现场摄影的要求。

①拍摄时取景范围应能反映出现场与现场地理位置标志物、周围环境、周围交通设施的相互关系和道路形态特征。

②现场位于路段的，应沿道路走向相向拍摄，视角尽量涵盖现场所有车道，并反映是否为弯道或坡道。

③现场位于路口的，应沿道路走向从三个或三个以上不同方向对现场及周围环境进行拍摄，视角覆盖整个路口范围，路口事故拍摄方向如图7-4所示。

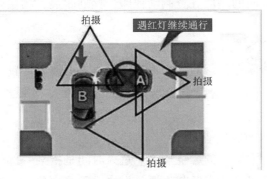

图7-4 路口事故拍摄方向

④拍摄路面轮胎痕迹与车辆位置关系时，应将机位设置于痕迹起点处，视角应覆盖痕迹起点和车辆位置的空间区域，照片应能尽量反映痕迹的起点、止点、突变点和走向。

⑤拍摄车辆的碰撞接触部位、散落物及位置、人体在车内或者车外的位置。

⑥凡需要更换或修理的部件、部位均必须进行局部特写拍照，如图7-5所示。

图7-5 局部特写拍照

⑦车辆内部损失解体后，必须对事故部位补拍照片，反映事故损伤原因。

⑧对照片不能反映出的裂纹、变形，要用手指向损坏部位拍照。

4. 火灾案件的查勘

分析车辆起火原因,判断是碰撞事故引起燃烧还是车辆自燃引起燃烧;标的是动态状态下起火还是静态状态下起火;检查车辆燃烧痕迹,判断燃烧起火点及火源。

碰撞引起标的着火燃烧是属"车辆损失险"责任范围,而自燃引起标的损失是属"车辆自燃损失险"责任范围,人为失火引起火灾不属于保险责任。因此,对于汽车火灾一定要认真地查勘,查出其真正的原因。

1) 现场查勘重点

(1) 查勘路面痕迹。

车辆着火现场路面和车上的各种痕迹,可能在着火过程中消失或在救火时被水、泡沫、泥土和沙等所掩盖。查勘时首先对路面原始状态查看、拍照,并做好各项记录。施救后用清洁水将路面油污、污物冲洗干净,待暴露印痕的原状再详细查勘。方法是以车辆为中心向双方车辆驶来方向的路面寻查制动拖印、挫划印痕,测量其始点至停车位的距离及各种印痕的形态。

(2) 查勘路面上散落物。

查勘着火车辆在路面上散落的各种物品、伤亡人员倒卧位置以及碰撞被抛洒的车体部件、车上物品的位置,抛洒物与中心现场距离,实际抛落距离等,推算着火车辆行驶速度。

(3) 对火迹及过火时间的查勘。

火迹是指燃烧过程中留下的燃烧痕迹。过火时间是指某一部位燃烧时间的长短。通过观察火迹及过火时间可以判断车辆起火源、燃烧过程等现象。一般情况下,可以通过观察车辆上、下部位,内、外部位,前、后部位在燃烧后留下的损失大小情况、烟雾熏着情况判断燃烧过程。过火时间长的部位损失严重,如铝铜件的融化、金属严重变形等。通过综合分析火迹、过火时间及燃烧物特性,初步判断出可能的起火点及起火原因。

(4) 车辆状况。

①检查车辆购买年限和行驶里程。

车辆年限过长或者行驶里程过长,线路胶皮会老化,有可能造成短路,产生火花引起火灾。图7-6为线路短路产生的熔珠。

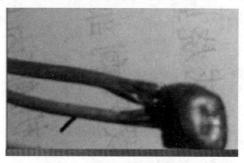

图7-6 线路短路产生的熔珠

②车辆是否有改装。

车辆改装,特别是增加大功率用电设备,有可能因线路胶皮熔化造成短路。图 7-7 为线路过载造成的线路胶皮熔化。

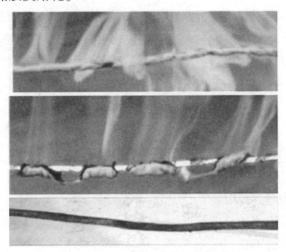

图 7-7 线路过载造成的线路胶皮熔化

③车辆的技术状况。车辆技术状况差,机油或者燃油泄漏、线路连接松动等。

(5)动态状态下着火燃烧的查勘。

①碰撞车辆着火的一般规律是将外溢的汽油点燃,查勘重点是汽油箱金属外壳表层有无碰撞凹陷痕迹和金属质擦划的条、片状痕迹。碰撞接触部位痕迹燃烧后容易受到破坏,查勘时通过对残留痕迹的面积及凹陷程度的对比来判断碰撞力的大小、方向、速度、角度等。

②动态状态下发生车辆自燃主要是电器、线路、漏油原因造成的,车体无碰撞损伤痕迹,但路面上一般留有驾驶员发现起火本能反应的紧急制动痕迹。火势由着火源随着火时风向蔓延。火源大部分分布在发动机舱和车内仪表台附近,要重点区分车辆是自燃还是车内人员失火。

(6)静态状态下车辆着火。

重点要注意检查现场有无遗留维修、作案工具,有无外来火种、外来可燃物或助燃物等。调查有无目击者,调查报案人所言有无自相矛盾,如事故现场周围环境、当时的天气、时空等有无可疑之处。

2)现场调查访问

(1)现场调查访问的重点。

①车辆碰撞或翻车的具体情节及造成着火的原因。

②车辆起火和燃烧的具体情节及后果。

③车辆起火后驾驶员采取的扑救措施。

④车辆着火时灭火及抢救的具体情况。

(2)走访、调查。

走访、调查现场有关人员，就其当时看到的情况做好询问笔录，并对笔录签名，留下联系电话。应特别注意了解车辆着火时驾驶员从车内出来时的言行和举止。

（3）对当事人做现场笔录。

对当事人做现场笔录时应注意的问题：当事驾驶员与被保险人的关系；车辆为何由当事驾驶员使用；保险车辆着火的详细经过，发现着火时当事人做了哪些应急处理；近来该车技术状况和使用情况如何，是否进行过修理，最近一次是在哪家修理厂维修的。

（4）查勘事故地周围。查勘事故地周围有无异常物、车上配件、工具，调查起火前、起火中、起火后状况，特别注意认真比较有什么差异，若发现下列问题，应深入细致地重点调查：

①有几个起火点，起火部位是否在不寻常的位置。
②火势突然而且过分猛烈。
③似乎没有合理的起火原因。
④与起保日期或保险终止日期相近。
⑤车辆上应有物品已不在。
⑥车上物品、配件被移下，有被搜寻或拆装的证据。
⑦当事人反对某种调查，行动反常，表现特别冷淡。
⑧当事人的叙述与已知的事实不相符，或证词相互矛盾。

对于不属于保险责任的，一定要取得公安消防部门关于车辆火灾原因分析报告或车辆火灾原因相关证明后，会同查勘、调查取证形成的书面材料，上报分公司车险部审核后向被保险人下达拒赔通知，严禁主观判断就口头告知被保险人不属于保险责任或拒赔。

7.5.3 赔偿处理

1. 赔偿原则

（1）保险人在交强险责任范围内，负责赔偿被保险机动车因交通事故造成的损失，赔偿金额以交强险条款规定的分项责任限额为限。

（2）被保险人书面请求保险人直接向第三者（受害人）赔偿保险金的，保险人应向第三者（受害人）就其应获赔偿部分直接赔偿保险金。

（3）交强险的案件应与其他保险业务分开立案、分开记录、分开结案。

（4）道路交通事故肇事方（被保险人）、受害人等对交强险赔偿以上部分存在争议的，不影响其及时获得交强险的赔偿。

2. 赔偿时限

1）保险责任核定时限

对涉及财产损失的，保险公司应当自收到被保险人提供的证明和资料之日起 1 日内，对是否属于保险责任做出核定，并将结果通知被保险人。对涉及人身伤亡的，保险公司应当自收到被保险人提供的证明和资料之日起 3 日内，对是否属于保险责任做出核定，并将结果通知被保险人。

2）拒赔通知时限

对不属于保险责任的，保险公司应当自做出核定之日起 3 日内向被保险人或者受益人发出拒绝或拒绝给付保险金通知书，并书面说明理由。

3）赔偿保险金时限

（1）保险责任在 2 000 元以下的仅涉及财产损失赔偿的案件，被保险人索赔单证齐全的，保险公司应在当日给付保险金。

（2）保险责任在 10 000 元以下的人身伤亡赔偿案件，被保险人索赔单证齐全的，保险公司应当在 3 日内给付保险金。

（3）保险责任在 50 000 元以下的人身伤亡赔偿案件，被保险人索赔单证齐全的，保险公司应当在 5 日内给付保险金。

（4）保险责任的交强险赔偿案件，被保险人索赔单证齐全的，保险公司应当在被保险人提出索赔申请不超过 7 日内给付保险金。

（5）先予支付保险金承诺。保险人自收到赔偿或者给付保险金的请求和有关证明、资料之日起 20 日内，对其赔偿或者给付保险金的数额不能确定的，应当根据已有证明和资料可以确定的数额先予支付；保险人最终确定赔偿或者给付保险金的数额后，应当支付相应的差额。

3. 车辆维修工时费计算

事故车的损失主要由工时费和零件费用组成。工时费的计算方式是：

$$工时费 = 工时费率 \times 工时定额$$

工时定额是根据修理的项目确定的，在主机厂工时手册或专业估损手册中，通常将工时分为拆卸和更换项目工时、修理项目工时、喷漆工时、辅助作业工时等。不同车型、不同总成的工时定额一般有较大差别，甚至不同年款的车型也有较大的差别，因此，工时手册中的工时数据经常更新。保险公司应经常对各个地区的工时费进行调研，以确定适用于该地区的平均工时费用。

4. 配件价格计算

汽车配件通常分为原厂件、副厂件和拆车件三种，不同类型的配件价格不同。

1）原厂件

原厂件是指汽车主机厂向其特约维修站或汽车 4S 店提供的配件。另一种获取原厂件的方法是直接从主机厂的配套件供应商处购买。原厂件一般质量有保证，但价格较高，而且有时还难以在综合型修理厂购买到（因主机厂垄断而不公开销售）。

2）副厂件

副厂件是指非主机厂或其配套件供应商提供的配件，是汽车配件的另一种重要来源。副厂件一般价格便宜，但其质量问题一直受到质疑，因此很多车主在事故车理赔中拒绝使用副厂件。近几年，随着副厂件厂商生产工艺的不断改进，很多副厂件的质量有了很大幅度的提高。使用副厂件可大大降低车辆理赔额度，使保险公司收益，反过来也有利于降低车主的保险费用。

3）拆车件

拆车件是指从旧车上拆下来，经防腐处理重新喷漆和翻新后的配件。拆车件通常比原厂件和副厂件都要便宜很多。对于车身覆盖件，使用合格的拆车件也不会影响车辆的安全和美观。尤其对于老旧事故车的修理，使用拆车件显得更为经济，能够大大减少保险公司支出的理赔费用。

5. 人员伤亡费的确定

保险事故除了导致车辆本身的损失外，还可能造成人身伤亡。这些人身伤亡可能造成交强险、第三者责任险和车上责任险项下的赔偿对象。检验人员应根据保险合同规定和有关法律法规确定人身伤亡费用。具体做法和要求如下：

（1）在保险事故出现人身伤亡时，应该立即将受伤人员送到医院进行抢救。我国大多数保险公司在承保了第三者责任险和车上人员责任险的情况下，都向被保险人提供"医疗急救费用担保卡"，有的还与有关医院签订协议，建立保险事故受伤人急救"绿色通道"，以保证保险事故受伤人员得到及时的施救。

（2）按照《道路交通事故处理办法》的规定：人身伤亡可以赔偿的合理费用，主要包括受伤人员的医疗及相关费用、伤残补偿费用、死亡人员的赔偿以及相关的处理费用、抚养费用和其他费用。

受伤人员的医疗费用是指受伤人员在治疗期间发生的、由本次交通事故伤害引起的医疗费（限公费医疗的药品范围）。与医疗相关的费用是指在医疗期间发生的误工费、护理费、抚养费、就医交通费和其他费用。

①伤残补偿费用是指残疾者生活补助费和残疾用具费。
②死亡人员的赔偿是指死亡补偿费，与死亡有关的处理费用是指丧葬费。
③抚养费用是指死亡人员的被扶养人的生活费。
④其他费用是指伤亡者的直系亲属及合法代理人参加交通事故调解处理所产生的误工费、交通费和住宿费等。

（3）被保险人向保险人提出索赔前应对所有费用先行支付，而后将取得的单证以及相关资料提交给保险公司检验人员作为索赔的依据。定损人员应及时审核被保险人提供的事故责任认定书、事故调解书和伤残证明以及各种有关费用单证。费用清单应分别列明受伤人员的姓名、费用项目、金额及发生的日期。

人员伤亡核定损失金额见表7-1。交通事故损害赔偿所需单证及标准见表7-2。

表 7-1　人员伤亡核定损失金额

项目	索赔所需提供的单证	标准
护理费	1. 县级以上医院诊断证明（已注明需要护理）； 2. 护理人员单位劳资部门出示的误工证明及收入情况证明； 3. 护理人员最多为 2 人	1. 有固定收入的，凭据计算，但最高为事故发生地平均生活费的 3 倍； 2. 无固定收入的，按交通事故发生地的平均生活费计算
残疾者生活补助费	1. 法医鉴定书； 2. 计算公式： 年平均生活费×赔偿年数伤残×等级比例	按照交通事故发生地平均生活费计算。 1. 50 周岁（含）以下，评残之日起赔偿 20 年； 2. 50 周岁以上，每增长 1 岁减少 1 年，但不少于 10 年； 3. 70 周岁以上，按 5 年计算； 4. 伤残分为 10 个等级
财务	询价、报价	
任务	见《交通事故损害赔偿所需的单证及标准表》	

表 7-2　交通事故损害赔偿所需单证及标准

项目	索赔所需提供的单证	标准
医疗费	1. 县级以上医院的诊断证明； 2. 医疗费用报销凭证； 3. 治疗、用药明细单据	1. 以公费医疗标准为准； 2. 必须是治疗交通事故创伤所必需的费用
误工费	1. 县级以上医院的诊断证明； 2. 误工者单位劳资部门出示的误工证明及收入情况证明	1. 有固定收入的，凭据计算，但最高为事故发生地平均生活费的 3 倍； 2. 无固定收入的，按照交通事故发生地国营同行业的平均收入计算
住院伙食补助费	出院通知书（应有住院天数）	按照交通事故发生地国家机关工作人员的出差伙食补助标准计算
残疾用具费	1. 县级以上医院出示证明； 2. 购买发票	按照配制国产普及型器具的费用计算
丧葬费	死亡证明	按照交通事故发生地的丧葬费标准支付

续表

项目	索赔所需提供的单证	标准
死亡补偿费	死亡证明	按照事故发生地平均生活费计算。 1. 16 周岁（含）~70 周岁（含）补偿 10 年； 2. 16 周岁以下每小 1 岁减少 1 年，最低 5 年； 3. 70 周岁以上每增长 1 岁减少 1 年，最低 5 年
被抚养人生活费	1. 死亡证明； 2. 五级以上伤残鉴定书； 3. 家庭情况证明（派出所出具）； 4. 无劳动能力者由县级以上医院开具证明； 5. 被抚养人情况证明	按事故发生时职工生活困难补助标准计算。 1. 对不满 16 周岁的，抚养到 16 周岁。 2. 无劳动能力的人： ①50 周岁（含）以下抚养 20 年； ②50 周岁以上每增长 1 岁减少 1 年最低 10 年； ③70 周岁（不含）以上，抚养 5 年。 3. 其他的被抚养人，抚养 5 年
交通费	交通费报销凭证	按照交通事故发生地国家机关一般工作人员出差的最高交通费标准计算，最多 3 人为限
住宿费	住宿费报销凭证	按照交通事故发生地国家机关一般工作人员（处级以下工作人员）的出差住宿标准计算，最多 3 人为限

第 8 章 汽车消费信贷服务与租赁服务

汽车金融是以汽车主机厂为核心，向产业的上游和下游，直至终端消费者，所衍生出来的针对公司、个人、政府、汽车经营者等主体的各类相关金融产品。汽车金融产品的主要提供者包括商业银行、专业汽车金融公司、保险公司、租赁公司等金融机构或相关机构。

8.1 汽车消费信贷服务

8.1.1 汽车消费信贷服务的作用

在金融行业中，汽车金融服务业务是一个相对独立的金融行业。汽车金融的产生和发展，是同调节生产与消费矛盾的实际需要分不开的。

1. 平衡供需矛盾

汽车金融服务本质上属于一种金融创新，即用现代金融原理创造性地解决经济生活中的问题，其成功化解了消费者即期消费和收入的不对称矛盾，消费者可以用未来的预期收入解决当前的消费难题。由于有了汽车金融服务的协助，经销商可以更加成功地销售汽车产品、回笼现金；银行业增加利息收入，获得了未来相对稳定的收入来源；消费者用少量的钱和支付利息的代价来满足即期消费的需求，从而实现了效用最大化。

金融信贷的发展刺激了汽车生产的扩张，扩大了汽车的市场流通规模，加速了资金周转。按照商品货币关系内在矛盾发展的必然规律，扩大在汽车金融消费领域发挥重要作用的汽车金融，同样会在汽车生产和汽车流通中发挥重要作用。

从汽车金融自身运转和循环的角度来看，汽车金融的信贷（需求）和储藏（供给）之间存在内在的互相转化的必然性。汽车金融服务机构的大部分资金来自消费者的储存，同样，它也可以在汽车的生产信贷和汽车的消费信贷之间做适当分配，以调节和保证社会消费基金与社会生产基金之间的平衡。

2. 能够促进我国国民经济的发展

汽车工业作为我国的重要支柱产业之一，其不仅产值巨大，行业带动效应也不可估量,其发展和兴衰对电子、橡胶以及能源等行业也将产生重要影响。

3. 有助于改善居民消费结构

汽车作为一种理想的交通工具,已逐渐成为现代人民的一种重要物质需求,而汽车消费信贷服务能有效解决消费者的资金压力。

4. 为信贷机构带来效益

日益激烈的市场竞争使得汽车行业由产业营利走向服务贸易,而汽车消费信贷作为汽车金融服务的重要组成部分,能为信贷机构带来长期的利息收入,可促进信贷机构的发展。

8.1.2 汽车消费信贷服务的发展

从汽车金融公司的发展历史来看,历史上第一家汽车金融公司是1919年美国通用汽车公司设立的通用汽车票据承兑总公司。1930年,德国大众汽车公司推出了针对本公司生产的"甲壳虫"汽车的购车储蓄计划,向"甲壳虫"的未来消费者募集资金。此举是汽车金融服务向社会融资的先例,为汽车金融公司的融资开辟了新的道路。

1. 国际汽车金融的发展

由于欧美国家尤其是美国政府对发起设立汽车金融服务公司的股东资格和资金来源没有太多的限制,因此汽车金融服务公司的投资主体比较广泛。根据参与投资的主体进行分类,汽车金融公司设立的方式包括3种:

(1) 由汽车制造商单独发起设立的汽车金融服务公司。

目前全球最大的三家汽车金融服务公司福特汽车信贷公司、通用汽车金融服务公司、大众汽车金融服务股份有限公司,都由汽车制造商单独设立。此类汽车金融服务公司除了承担促销母公司产品的重任外,还承销其他汽车制造公司生产的汽车产品。

(2) 由大的银行、保险公司和财团单独或者联合发起设立的汽车金融服务公司。

这种汽车金融服务公司被称为"大银行财团附属型"。以上两种"附属型"汽车金融服务公司根据与被附属母公司的关系紧密程度,又可以进一步划分为"内部附属"和"外部附属"两种类型。"内部附属"指汽车金融服务公司在所依附的母公司内部存在和运行,与母公司的关系较为紧密,受母公司的影响程度较大。"外部附属"指与母公司的关系有相对的独立性,不但拥有独立法人资格,而且在业务上独立运作。如通用汽车票据承兑公司。

(3) 以股份制形式为主的独立型汽车金融服务公司。

这种公司规模一般较小,股东来源较广泛。在美国,绝大部分汽车金融服务公司都是以这种方式存在的。这种公司在提供金融服务的汽车品种品牌上没有完全固定,相对比较灵活。

国际汽车金融服务不仅覆盖了汽车售前、售中和售后的全过程,而且延伸到汽车消费等相关领域。从金融服务的方式看,除了信贷业务外,还包括融资租赁、购车储蓄、汽车消费保险,以及信用卡、担保、汽车应收账款保理、汽车应收账款证券化等汽车消费过程中的金融服务。

在汽车金融市场中，从资金的提供方来看，中国主要资金提供方为商业银行，占比约为39%，其次为汽车金融公司和信用卡透支，占比分别为29%和28%，信用卡透支本质上也是商业银行的信用卡中心，中国汽车金融主体结构还是以商业银行为主的官方机构。而在发达国家，以美国为例，汽车消费信贷资金来源主要为第三方信用机构，汽车金融公司、信托公司和信贷联盟提供了60%以上的信贷资金。图8-1为我国与美国汽车金融市场资金结构对比。

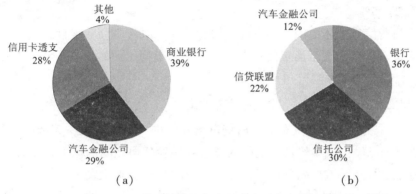

图8-1 我国与美国汽车金融市场资金结构对比
（a）中国汽车金融主体结构；（b）美国汽车金融主体结构

2. 我国汽车金融的发展

国内汽车金融消费市场以商业银行为主导，在不同的历史发展时期具有不同的特征，具体可划分为起始阶段、发展阶段、竞争阶段和有序竞争阶段。

1）起始阶段（1995年—1998年9月）

我国汽车消费信贷市场起步较晚。当1995年美国福特汽车财务公司派专人来我国进行汽车消费信贷市场研究时，我国才刚刚开展了汽车消费信贷理论上的探讨和业务上的初步实践。这一阶段，恰逢国内汽车消费处于相对低迷的时期，为了刺激汽车消费需求的有效增长，一些汽车生产厂商联合部分国有商业银行，在一定范围和规模内尝试性地开展了汽车消费信贷业务。由于缺少相应的经验和有效的风险控制手段，我国汽车金融逐渐暴露出一些问题，以致中国人民银行曾于1996年9月下令停办汽车消费信贷业务。

这一阶段一直延续到1998年9月中国人民银行出台《汽车消费贷款管理办法》为止，其主要特点为：

（1）汽车生产厂商是这一时期汽车消费信贷市场发展的主要推动者。

（2）受传统消费观念影响，汽车消费信贷尚未为国人所广泛接受和认可。

（3）汽车消费信贷的主体——国有商业银行，对汽车消费信贷业务的意义、作用及风险水平尚缺乏基本的认识和判断。

2）发展阶段（1998年10月—2002年年末）

中国人民银行继1998年9月出台《汽车消费贷款管理办法》后，1999年4月又出台了《关于开展个人消费信贷的指导意见》，至此，汽车消费信贷业务已成为国有商业银行改善信贷结构、优化信贷资产质量的重要途径。与此同时，国内私人汽车消费逐步升温，北京、广州、成都、杭州等城市，私人购车比例已超过50%。面对日益增长的汽车消费信贷市场需求，保险公司出于扩大自身市场份额的考虑，适时推出了汽车消费贷款信用（保证）保险服务。银行、保险公司、汽车经销商三方合作的模式成为推动汽车消费信贷高速发展的主流做法。这一阶段的主要特点为：

（1）汽车消费信贷占整个汽车消费总量的比例大幅提高，由1999年的1%左右，迅速升至2002年的15%。

（2）汽车消费信贷主体由四大国有商业银行扩展到股份制商业银行。

（3）保险公司在整个汽车消费信贷市场的作用和影响达到巅峰，甚至一些地区汽车消费信贷能否开展都取决于保险公司是否参与。

3）竞争阶段（2002年年末—2003年上半年）

从2002年年末开始，中国汽车消费信贷市场开始进入竞争阶段，其最明显的表现为：汽车消费信贷市场已经由汽车经销商之间的竞争、保险公司之间的竞争，上升为银行之间的竞争，各商业银行开始重新划分市场份额。银行的经营观念也发生了深刻的变革，由过去片面强调资金的绝对安全，转变为追求基于总体规模效益之下的相对资金安全。一些在汽车消费信贷市场起步较晚的银行，迫于竞争压力，不得已采取"直客模式"另辟蹊径。这一阶段的主要特点是：

（1）银行"直客模式"与"间客模式"并存。

（2）银行不断降低贷款利率和首付比例，延长贷款年限，放宽贷款条件、范围。竞争导致整个行业平均利润水平下降，风险控制环节趋于弱化，潜在风险不断积聚。

（3）汽车消费信贷占整个汽车消费总量的比例继续攀升，由2002年的15%提高到2003年上半年的20%左右。

（4）保险公司在整个汽车消费信贷市场的作用日趋淡化，专业汽车消费信贷服务企业开始出现，中国汽车消费信贷开始向专业化、规模化发展。

4）有序竞争阶段（2003年下半年至今）

长期以来积聚的信贷风险在一些地区已表现出集中爆发的态势，纵观整个中国汽车消费信贷市场，正在逐步由竞争阶段向有序竞争阶段发展，衡量标准为：

（1）汽车消费信贷市场实现专业经营，专业汽车消费信贷服务企业已成为整个市场发展的主导者和各方面资源的整合者及风险控制的主要力量。银行成为上游资金提供者，汽车经销商和汽车生产厂商成为汽车产品及服务的提供者。

（2）产业趋于成熟，平均年增长率稳定为5%~8%。

（3）产品设计更具有市场适应，风险率控制在一个较低的水平。

8.1.3 汽车消费信贷服务业务

目前，个人汽车消费贷款方式有银行、汽车金融公司、整车厂财务公司、信用卡分期购车和汽车融资租赁五种。

1）银行汽车贷款

银行汽车贷款是指贷款人向申请购买汽车的借款人发放的贷款。银行汽车贷款（以下简称"车贷"）是银行对在特约经销商处购买汽车的购车者发放人民币担保贷款的一种贷款方式。

（1）需要提交的材料。

车贷需要贷款人提供户口本、房产证等资料，通常还需以房屋做抵押，并找担保公司担保，缴纳保证金及手续费。

（2）首付与年限。

一般首付款为车价的30%，贷款年限为3年，需缴纳车价10%左右的保证金及相关手续费。

（3）利率。

按央行（中国人民银行）规定，车贷执行贷款基准利率，但各金融机构可在基准利率上下一定范围内进行浮动。各大银行汽车贷款期限一般不超过5年，车贷利率多少直接决定了人们进行贷款的成本高低，从而也就成为决定人们是否进行贷款消费的一项重要因素。

2）汽车金融公司

汽车金融公司，是指经中国银行保险监督管理委员会（以下简称"银保监会"）批准设立的，为中国境内的汽车购买者及销售者提供金融服务的非银行金融机构。

（1）需要提交的材料。

汽车金融公司不需贷款购车者提供任何担保，只要有固定职业和居所、稳定的收入及还款能力，个人信用良好即可。

（2）首付与年限。

首付比例低，贷款时间长。首付最低为车价的20%，最长年限为5年，不用缴纳抵押费。

（3）利率。

汽车金融公司的贷款利率通常要比银行高一些。

3）整车厂财务公司

整车厂财务公司是一种汽车消费方式，是为满足消费者汽车需求而产生的一种汽车消费形式，不需要消费者提供房产或户口证明，因此其比较受消费者的欢迎。

（1）需要提交的材料。

整车厂财务公司需申请人提供所购车辆抵押担保。申请人应有稳定的职业、居所、还款来源和良好的信用记录等。

（2）首付与年限。

首付最低为车价的20%，最长年限为5年。

（3）利率。

其利率通常要比银行略高，比汽车金融公司略低。

4）信用卡分期购车

信用卡分期购车是银行机构推出的一种信用卡分期业务。持卡人可申请的信用额度为 2 万~20 万元；分期有 12 个月、24 个月、36 个月三类。信用分期购车不存在贷款利率，银行只收取手续费，不同分期的手续费率各有不同。相比其他两种贷款方式的利息，信用卡的手续费相对较低。

5）汽车融资租赁

汽车融资租赁是一种依托现金分期付款，在此基础上引入出租服务中所有权和使用权分离的特性，租赁结束后将所有权转移给承租人的现代营销方式。通俗来说，汽车融资租赁是一种新型的大额分期购车方式。汽车融资租赁模式最初形成于 20 世纪 80 年代中期。这种方式门槛较低，不需要抵押，非本地户口也可。

（1）首付。

首付比例低，贷款时间长。首付最低为打包价格（车价＋购置税＋保险）的 20%，最长期限为 5 年，不用缴纳抵押费。

（2）利率。

汽车融资租赁公司根据不同客户及车型的情况定制不同的利率方案，通常比银行高一些，但是部分车型有厂家支持政策，可实现市场最低价。

（3）产权。

其分直租及回租两种方式。

①直租项目。

a. 汽车融资租赁公司与承租人签订《融资租赁合同》。

b. 汽车融资租赁公司与承租人选定的车型签订《汽车购销合同》，承租人按《融资租赁合同》支付规定比例的首付和服务费等。

c. 供应商按《汽车购销合同》的要求提供承租人所需的汽车，交付给承租人。

d. 承租人验收汽车，租赁公司支付给供应商车款，取得租赁车辆的所有权，汽车由承租人使用。

②回租项目。

a. 承租人提供回租汽车发票原件，汽车融资租赁公司对回租汽车所有权、使用状况、价值、是否抵押等情况进行审核。

b. 汽车融资租赁公司与承租人签订《融资租赁合同》和《回租汽车转让协议》，承租人将回租汽车所有权转让给公司，并按《融资租赁合同》规定支付相应的保证金和服务费，汽车融资租赁公司将汽车款支付给承租人。

案例：

若购买售价为 20 万元的上海通用某车型的汽车，比较几种车贷的费用。

银行办理车贷需在基准利率上上浮 20%。按照目前 3 年期贷款 6.15% 的基准利率，利率为7.38%，即购车20万元，若首付3成即6万元，有14万元的车贷，3年应付利息30 996（140 000×0.0738×3=30 996）元。

据银率网查询数据显示，通用汽车金融服务公司的36个月贷款利率为14.39%，以此计算，3年共需付利息60 438（140 000×0.1439×3=60 438）元。

招商银行使用信用卡分期购买，3年期的手续费是14.50%，3年一共需要支付20 300（140 000×0.1 450=20 300）元。

同样贷款14万元，信用卡分期付款可以比银行贷款节省10 696元，比汽车金融公司节省40 138元，由此可见信用卡的分期手续费是相对低廉的。

8.1.4　汽车消费信贷服务实务

现以汽车经销商为主体的信贷方式为例，介绍汽车消费信贷的服务。

1. 经销商汽车消费信贷工作内设部门职责

（1）资源部：负责商品车辆的资源组织、提运及保管。

（2）咨询部：负责客户购车时的咨询服务、资料搜集及车辆销售工作。

（3）审查部：负责上门复审，办理有关购车手续及与银行、保险、公证等部门工作的协调。

（4）售后服务部：负责为客户挑选车辆、上牌及跟踪服务。

（5）档案管理部：负责对档案资料的登记、分类、整理、保管及提供客户分期付款信息。

（6）财务部：负责收款、开票，办理银行、税务业务，设计财务流程及车辆销售核算。

（7）保险部：为客户所购车辆做各类保险。

2. 经销商汽车消费信贷业务的流程

1）客户咨询

客户咨询工作主要由咨询部承担，工作内容主要是了解客户购车需求、帮助客户选择车型、介绍购车常识、讲解办理汽车消费信贷购车流程、报价、办理购车手续等。因为客户咨询工作是直接面对客户的，所以礼貌待客、耐心解说、准确报价、周到服务是客户咨询员的基本要求。

2）客户决定购买

在客户咨询员的介绍和协助下，客户选中了某种车型并决定购买时，咨询员应指导客户填写《消费信贷购车初、复审意见表》《消费信贷购车申请表》，报审查部审查。

3）复审

审查部应根据客户提供的个人资料、消费信贷购车申请、贷款担保等进行贷款资格审查，并根据审查结果填写《消费信贷购车资格审核调查表》等表格，还要为《消费信贷购车初、复审意见表》填写复审意见,然后将有关资料报送银行。

4)与银行交换意见

这一阶段主要由审查部将经过复审的客户资料提交贷款银行进行初审鉴定。

5)贷款审批及发放

银行对贷款人的资料进行审查,在授权权限内签批贷款。如果超权限贷款,签审审批意见报分行信贷部审批。

8.1.5 汽车金融业风险与防控

汽车金融批贷业务风险大,一旦出现违规和跑路,都是汽车金融无法言语的"痛"。随着互联网、物联网和智能科技的运用,出现了合格证保管箱、车载诊断系统(On-Board Diagnostic,OBD)监控、汽车经纬度定位等高科技手段可以监控风险,但其也存在地域广、二级网点和代售点难控制、诚信体系较弱等问题。

1. 汽车金融业风险

1)财产风险

如果汽车贷款出现信贷逾期不还的情况,商业银行采取的措施是强制性取回车辆。由于自然因素、人为因素引起的直接损坏、丢失都会使汽车本身价值下跌,银行即使拍卖所没收的汽车,也会面临一定的损失。另外,汽车市场新产品层出不穷,产品更新换代极为迅速,老款汽车价格降低比较常见,当汽车消费信贷消费者逾期不还贷款,银行取得的抵押物折旧后其价值难以抵消所欠债务,就造成了汽车消费信贷的风险。

2)责任风险

银行在进行汽车消费信贷时采取了自然人担保和经销商担保两种方式来降低风险,目前银行采用的是经销商担保的方式。汽车经销商是经银行审批后向消费者提供贷款购车的第三方,实行担保服务,具有真实性和稳定性。但是在实际操作中,如果借款人违约,按照法律"物保优于人保"的规定,银行必须对借款人的抵押物处置完毕以后,剩余的债务再由保证人承担。很多汽车经销商没有可供抵押的固定资产,担保金额却远大于其本身的资产,一旦经销商的经营状况出现不稳定,还款就很成问题。同时,个别汽车经销商为了获取代理费,不管客户资信如何,都大量办理车贷。更有甚者成立虚假公司,用虚假购车合同套取银行信贷资金,造成巨大风险。

3)人员风险

一方面,汽车消费信贷消费者若出现辞职、失业、残疾、退休及死亡等情况,导致家庭收入的下降,会直接影响消费者的偿还能力,进而导致还贷率的下降。另一方面,汽车经销商经理出现辞职、失业、残疾、退休及死亡等情况,可能引发汽车经销公司经营收入降低甚至倒闭,致使其担保金额远远大于其自身资产。基于这两方面的原因,银行会承担很大风险。

4）信用风险

（1）借款人的信用风险。因失业、工作变动或出现其他经济原因等造成借款人还贷能力下降，甚至丧失还贷收入来源，导致贷款产生风险。

（2）汽车经销商的信用风险。存在汽车经销商改变贷款用途或恶意诈骗的行为。

（3）多头信贷。由于银行之间缺乏信息共享，借款人分别在不同的银行贷款，信用较差的借款人无力还款，形成赖账，使银行遭受巨额损失。

5）操作风险

操作风险是指银行业务经办的各个环节由于违规操作或管理不力造成的风险。

（1）贷前调查不细致，不能获得客户准确的信息资料。

（2）贷中审查不严格。

（3）贷后跟踪检查不落实。

6）担保风险

担保风险是指由于借款担保措施不到位、担保人不能履行担保义务、担保物贬值、损毁等原因使担保措施不能对贷款提供足够的保证能力，给贷款资金造成的风险。

（1）合作汽车经销商风险。

在经销商提供担保与所购车辆作为抵押的个人车贷操作模式下，大部分个人车贷客户均由汽车经销商向经办行推荐，银行处处受制于汽车经销商，不利于从源头上防范风险。

（2）保险风险。

借款人的汽车是作为反担保抵押给保险人的，一旦借款人产生信用危机，拒绝偿还银行贷款，那么保险公司的履约保险将是银行避免损失的唯一保障，而保险公司则在处理抵押物后才会履行保险义务，因此其既无法保证索赔的速度，赔偿金额也难以及时落实到位，保险公司赔付率很低，形成贷款风险。

2. 汽车金融风险防控

（1）加强贷前调查工作。

一方面，银行要做到严格贷前审查制度，贷前应对借款人的资金来源、收入与贷款后的月偿债比率、抵押物价格减值因素等进行严格审查，并对借款人每月的支付能力进行一个科学的咨询评估，根据借款人现有实际支付能力设计切实可行的还款方式，以降低支付风险。另一方面，银行对特约汽车经销商资格进行严格审查，应重点审查法人资格、经营范围、经营实力、信用情况等。银行应选择实力强、知名度高、经营信誉好的汽车经销商作为合作伙伴，产生强强合作的联动效应。

（2）强化贷后管理，运用风险控制方法。

贷后管理是信贷管理的最终环节，对于确保银行贷款安全和案件防控具有至关重要的作用。贷后管理是控制风险、防止不良贷款发生的重要一环。客户的经营财务状况是不断变化的，可能在审批授信时客户经营财务状况良好，但由于行业政策的影响、客户投资失误的影响，客户的经营财务状况发生较大不利变化。贷后管理就是要跟踪客户所属行业、客户的上下游和客户本身经营财务状况，包括其商业信用的变化，及时发现可能不利于贷款按时归还的问题并提出解决问题的措施。

（3）建立健全信用体系。

银行应借鉴国外成熟的汽车金融管理经验，完善各项风险控制制度，并建立资信评级系统，对借款人的信用档案进行动态管理，以便银行可以及时准确地掌握借款人的资信状况和偿还能力。探索一套个人征信制度及信息资源管理办法，可先建立一个地方性个人消费信贷信息数据库系统，由金融机构将客户的不良信用记录及时输入系统，这些信用记录由所有金融机构共享，作为调查客户资信状况的重要渠道。

（4）建立健全法制建设。

中国人民银行和银保监会联合拟定了《汽车贷款管理办法》，强化了对贷款风险控制制度的考核，有效控制借款人贷款风险，对于间接控制个人借款人和机构借款人的贷款风险、保全金融机构信贷资产安全十分关键。同时，针对目前车贷险市场中存在的突出问题，银保监会制定下发了《中国银行保险监督管理委员会关于规范汽车消费贷款保证保险业务有关问题的通知》，同时，于2004年4月1日起开始实行新车贷险，旨在规范车贷险的经营管理，防范、控制、化解经营风险，促进我国车贷险业务走上良性竞争的道路。这两个法规的出台，对我国汽车消费贷款业务健康有序地发展起到了关键的作用。

（5）掌握风险规律，做好风险防控。

汽车信贷有一定的规律性，在信贷业务中要重点防控。图8-2～图8-5为汽车信贷风险指数的相关统计数据。在汽车信贷中厂商要根据各种特点做好有针对性的防范。

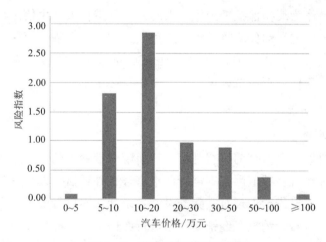

图8-2　汽车价格与风险指数

第8章 汽车消费信贷服务与租赁服务

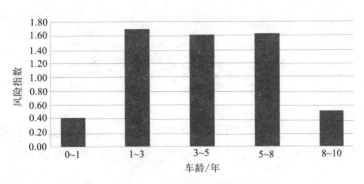

图 8-3 车龄与风险指数

■ **逾期及不良相对风险指数：借款人各年龄段**

19~43岁年龄段借款人的逾期相对风险指数比较平稳，44岁及以上借款人的相对风险指数变高；与逾期风险指数不同的是，19~28岁及49~53岁年龄段借款人的不良相对风险指数较高。

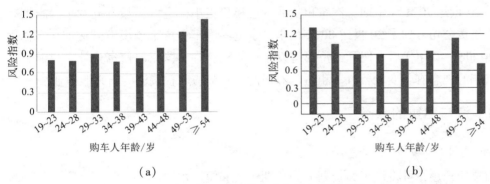

图 8-4 购车人年龄与风险指数
（a）逾期指数；（b）不良指数

■ **相对女性，男性借款人逾期及不良情况相对较多**

各个业务类型中，男性的逾期和不良风险指数均高于女性（女性逾期指数标准化为1）。

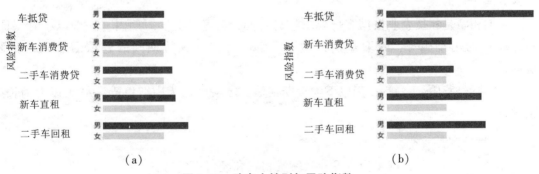

图 8-5 购车人性别与风险指数
（a）逾期指数；（b）不良指数

8.2 汽车租赁服务

汽车租赁是在将汽车的产权与使用权分开的基础上,通过出租汽车的使用权而获取收益的一种经营行为,出租车辆除了实物汽车以外,还包含保证该车辆正常、合法上路行驶的所有手续。

汽车租赁业被称为交通运输服务行业,由于其可以办理保险、不需要年检维修、车型可随意更换等优点,且以租车代替买车来控制企业成本,这种在外企中十分流行的管理方式,正慢慢受到国内企事业单位和个人客户的青睐。汽车租赁的起源可以追溯到20世纪初,但直到20世纪70年代中期,汽车租赁业的规模仍很小,全世界只有五六个国家拥有正规的汽车租赁公司。到了20世纪80年代末,全世界汽车租赁市场规模已达150多亿美元。进入20世纪90年代后,国际经济形势发生了变化,许多国家向信息化社会过渡,人们对拥有汽车的观念有了变化,汽车租赁已经成为一种顺应时代潮流的新兴服务业。

8.2.1 汽车租赁的分类

1)按租赁期长短分类

按照租赁期长短,可将汽车租赁划分为长期租赁和短期租赁。

长期租赁是指租赁企业与客户签订长期(一般以年计算)租赁合同,按长期租赁期间发生的费用(通常包括车辆价格、维修维护费、各种税费开支、保险费及利息等)扣除预计剩存价值后,以合同月数平均收取租赁费用,并提供汽车税费、保险、维修及配件等综合服务的租赁形式。

短期租赁是租赁企业根据客户要求签订合同,为客户提供短期内(一般以小时、日、月计算)的用车服务,收取短期租赁费,解决客户在租赁期间的各项服务要求的租赁形式。

在实际经营中,一般15天以下为短期租赁,15~90天为中期租赁,90天以上为长期租赁。

2)按经营目的划分

按经营目的划分,汽车租赁可分为融资租赁和经营租赁。

(1)汽车融资租赁。所谓汽车融资租赁,是指顾客根据使用情况的预期,选取不同的年里程数、交纳不同的租赁费。当租赁期满时,消费者有三种选择:一是归还车辆,重新租赁一辆;二是买下已租的车辆;三是归还车辆,结清费用。

汽车融资租赁是一种买卖与租赁相结合的汽车融资方式。这种方式适用于不以取得汽车所有权为目的,但在一定时期内需要用车的消费者。融资租赁方式和分期付款的汽车零售方式有一定的差别。汽车分期付款的零售方式实质上是附加条件的交易方式。分期付款的零售方式销售商保留汽车的所有权,其实是债权人为实现确保自己的债权而设定的一种担保。融资租赁则不同,它是买卖与租赁的结合,消费者(承租人)最终是否成为所租汽车的所有权人,选择权在消费者(承租人)。融资租赁方式和分期付款的汽车贷款相比,具有一定的优势。对于消费者来说,"先租后买"方式更灵活,当租赁期满后,消费者享有选择权,有权决定是否购买所租汽车。消费者若不想购买所租车辆,则可将该车返还汽车出租方;如想购买所租车辆,消费者付清租赁合同上确定的折旧价(或称尾款)即可。

汽车融资租赁应具备以下条件:

①消费者应向销售商支付相应的租金(汽车使用补偿费)。

②如果消费者支付的费用(包括租金及相应赋税)已经相当于或者超过汽车本身的价值,依照汽车租赁合同,消费者有权获得该汽车的所有权。

③如果消费者(承租人)在租期届满时所付租金总额尚未超过汽车价值,消费者(承租人)可享有选择权。对租期届满后的汽车,在补足租赁合同中事先约定的相应余额后,承租人成为汽车的所有权人。

(2)汽车经营租赁。

消费者在进行汽车租赁时,只以取得使用权为目的,经营者只通过提供汽车功能、税费、保险、维修、配件等服务来实现其利益,这种租赁方式称为汽车经营租赁。我国现行的汽车租赁多为经营租赁。

8.2.2 汽车租赁的经营模式

我国车辆租赁和融资租赁交易的业务模式比较单一,在交易品种设计方面还有很大的发展空间。下面以英国的车辆租赁为例介绍几种常见的业务模式。

1)合约租赁

合约租赁是指在租期内,承租人拥有车辆的使用权、租赁公司拥有车辆的所有权,租期结束后车辆返还给租赁公司。在这种租赁方式中,承租人不承担车辆的残值风险,租赁期满时承租人无留购选择权,租赁期限一般为2~4年。

合约租赁租金的多少取决于车辆的零售价格和车辆的残值,租金约等于零售价格和车辆残值的差额。租赁开始时估计的车辆残值主要考虑计提的折旧、行驶的里程数、车况等因素。因此,残值越高,所需支付的租金越少。这是一种最常用、最划算、最容易操作的车辆融资方式。

(1)合约租赁的优点。

承租人在租期结束时只需返还车辆,不必考虑车辆的再处置问题;甚至一些合约租赁也会包含维修服务,使用人只需要购买车辆保险、轮胎和加油就可以了;承租人很容易计算和规划保有车辆的成本;这种交易方式对增值税纳税人更为合适,因为租金全额的50%和维修费用的100%可以抵减增值税额。

（2）合约租赁的缺点。

在租期结束后，承租人必须返还车辆，而且也没有留购的选择权；如果经常旅行，则车辆的行驶里程比较高，会加速车辆的折旧，所需支付的租金也会增加；如果车辆不是以较为固定的路线使用，会很难事先估计车辆的里程数，如果在使用中超过了里程数，则需支付额外的费用。

2）融资租赁

融资租赁是车辆购置环节中一种重要的融资方式，特别是对于增值税纳税人。融资租赁与合约租赁的区别在于，租期的最后一笔租金需要覆盖租赁公司的全部投资。租期结束后，车辆将被租赁公司卖给第三方。如果售价超过之前约定的最后一笔租金，租赁公司将会把超过部分按一定比例返还给承租人；如果售价低于之前约定的最后一笔租金，则承租人负有补足的义务。这种租赁模式比较适合一次性支付压力较大的机构类承租人。

最后一笔租金的多少，取决于每期租金的多少，每期租金少支付一点，尾款支付得就会比较多；相反，每期租金多支付一点，尾款支付得就会比较少。

这种租赁模式承租人承担了一部分车辆残值的风险，而且租赁公司一般会有最高行驶里程的限制。同时，租期结束后，承租人如果不想出售车辆，也可以继续租用。

（1）融资租赁的优点。

低首付和低月供；租金支付方式更为灵活，可以更好地匹配承租人的现金流；租金全额的50%可以抵免增值税；优化资产负债表，车辆将在承租人的资产负债表中确认资产，而租金则确认为负债；有可能会从租期结束后的资产处置中受益。

（2）融资租赁的缺点。

无法取得车辆的所有权；与车辆相关的监管、运营风险较高；租金的利率将根据承租人资信的不同差别较大；其他的文件成本和手续费较高。

3）租购

租购是指承租人支付首付款（10%~50%），按期支付租金，租赁期满后取得车辆的所有权。这种交易方式不需要计算车辆的残值，每期租金的多少主要取决于车辆的零售价格、首付款比例和租赁期限。承租人承担车辆的残值风险，租赁期限届满后承租人取得车辆的所有权。

租购的合同条款通常由承租人和出租人商定，出租人一般是银行或经纪公司，租赁期限一般为1~4年。承租人违约时，如果已支付的租金未超过1/3，出租人可直接取回车辆；如果已支付的租金超过了1/3，则出租人只能通过诉讼的方式主张取回车辆或支付未到期租金。

（1）租购的优点。

承租人可以取得车辆的所有权；这种交易更像是以车辆作为抵押的贷款，因此利率与无抵押贷款的利率相比较低。

（2）租购的缺点。

利率的高低主要取决于承租人的信用状况；在租期内处置车辆相对比较麻烦；租购是

一种传统的车辆融资方式,但是达成相对合适的租购合约则比较困难,需要承租人详细了解合约条款和交易细节。

4) 以租代购

以租代购是指在租赁期限内,承租人拥有车辆的使用权、租赁公司拥有车辆的所有权,在承租人支付最后一笔租金后取得车辆的所有权。租赁期限一般为2~4年。

以租代购交易很像个人合约租赁,主要区别是以租代购的承租人在租赁期限届满时需留购车辆,而个人合约租赁的承租人在租赁期限届满时拥有的是留购选择权。

租赁公司会预先估计租赁期限届满时的车辆价值。承租人可以先支付一笔预付款,然后按照车辆零售价格和残值的差额支付每期租金。越不容易贬值的车辆,越适合该种交易方式,因此,这种交易更适合高端车辆。

(1) 以租代购的优点。

租赁物作为公司的资产;首付款较低,一般相当于三期租金的金额;月供较低;租期结束后可以取得车辆的所有权。

(2) 以租代购的缺点。

尾款一般较高,需要提前做好融资安排;只有车辆用于商业用途时才能抵免增值税;承租人需要承担车辆的残值风险和保有风险。

5) 个人合约租赁

个人合约租赁是英国最流行的购车融资方式之一,它是指在租赁开始时,交易双方事先约定一笔尾款,租期结束时承租人可以通过支付该笔尾款而取得车辆的所有权。如果承租人不想继续使用车辆,则可以直接将车辆返还给出租人。

个人合约租赁与合约租赁类似,主要的区别在于,个人合约租赁交易的承租人在租期结束时拥有购买选择权。租金的数额取决于零售价格和残值的差额,外加一些利息。因此,保值性好的车辆,每期支付的租金较少,也更适合采用此种融资方式。这种交易会有行驶里程的限制,超过里程则需在租期结束时支付罚金。

(1) 个人合约租赁的优点。

承租人需要支付的每期租金是固定的,有利于承租人规划预算;尾款可以再融资;承租人拥有更大的选择权,可以选择留购或返还车辆;一些交易中甚至会包含维修服务;不必承担车辆贬值的风险。

(2) 个人合约租赁的缺点。

如果租期结束时不留购车辆,则成本可能比合约租赁更贵;对保持车况的要求更高,特别是在选择返还车辆时。因此,这种交易比较适合打算在租期结束时留购车辆的客户。

6) 日租

顾名思义,日租就是短期的租车服务,期限一般为几天,最长不超过12个月。日租与合约租赁很类似,只不过期限更短。这种租赁方式,要遵守租赁公司的若干规定,比如,行驶里程的限制、还车时的车况要求以及等量的燃油等。

7）短期合约租赁

短期合约租赁是介于日租与其他长期租赁之间的一种交易方式，租期一般为 3~12 个月，甚至 1 个月。租期结束后，租赁公司将车辆返还给出租人，没有留购的选择权。

这种租赁方式更为灵活、方便，但租金相对较高，而且有较为严格的里程限制。

8）售后回租

如果业务或其他方面需要资金，承租人可以将自己所拥有的车辆按照租赁公司评估的价格出售给租赁公司，然后再以合约租赁的方式租回使用，以达到融资的目的。

这种租赁方式融资快，而且承租人可以继续使用车辆，但是，承租人将失去车辆的所有权，也不再承担车辆的贬值风险和再处置风险，待租期届满后，租赁公司将收回车辆。

8.2.3. 汽车租赁公司案例

赫兹公司（以下简称"赫兹"）创立于 1918 年，自创立之日起就开始营利。赫兹在全球实行连锁经营，始终将客户服务体验放在首位，流程尽量简化手续。赫兹租赁方式主要有以下几个突出特点：

（1）全球布局，连锁经营。赫兹在全球 145 个国家拥有 8 100 个租车门店，提供包括日租、周租和月租在内的短期租赁服务。租车门店分布在机场、市中心、近郊的商业中心、居住区和旅游胜地，其中有 2 000 个门店设在世界各大主要飞机场。在美国，赫兹的机场门店数量位居第一，在欧洲的 69 个机场中都可以找到赫兹的租车门店。

（2）简化流程，重视效率。赫兹提供的租车手续非常简便快捷，主要采用"驾驶证+信用卡"的方式来办理。通过在线登记服务，所有的赫兹客户都可以在出行前登录公司网站并提交自己的详细资料，到达机场后，客户只需提交确认信息，再出示信用卡和驾驶证，然后在已填妥的表格上签字即可，大大节省了办理业务的时间。

（3）极度重视客户体验。例如，针对客户希望下飞机后可以立即到停车场将车开走的需求，赫兹设计出了一个便利且人性化的停车场。停车场上设立了两个电子看板，其中一个按照客户的姓名排序，列出汽车停放的编号，另一个则按照汽车排序，列出对应的车主姓名。如此一来，客户一到停车场，就可以看到自己的名字。另外，赫兹还在停车场加盖遮雨篷，无论下雨或下雪，客户都可以安心地打开行李箱，将行李放入车内。

（4）产业协同。通过与通用、福特等汽车公司进行战略合作，赫兹与诸多战略合作伙伴一起为客户出行提供了"一体化解决方案"，与上游厂家形成了双赢。这种合作形式不仅为汽车厂家提供了一种新的销售渠道，还利用汽车回购协议大幅降低了汽车使用成本。同时，赫兹与银行、宾馆等商务人群信息聚集中心形成的合作伙伴关系，为协同打造个性化的客户服务方案奠定了坚实基础，真正做到了对客户的周到服务。

赫兹模式是美国汽车租赁业的主流模式，也是汽车租赁行业最早、最成熟的一种模式。在国内租车企业中，至尊租车和神州租车都是赫兹模式的追随者，不过是在赫兹模式的基础上针对国内市场的实际情况进行了本土化改良。

刚刚起步的中国汽车租赁业，最大的三家企业是至尊租车、一嗨租车和神州租车。它们的创立时间最长不超过 6 年，但都不约而同地选择了全国战略和网络化管理模式，以连锁店的模式针对个人和企业客户提供汽车短租服务。此处仅介绍至尊租车和一嗨租车的经营模式。

1）至尊租车

至尊租车主要采用商务自驾＋连锁直营租赁模式。

率先引入免担保、免押金方式的至尊租车被业内认为是赫兹模式的中国版本。它从 2006 年 1 月 19 日成立起就采用全国连锁模式经营，并彻底改变了以往烦琐的传统租车手续，采用刷信用卡租车。

连锁直营可谓至尊租车的核心竞争力。刷信用卡租车使租车手续简化到了几分钟，连锁直营则让客户在至尊租车进驻的任何城市、任一门店实现租车及还车的便利，并获得统一规范服务，从而有效树立起品牌。在客户群体上，至尊租车的市场定位始终瞄准商旅人士，并且以"商"为主，因此在车辆的选择上也多以中档为主，并始终坚持自驾服务。

至尊租车的核心竞争力体现在以下两个方面。

（1）有效风控、简化手续。

至尊租车之所以能在短时间内迅速赢得市场，是因为其核心竞争力之一是简化了租车手续，而支撑这套手续的后台就是有效的风险控制体系。国内信用体系的不完善是汽车租赁行业发展的瓶颈。为了防止骗租事件的发生，传统的租车手续十分烦琐，不仅要求租车人提供身份证明，还要求他们提供资产担保，如资产现金抵押、房地产证备案等。甚至有的租车公司只将车辆出租给有本地户籍或有本地户籍担保的人士，高门槛阻碍了行业发展。

在至尊租车，消费者只需要出示第二代居民身份证和驾驶证，并刷信用卡进行 3 000～5 000 元的预授权即可，整个流程只需要几分钟。这一模式从至尊租车诞生之初就在业内率先推出，之所以能推出无担保、零押金的服务，是因为其有比较完善的风险控制系统。首先，至尊租车也要求租车人提供身份证明，尤其是 2008 年以来，其要求租车必须出示第二代居民身份证，从而能通过仪器有效鉴别真伪。另外，其坚持采用刷信用卡租车，银行在办理信用卡时已对租车人的资信状况进行了严格把关，再通过刷卡是否成功对租车人的信用情况进行掌握，从而避免了租车人租车抵债的隐患。经过身份认证和信用认证后，至尊租车还通过 GPS 定位和防盗设备随时监控营运车辆，并引入保险服务来承担部分风险。由于其提供的是短租服务，也让欠租、骗租、租车抵债的概率大大降低。万一发生骗租，其也有能力在最短的时间内发现并将车收回。

（2）连锁自营、树立品牌。

从创立之初，至尊租车就以全国联网的模式出现。截至目前，其已陆续在北京、上海、广州、深圳等 30 多个商业及旅游城市的机场、码头、车站、商业中心区及旅游景区开设了近百家租车门店，并坚持采用连锁自营模式经营。

坚持采用连锁自营模式，重点是为了树立品牌。如果采用加盟模式，虽然会减少公司成本投入，但服务很难规范，尤其是汽车质量难以控制，会影响品牌建设。如果推出异地还车服务，加盟商之间营收业绩分配会出现问题，调度成本也很高。

采用连锁自营模式，所有门店均统一设计员工服装，且统一车型、统一价格、统一业务流程，能保证质量及服务体验。除了采用连锁自营模式经营，至尊租车还采用广泛建立门店的方式服务，并不送车上门。由于至尊租车的定位为商旅人士，其在一些城市的机场到达大厅设立门店，其他门店经常建立在交通便利的商业旺区。机场租金、门店租金以及停车场费用是除车辆投资外最大的成本开支。

至尊租车最初为降低成本提供送车上门服务。送车上门的不可控因素很多，会让服务质量大打折扣。首先，送车驾驶员难以管理，如一个城市每天有20单业务，就至少需要5名驾驶员送车，业务发展越快所需驾驶员越多，这是一笔不小的管理成本支出；其次，送车会遇到交通堵塞、事故等意外事件，若不能准时到达，经常会引发投诉。至尊租车以提供自驾为发展方向，因此需要客户到门店办理手续。

和其他全国连锁租车公司一样，至尊租车也有着非常强大的企业资源计划（Enterprise Resource Planning，ERP）系统，其是指建立在信息技术基础上，集信息技术与先进管理思想于一身，以系统化的管理思想，为企业员工及决策层提供决策手段的管理平台及客户管理系统，且均为自己研发。其对客户实行会员制服务，个人客户分普卡、银卡、金卡、钻卡四个级别。不同级别会员在租车时，除享受对应的日租金和日限制里程收费标准外，还可以享受不同级别的增值服务。客户档案里详细记载着客户的租车记录、违章记录、事故记录、守约记录等，如果记录不好会影响客户会员升级。

2）一嗨租车

一嗨租车是租车行业里难得一见的营利企业，它脱离了赫兹模式，进行了具有中国特色的改良。开始进入租车市场时，一嗨租车提供的是加盟制的带驾驶员的服务，从而与至尊租车、神州租车形成了错位竞争。接着，一嗨又在全国范围内推出自营的自驾服务。灵活的租车方式、送车上门服务、"自营+加盟"的模式在全国迅速布点让一嗨租车有效控制成本，并实现营利。截至目前，总部位于上海的一嗨租车在全国25个城市设立直营店，通过分成加盟方式服务范围拓展到70多个城市。

（1）方式灵活：代驾+自驾、满足不同的需求。一嗨租车总裁章瑞平认为，租车市场分为两部分，一部分为企业客户，另一部分为个人客户。企业客户又分为高端客户和中小型企业。2006年进入这一市场时，他们的目标客户主要为高端商旅人士，并最终决定提供代驾服务这种模式。

代驾和自驾的租车方式并行，使一嗨租车客户群体比较广泛。商旅客户平时用车比较多，而个人客户周末、节假日用车多，从而形成商旅客户与个人客户的互补，提高了车辆的使用率。

（2）价格优势：控制成本，打造低价。一嗨租车占领市场的另一个策略是低价。为了对成本进行有效控制，一嗨租车门店数量很少，主要提供上门送车服务。品牌推广也主要通过电子商务来完成。在上海，一嗨租车只有4个门店，广州则有2个门店，其他省会城市目前基本都只有1个门店，且车型基本都以中小型车为主，每辆汽车的价格约10万元，不仅有自动挡的,也有手动挡的。相对低端的车型也让租车价格较为低廉。

在市场定位上,至尊租车及一嗨租车都瞄准了商旅人士及短租市场,但在经营模式上,两家公司则有不同。至尊租车选取的车型相对高档,全部为自动挡的汽车,而一嗨租车的车型更时尚化及相对低端;至尊租车坚持提供自驾服务,而一嗨租车则采用代驾+自驾混合经营的方式;至尊租车坚持采用直营模式,注重品牌建设,而一嗨租车则更关注成本,注重营利。汽车租赁行业要有效益必须上规模,要取得最后的成功都离不开雄厚的资金支持。

8.2.4. 汽车租赁实务

1) 租车流程

租车流程如图8-6所示。

图8-6 租车流程

客户到达汽车租赁站点后首先要与业务人员接洽,了解公司情况。租赁业务员详细询问客户的租车目的、用途、所需车型、所用时间。通过洽谈达成意向后,租赁业务员应仔细查验客户所提供的证件、证明(包括各项身份证明、承租方驾驶证等),有条件的应查询信用咨询体系,确认相关信息资料,留存复印件和必要的抵押后,与客户签订正式汽车租赁合同。租赁业务员陪同客户到财务部缴纳押金,预付租金,提供客户所需车辆。租赁业务员引导客户试车、验车,客户试车满意后,双方共同在租赁车辆交接单上登录验车情况,签字确认后,客户即可驾车离站。对于长期租赁的客户,租赁业务员应提醒客户定期回租赁站点对租赁车辆进行维护,以确保车辆的安全和车况的良好。

2) 还车流程

还车流程如图8-7所示。

图8-7 还车流程

客户交车时,租赁业务员查验汽车租赁合同、车辆交接单等相关单据及其租车时所用证件、证明,确认后对照车辆交接单后进行当场验车。验车结果经车管部门和承租方共同确认后,双方签字。之后,承租方进行财务结算。若有车损情况,应鉴定其原因,如因非正常使用导致的损坏,双方相互协商,由技术部门出具合理的赔偿单据,客户依单据缴纳赔偿金后,方可进行财务结算,财务部门出具结算证明,交车手续结束,汽车租赁结束。

3) 车辆救援流程

车辆救援流程如图8-8所示。

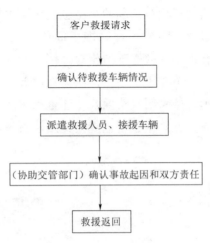

图8-8 车辆救援流程

各租赁站点应对客户所租车辆提供24h救援。接听客户求援电话后,业务员确认承租方所在具体地点,双方在救援单据上记录情况并签字确认,然后由工作人员进行维修及必要的车辆替换操作。若事故原因为交通事故,业务员应提醒客户及时通知交警部门并通知保险公司,同时派相关业务员前往协助处理。

第 9 章 二手车服务

中国的二手车市场目前处于初期阶段，随着中国汽车市场的进一步发展，新车保有量不断增加，消费者换车需求彰显，未来二手车交易量与新车销量的差距将进一步缩小，二手车市场发展前景广阔。

9.1 二手车交易概述

二手车交易是指买主和卖主进行二手车商品交换和产权交易。

9.1.1 国内外二手车交易的发展

国外成熟的二手车行业经验表明：渠道畅通、运作高效的车辆新陈代谢机制是汽车市场整体健康运作的前提与保证；活跃的二手车市场是促进汽车置换、拉动新车销售的重要途径。

1. 国外的二手车市场

1）美国的二手车市场

美国中产阶级及以上阶层的消费者买车主要以新车为主，而多数中产阶级以下的消费者则以买二手车为主。2016 年以来，美国二手车的年销量稳定在 4 000 万～4 500 万辆，是新车销量的 3 倍左右，而每辆二手车的平均价格约为 1.65 万美元，每年的二手车市场空间约 6 000 亿～7 000 亿美元。

美国二手车热销的原因是：二手车法规比较完善，大众对二手车有着异乎寻常的热情。美国的二手车市场已经相当成熟，形成了一套行之有效的市场规则，从价格、质量、售后服务等汽车消费的多个关键领域给消费者提供了保证和信心。

2）日本的二手车市场

日本的二手车市场相当发达，法规严格，有公正的二手车评估制度，评估行为比较规范。在日本，要想获得二手车的评估资格，相关公司必须向评估协会申请实施评估业务，经过评估协会审查，合格的发给《评估业务确认书》，并制作"评估业务实施店"的标牌挂在店内。在有资格的店内，还应该有通过评估协会组织的技能考试的专业二手车鉴定评估人员。对二手车价格的评估，日本有一套通行而简易的计算方法。

2. 中国二手车交易的特点

1) 中国二手车交易量逐年提高

2012—2018 年，中国二手车交易量逐年提高。中国汽车流通协会的统计数据显示，2018 年，我国二手车交易量为 1 382.19 万辆，如图 9 - 1 所示。

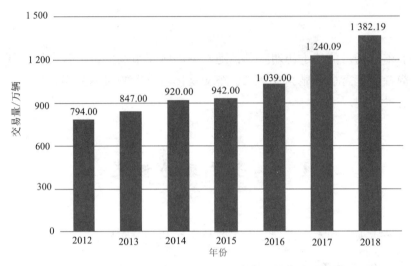

图 9 - 1 我国 2012—2018 年二手车交易量

2) 二手车转籍比例逐渐提高

近年来，随着全国二手车限迁政策的解除，二手车流通壁垒逐渐消除，二手车转籍比例逐渐提高，促进了二手车市场的快速发展。中国汽车流通协会的统计数据显示，2019 年，全国二手车转籍比例达 27.87%，如图 9 - 2 所示。

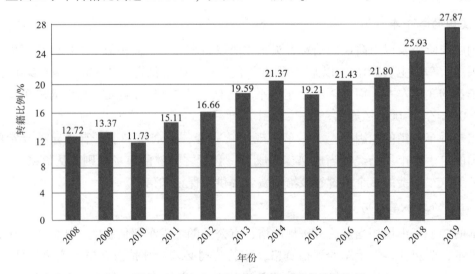

图 9 - 2 2008—2019 年全国二手车转籍比例

3) 2019 年全国各大区域二手车交易量

从区域分布来看，我国二手车市场区域分布较为集中。2019 年，华东地区二手车市场共交易 498.24 万辆，占全国交易量的 32.18%；中南和华北地区则分别交易二手车 363.99 万辆和 225.97 万辆，占全国交易量的 20.23% 和 19.31%。华东、中南、华北地区合计占比 71.72%，如图 9-3 所示。

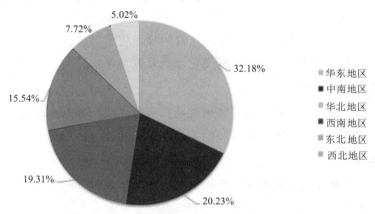

图 9-3　2019 年全国各大区域二手车交易量

4) 二手车交易主体的比例及购车者信任度

二手车交易市场仍然是我国二手车交易的主体，市场占有比例较高。在二手车交易市场，主要存在二手车经营企业、经纪公司以及大量的游散个人交易，信誉度比较高。除此之外，我国二手车的参与主体中，还包括二手车拍卖公司、二手车连锁经营公司以及新车生产及经销公司。

5) 二手车各级别轿车占比

从各级别轿车的整体销量来看，A 级轿车为二手车市场中的畅销车型。中国汽车流通协会的统计数据显示，2019 年，A 级轿车二手车销量平均占比为 47.5%，B 级轿车平均占比为 21.7%，由于价格相对较高，C 级和 D 级轿车的二手车销量相对较低。

6) 二手车市场整合

越来越多的市场参与者的加入激活了处于困境中的二手车市场，而且相比以往各汽车经销商单打独斗的局面，今天的二手车市场看到的更多是基于资源整合的强强联手。其中最值得关注的便是经销商集团与二手车电商的频频握手。

在电商浪潮的不断影响与冲击下，国内二手车市场开始寻找新的机遇与突破口。综观众多知名的二手车市场，大多在紧锣密鼓地开展线上合作、创新，在充分利用二手车交易传统优势的同时，选择和国内诚信的二手车电商交易平台抱团、结盟、整合。

中国有代表性的二手车交易网包括优信二手车、瓜子二手车、人人车、二手车之家等。

9.1.2　二手车交易的类型

二手车交易是针对准备换车的群体，把卖车和买车两个环节集合在一起的交易形式。

根据交易双方行为和参与程度的差异,二手车交易可分为二手车收购、销售、寄售、代购、代销等。

1. 二手车收购、销售

二手车收购、销售是指旧机动车交易中心为方便客户进场直接购置或销售,二手车市场按照客户的要求,代为购置或销售旧机动车的一种经营活动。

2. 二手车寄售

二手车寄售是指卖车方与二手车市场签订协议,将所售车辆委托二手车市场保管及寻找购车方,二手车市场从中收取一定场地费、服务费及保管费的一种交易行为。

3. 二手车代购、代销

二手车代购、代销是指在不需要客户进场直接销售或购置的前提下,二手车市场按照客户的要求,代为购置或销售旧机动车的一种经营活动。

4. 二手车租赁

二手车租赁是指二手车市场向客户提供旧机动车租赁服务的一种经营活动。

5. 二手车拍卖

二手车拍卖是指二手车市场以公开竞价的方式销售旧机动车的一种经营活动。

6. 二手车置换

近年来,出现了一种新的二手车交易模式——二手车置换,并在一些轿车的品牌专营店中迅速成长起来。置换的概念源于海外,狭义的置换就是"以旧换新"业务,即经销商通过二手商品的收购与新商品的对等销售获取利益。广义的置换则是指在以旧换新业务的基础上,同时兼容二手车的整新、跟踪、再销售乃至折抵、分期付款等项目的一系列业务,从而成为一种有机而独立运营的营销方式。不同于以往的二手车交易,由于其可以推动新车销售,二手车置换业务往往背靠汽车品牌专营店,其背后获得汽车制造厂商的强大技术支持,经销商为二手车的再销售提供一定程度上的质量担保,这大大降低了二手车交易中消费者的购买风险,规范了交易双方的交易行为,其发展潜力十分巨大。

9.1.3 二手车交易的过程

1. 检查证件

这一点非常重要,不论在哪里购买的二手车,都必须对车辆证件进行全面认真的查验。二手车过户证件主要包括双方的身份证、行驶证、车辆登记证书、车辆保险单、审车的环保标志、汽车完税证明、购车发票、车辆的保养记录本(一般在汽车4S店保养都会提供)。

2. 审核车辆

审核车牌号码、发动机钢印号以及车架上钢印号是否真实有效。

3. 鉴定评估

国家机关、国有企事业单位这些属于国有资产的单位车辆需要准备二手车鉴定评估机构出示的车辆鉴定评估报告书，个人车辆一般不会提供二手车评估报告。所以如果计划购买私人二手车，但对于车辆又一无所知的话，建议到二手车市场评估一下。

4. 签订合同

车况看好以后就可以签订二手车买卖交易合同了，双方办完手续和车辆交易后约定过户时间。

5. 办理过户、转籍手续

二手车交易过户所需证件包括机动车登记证书、行驶证、买卖双方的身份证等。该环节需要在车籍所在地的车管所服务站办理。

6. 购车者应该向原车主索要《车辆购置税完税证明》

处理车辆购置税免税手续的二手车，购买者应该到税务机关重新申请报缴税或免税手续。没有按规定办理的，按征管法的法规处理。

7. 改变《道路交通运输许可证》

营运性车辆凭新办理的《机动车行驶证》《机动车登记证书》，到交通运管部门完成《道路交通运输许可证》的变更。

8. 保险变更

凭借《机动车行驶证》《机动车登记证书》《保险单》正本，到保险公司完成车辆保险投保人的变更。

9. 车辆转籍

转籍和市内过户提供的材料一样，但要注意转入地的环保排放标准，以及买方户籍地是否和转入地的地址一致，如果买方身份证不是转入地地址，有当地的居住证也是可以办理转入业务的，如果转入地是限牌城市需要提供当地上牌指示单。

9.2 二手车市场

二手车市场是机动车商品二次流动的场所，具有中介服务商和商品经营者的双重属性。具体而言，二手车市场的功能有二手车评估、收购、销售、寄售、置换、拍卖、过户、转籍、上牌、保险等服务。

9.2.1 二手车市场开业规定

1998年，中华人民共和国对外贸易部颁布实施的《旧机动车交易管理办法》指出，二手车流通涉及车辆管理、交通安全管理、国有资产管理、社会治安管理、环境保护管理等各方面，属特殊商品流通，必须在批准的二手车交易市场进行。该办法对旧机动车交易中心审批制度、开业条件和变更及停业进行了明确的规定。

1. 旧机动车交易中心（市场）的设立

旧机动车交易中心是以企业经营活动为依托，辅以必要的政府协调功能，具有旧机动车评估定价及旧机动车收购、销售、寄售、代购、代销、租赁、拍卖、美容和信息服务等功能，并为客户提供过户、上牌、保险等服务的经济实体。二手车市场应严格按国家有关法律法规审查二手车交易的合法性，坚决杜绝盗抢车、走私车、非法拼装车和证照与规费凭证不全的车辆上市交易。

原则上，每个地级以上城市批准设立一个旧机动车交易中心。国务院商品流通行政主管部门负责直辖市、省会城市、计划单列市旧机动车交易中心的审批。省、自治区、直辖市、计划单列市商品流通行政主管部门负责各地级市旧机动车交易中心的审批，并报国务院商品流通行政主管部门备案。旧机动车交易中心在当地人民政府的领导下，成立由内贸、工商、公安等部门参加的旧机动车交易中心管理委员会。该管委会要建立例会制度，遇有紧急情况可由主任委员召开临时会议。

申请设立旧机动车交易中心，须经当地人民政府同意后，向上级商品流通行政管理部门提出书面申请，并提交《旧机动车交易管理办法》规定的书面证明材料。商品流通行政主管部门在接到申请的30日内，应当将结果以书面形式答复申请者。

经批准的旧机动车交易中心的名称须冠以所在地名称。任何单位未经批准，不得使用"旧机动车交易中心"的名称。

2. 申请设立旧机动车交易中心应具备的条件

（1）注册资金不低于50万元。

（2）有固定的交易场所，场地面积不低于10 000平方米。

（3）有专业的评估定价人员。

（4）具备车辆检测、维修、配件供应等设备，车辆检测站可以外协。

（5）能够为客户提供过户、上牌、保险、代收税费等服务。

（6）具备旧机动车收购、销售、寄售、代购、代销、租赁、拍卖、美容和信息服务等功能。

3. 旧机动车交易中心的变更与停业

旧机动车交易中心变更法定代表人、地址、注册资金和修改章程等重大事项，经原审批单位批准后，可以到工商行政管理机关办理变更手续。旧机动车交易中心终止，应当自终止决议或者决定做出终止决议之日起30日内，向原审批单位提出书面申请，经审批后，清理债权债务，并到工商行政管理机关办理注销登记手续。

9.2.2　二手车市场发展趋势

1. 明码标价

二手车市场应诚信经营，实行二手车明码标价制度。二手车明码标价是一个革除行业陈规陋习的有效模式，可以大大提高客户对市场的信任度。因为明码标价是商家综合收购价格和运营成本等因素后核定的一个底线价格，对于消费者来说更加实惠，这样的价格举措把二手车的主动权完全交给了消费者。对于行业来说，这无疑将是二手车跨越性发展的标志。

2. 严格质量检验

二手车市场按照国家规定的检测项目对经营的二手车进行严格检验，并出具检验报告，对销售的二手车质量负责，打消客户对二手车质量问题的顾虑。

当前二手车交易的一大障碍是购买者对二手车的技术状况不了解，对二手车以前的使用情况不了解，对二手车是否发生重大交通事故一无所知。这种状况将大大阻碍二手车市场的发展。

3. 完善二手车质量保证制度

二手车消费者缺乏专业的车辆评估知识，因此在买卖交易过程中处于弱势一方，再加上市场发展并不平衡，缺乏行业规范以及售后无保证，消费者对二手车的质量心存疑虑可想而知。目前二手车交易主体比较混乱，小型二手车市场仅作为一个销售网点存在，售后维修服务根本无法进行，保养维修更无从谈起，这大大影响了二手车的购买力。因此国家制定了严格的二手车保修制度，把保修制度作为对二手车市场规范管理的重要手段。二手车保修制度可以打消消费者对二手车质量的顾虑，必能大大促进二手车市场的繁荣发展。

4. 完善评估体系

每辆车制造质量、使用强度和养护水平不同，必然会造成技术状况的明显差异。与此同时，二手车交易价格还会受到诸如品牌声誉、消费地域差异、消费心理等诸多无形因素的影响。因此，最终形成的二手车市场交易价格会在很大程度上发生波动。准确地评价估计二手车价格是建立买卖双方的市场信心，树立规范、公正的二手车市场形象的必要保证，它对培育和推动二手车市场、促进建立二手车信贷体系、确保国家税收等具有十分重大的意义。

9.3 二手车鉴定评估

二手车鉴定评估是指从事二手车技术状况鉴定和价值评估的人员对二手车做出评价，以此判断其再次出售的价格。由此产生的评估分一般按照汽车的购买年限、汽车行驶里程、汽车外观、内部装饰、主要部件来评价。

9.3.1 二手车鉴定评估的主要依据

二手车鉴定评估的主要依据是指评估工作所遵循的法律、法规、经济行为文件以及其他参考资料。其通常包括行为依据、法律依据、产权依据和取价依据等几部分。

1. 行为依据

行为依据是指实施二手车鉴定评估的依据。其通常包括经济行为成立的有关决议文件以及评估当事方的评估业务委托书。

2. 法律依据

法律依据是指二手车鉴定评估所遵循的法律法规，其主要包括：

（1）《国有资产评估管理办法》。

（2）《国有资产评估管理办法实施细则》。

（3）《机动车强制报废标准规定》。

（4）《机动车登记规定》。

（5）《报废汽车回收管理办法》。

（6）《汽车产业发展政策》。

（7）《二手车流通管理办法》。

（8）《机动车运行安全技术条件》。

（9）其他方面政策法规。

3. 产权依据

产权依据是指表明机动车权属证明的文件，主要包括《机动车来历凭证》《机动车登记证书》《机动车行驶证》《出租车营运证》《道路营运证》等。

4. 取价依据

取价依据是指实施二手车鉴定评估的机构或人员，在评估工作中直接或间接取得或使用对二手车鉴定评估有借鉴或佐证作用的资料。其主要包括价格资料和技术资料。

1）价格资料

价格资料包括最新整车销售价格、易损零部件价格、车辆精品装备价格、维修工时定额和维修价格资料以及国家税费征收标准、车辆价格指数变化、各品牌车型残值率等资料。

2）技术资料

技术资料包括车辆的技术参数，新产品、新技术、新结构的变化，车辆维修工艺及国家有关技术标准等资料。

5. 国家禁止交易的车辆

《二手车流通管理办法》第二十三条明确规定下列车辆禁止经销、买卖、拍卖：

（1）已报废或者达到国家强制报废标准的车辆。

（2）在抵押期间或者未经海关批准交易的海关监管车辆。

（3）被人民法院、人民检察院、行政执法部门依法查封、扣押的车辆。

（4）通过盗窃、抢劫、诈骗等违法犯罪手段获得的车辆。

（5）发动机号码、车辆识别代号或车架号码与登记号码不相符，或者有凿改迹象的车辆。

(6) 走私、非法拼（组）装的车辆。

(7) 不具有《二手车流通管理办法》第二十二条所列证明、凭证的车辆。

(8) 在本行政辖区以外的公安机关交通管理部门注册登记的车辆。

(9) 国家法律、行政法规禁止经营的车辆。

9.3.2 二手车鉴定评估的原则

二手车鉴定评估的基本原则是对二手车鉴定评估行为的规范。正确理解和把握二手车鉴定评估的原则，对于鉴定评估机构和人员选择科学合理的二手车鉴定评估方法、提高评估效率和质量具有十分重要的意义。

1. 合法性原则

二手车鉴定评估行为必须符合国家法律、法规的规定，必须遵循国家对机动车户籍管理、报废标准、税费征收的政策要求，这是开展二手车鉴定评估的前提。

2. 独立性原则

独立性原则一是要求二手车鉴定评估机构及其评估人员应该依据国家的法规和规章制度及可靠的资料数据，对被评估的二手车价格独立地做出评估结论，且不受外界干扰和委托者的意图影响，保持独立公正；二是评估行为对于委托当事人应具有非利害和非利益关系。评估机构必须是独立的评估中介机构，评估人员必须与评估对象的利益涉及者没有任何利益关系。绝不能既从事交易服务经营，又从事交易评估。

3. 客观性原则

客观性原则要求鉴定或评估结果应以充分的事实为依据，在鉴定评估过程中的预测推理和逻辑判断只能建立在市场和现实的基础资料以及现实的技术状态上。

4. 科学性原则

科学性原则是指二手车鉴定评估机构和评估人员就运用科学的方法、程序、技术标准和工作方案开展活动。鉴定评估机构和人员根据评估的特定目的，选择适用的方法和标准，遵循规定的程序实施操作。

5. 公平性原则

公平、公正、公开是二手车鉴定评估机构和评估人员应遵守的一项最基本的道德规范。其要求鉴定评估人员的思想作风态度应当公正无私，评估结果应当公道、合理，绝不能偏向任何一方。

6. 规范性原则

规范性原则是要求鉴定评估机构建立完整、完善的管理制度和严谨的鉴定作业流程。在管理上鉴定评估机构要建立回避制度、审复制度、监督制度，其作业流程制度要科学、严谨。

7. 专业化原则

专业化原则要求二手车鉴定评估工作尽量由专业的鉴定评估机构来承担，另外二手车评估行业内部要存在专业技术竞争,以便为委托方提供广阔的选择余地。鉴定评估人员应接受国家专门的职业培训,职业技能鉴定合格后由国家统一颁发执业证书,持证上岗。

8. 评估时点原则

评估时点又称评估基准日、评估期日、评估时日,是一个具体日期,通常用年、月、日表示,评估价格是在该日期的价格。二手车市场是不断变化的,二手车价格具有很强的时间性,是某一时点的价格。在不同时点,同一辆二手车往往有不同的价格。

9.3.3　二手车手续检查及技术鉴定

1. 二手车手续检查

(1) 二手车手续检查所需材料有行驶证、登记证、购置税证、保险单据、原始发票/二手车交易发票。应防止手续不全导致不能过户。

(2) 检查车辆车架号(也称 VIN 码)、发动机号和行驶证/登记证上显示的是否相符。

2. 二手车技术鉴定

二手车技术鉴定是指按照特定的目的,遵循法定或公允的标准和程序,运用科学的方法,对经济和社会活动中涉及的二手车进行的技术状况鉴定,并根据鉴定结果对二手车在鉴定评估基准日的价值进行评定估算的过程。

1) 外观检查

检查车辆装备是否齐全完好,仪器仪表是否完好有效;检查车窗玻璃升降是否顺畅;观察车辆是否周正;观察玻璃周围密封胶是否均匀;检查发动机引擎盖、后备厢盖、各车门、大灯与周围钣金件间的缝隙是否均匀平整,如果缝隙不均匀或者不平滑,说明车身进行过修理整形,如图 9-4 所示。

图 9-4　观察密封情况

仔细察看车漆是否有色差，有无刮痕，车门、头、尾与车身之间的接缝是否平滑。通过车身反射光的明暗对比来判断是否做漆，一般做漆的地方反射光很暗。观察有无砂纸打磨的痕迹，刮完泥子用砂纸打磨后，都会留有痕迹。

检查发动机、变速器、转向器等总成有无漏油、漏水现象。

举升车辆，观察各个总成有无位移，各个总成之间的相互位置有无变化；观察车辆底板有无焊接现象，如有则说明车辆发生过比较严重的交通事故。

2）行驶检查

鉴定评估机构通过对以上各部位的检查，会对汽车的使用、维护情况有一个初步评价，然后应进行行驶检查。

行驶检查主要包括检查发动机起动、车辆起步是否正常；检查车辆的制动性能、转向性能和操纵性能；检查车辆舒适性、平顺性和操纵稳定性；检查车辆有无噪声、抖振和跑偏现象。

3）仪器设备检查

仪器设备检查是按照国家有关标准对车辆进行上线检测，并对车辆进行定量检测。

通过以上的检查和性能检测，可以对车辆的技术状况做出公正合理的评价，并以此作为评定车辆价格的主要依据。

9.3.4 二手车价格评估

二手车价格评估主要有现行市价法、收益现值法、清算价格法和重置成本法四种方法。

1. 现行市价法

现行市价法又称市场法、市场价格比较法和销售对比法，是指通过比较被评估车辆与最近售出类似车辆的异同，并针对这些异同进行必要的价格调整，从而确定被评估车辆价值的一种评估方法。这种方法的基本思路是：通过市场调查选择与评估车辆相同或类似的车辆作为参照物，分析参照物的结构、配置、性能、新旧程度、交易条件及成交价格，并与待评估车辆比较、对照，按照两者的差别及现实市场行情对评估价格进行适当调整，计算出二手车辆的评估价格。现行市价法是最直接、最简单的一种评估方法，也是二手车价格评估最常用的方法之一。

1）现行市价法评估的步骤

（1）收集资料。收集评估对象的有关资料，包括车辆的型号、装备性能、生产厂家、购买日期、行驶里程，了解车辆技术状况以及尚可使用的年限。

（2）选定类比的参照对象。所选定的类比车辆必须具有可比性，可比性因素包括车辆型号和制造厂商、车辆来源、车辆使用年限、行驶里程数、车辆实际技术状况、市场状况、交易动机和目的、成交数量、成交时间等。

（3）按以上可比性因素选择参照对象，通常选择与被评估对象相同或相似的3个以上的交易案例。在某些情况下找不到多台可类比的对象时，应按上述可比性因素，仔细分析选定的类比对象是否具有一定的代表性，只有认定其成交价的合理性，才能将其作为参照物。

（4）综合上述可比性因素，对待评估的车辆与选定的类比对象进行认真的分析类比，最后分析调整差异，做出评估结论。

2）现行市价法的计算方法

运用现行市价法确定单台车辆价值通常采用直接法和类比法。

（1）直接法是指在市场上能找到与被评估车辆完全相同的车辆的现行市价，并依其价格直接作为被评估车辆评估价格的一种方法。所谓完全相同，是指车辆型号、使用条件和大体技术状况相同，生产和交易时间相近，寻找这样的参照物一般来讲是比较困难的。通常如果参照车辆与被评估车辆类别相同、主参数相同、结构性能相同，只是生产序号不同并只做局部改动，交易时间相近，就可作为直接评估过程中的参照物。

（2）类比法是指评估车辆时，在公开市场上找不到与之完全相同但能找到与之相类似的车辆时，以此为参照物，并根据车辆技术状况和交易条件的差异对价格做出相应调整，进而确定被评估车辆价格的评估方法。其基本计算公式为：

∑评估对象比交易参考物优异的价格差 − ∑交易参照物比评估对象优异的价格差额或评估价格 = 参照物价格 × （1 ± 调整系数）

2. 收益现值法

收益现值法是将被评估的车辆在剩余寿命期内的预期收益用适当的折现率折现为评估基准日的现值，并以此确定评估价格的一种方法，其适用于营运车辆的价格评估。

1）收益现值法的基本原理

收益现值法主要是考虑这辆车能创造多大的收益，它以车辆投入使用后连续获得的利益为基础。如果某车辆的预期收益小，车辆的价格就不可能高，反之车辆的价格肯定就高。

2）收益现值法的应用前提

被评估的旧机动车必须是经营性车辆，且具有继续经营和获利的能力，继续经营的收益必须能够用货币金额来表示。非营利的旧机动车不能用收益法评估。

3）收益现值法评估值的计算

收益现值法的评估值的计算，实际上就是对被评估车辆未来预期收益进行折现的过程。被评估车辆的评估值等于剩余寿命期内各期的收益现值之和。其基本计算公式为：

$$p = \sum_{i=1}^{A_t} \frac{A_1}{(1+i)^1} + \frac{A_2}{(1+i)^2} + \cdots + \frac{A_n}{(1+i)^n}$$

式中：P —评价值；

A_t —未来第 t 个收益期的预期收益额，收益期有限时（机动车的收益期是有限的）；

n —收益年期（剩余经济寿命的年限）；

i —折现率；

t——收益期，一般按年计。

当 $A_1 = A_2 = \cdots A_n = A$，即 t 在 $1-n$ 的未来收益相同而且都为 A 时，则有：

$$p = \left[\frac{1}{(1+i)^1} + \frac{1}{(1+i)^2} + \cdots \frac{1}{(1+i)^n} \right] = A \times \frac{(1+i)^n - 1}{i \times (1+i)^n}$$

其中：$\frac{(1+i)^{n-1}}{i \times (1+i)^n}$ 称为年金现值系数。

4）收益现值法中各评估参数的确定

（1）剩余经济寿命期的确定。剩余经济寿命期指从评估基准日到车辆到达报废年限所剩余的使用寿命。各类车辆剩余经济寿命期的确定，参考《机动车强制报废标准规定》。

（2）预期收益额的确定。收益现值法在运用中，收益额的确定是关键。收益额是指被评估对象在使用过程中产生的超出其自身价值的溢余额。收益额的确定应把握两点：一是收益额是指车辆使用带来的未来收益期望值，是通过预测分析获得的。对其收益的判断，不仅仅是看现在的收益能力，更重要的是预测未来的收益能力。二是关于收益额的构成，目前有几种观点，如有观点认为应取企业所得税后利润；另有观点认为应取企业所得税后利润与提取折旧额之和扣除投资额；还有人认为应取利润总额。至于选择哪一种作为收益额，应针对旧机动车的评估特点与评估目的具体分析，为估算方便，推荐选择第一种观点，目的是准确反映预期收益额。

（3）折现率的确定。折现作为一个时间优先的概念，一般认为将来的收益或利益低于现在的同样收益或利益，并且随着收益时间向将来推迟的程度而有系统地降低价值，即投资具有机会成本。折现率的确定是运用收益现值法评估车辆时比较棘手的问题。折现率必须谨慎确定，折现率的小变动会给评估值带来很大的差异。一般来说，折现率应包含无风险利率、风险报酬率和通货膨胀率。无风险利率是指资产在一般无风险经营条件下的获利水平。风险报酬率则指承担投资风险的投资所获得的超过无风险报酬率以上部分的投资回报率，其一般随投资风险递增而加大。风险收益能够计算，而为承担风险所付出的代价为多少却不容易确定，因此风险收益率很难计算出来，通常只要求选择的收益率中包含这一因素即可。

案例：

某公司要出售一辆起亚赛拉图出租车，经调查得知：车辆登记日期是 2016 年 4 月，已行驶公里数为 1.83 亿 m，目前车况良好，能正常运行。如用于出租使用，全年可出勤 320 天，平均毛收入为每天 450 元。评估基准日是 2018 年 2 月。请利用收益现值法求其评估值。

分析：从车辆登记之日起至评估基准日止，车辆投入运行已近 2 年，根据国家有关规定和车辆状况，车辆剩余经济寿命为 6 年。预期收益额的确定思路是：将一年的毛收入减去车辆使用的各种税和费用，包括驾驶人员的劳务费，然后计算其税后纯利润。根据目前的银行储蓄年利率、国家债券、行业收益等情况，确定资金预期收益率为 15%，风险报酬率为 5%，其具体计算如下：

预计年收入：450×320=14.4（万元）

预计年支出：每天耗油量折合金额为75元，年耗油量折合金额为75×320=2.4（万元）

年日常维修费：1.2（万元）

年平均大修费用：0.8（万元）

牌照、保险等各种规费、杂费合计：3.0（万元）

人员劳务费：1.5（万元）

出租车标付费：0.6（万元）

故年毛收入为：14.4-2.4-1.2-0.8-3.0-1.5-0.6=4.9（万元）

2018年个人所得税条例规定年收入在3万~5万元，应缴纳所得税率为30%。故年纯收入为4.9×(1-30%)=3.43（万元）。

已知该车剩余使用寿命为6年，预计资金收益率为15%，再加上风险率5%，故折现率为20%。假设每年的纯收入相同，即预期收益额 A 为3.43万元，则由收益现值法公式求得评估值为：

$$p = A \times \frac{(1+i)^n - 1}{i \times (1+i)^n} = 3.34 \times \frac{(1+0.2)^6 - 1}{0.2 \times (1+0.2)^6} = 11.32 \text{（万元）}$$

3. 清算价格法

清算价格法是以清算价格为标准，对旧机动车辆进行的价格评估。所谓清算价格，是指企业由于破产或其他原因，要求在一定的期限内将车辆变现，在企业清算之日预期出售车辆可收回的快速变现价格，具体而言，主要根据二手车技术状况，运用现行市价法估算其正常价值，再根据处置情况和变现要求，乘以折扣率，最后确定评估价格。

1）清算价格法的适用范围

清算价格法适用于企业破产、抵押、停业清理时要售出的车辆。企业破产是指当企业或个人因经营不善造成严重亏损、资不抵债时，企业应依法宣告破产，法院以其全部财产依法清偿所欠的债务，不足部分不再清偿。抵押是指企业或个人为了融资，以自己特定的财产为担保向对方保证履行合同义务的担保形式。提供财产的一方为抵押人，接受抵押财产的一方为抵押权人。当抵押人不履行合同时，抵押权人有权利将抵押财产在法律允许的范围内变卖，并从变卖抵押物价款中优先获得赔偿。

2）决定清算价格的主要因素

在旧机动车评估中，决定清算价格的因素有以下几项：破产形式、债权人处置车辆的方式、清理费用、拍卖时限、公平市价、参照物价格等。

3）清算价格的评估方法

旧机动车清算价格的评估方法主要有以下几种：

（1）现行市价折扣法。这种方法是指对清理车辆，首先应用现行市价法确定评估车辆的评估价格，其次根据快速变现原则估定折扣率，最后据此确定其清算价格。

例如，一辆旧帕萨特轿车，经调查在旧机动车市场上成交价为4万元，根据销售情况调查，折价20%可以当即出售，则该车辆清算价格为 4 × (1 − 20%) = 3.2（万元）。

（2）模拟拍卖法（也称意向询价法）。这种方法是根据向被评估车辆的潜在购买者询价的办法取得市场信息，最后经评估人员分析确定其清算价格。

（3）竞价法。这种方法是由法院按照法定程序（破产清算）或由卖方根据评估结果提出一个拍卖的底价，在公开市场上由买方竞争出价，出价高者得之。

4. 重置成本法

1）重置成本法的内涵和理论依据

重置成本法是指以评估基准日的当前条件下重新购置一辆全新状态的被评估车辆所需的全部成本（也称完全重置成本，简称重置全价），减去该被评估车辆的各种陈旧性贬值后的差额作为被评估车辆评估价格的一种评估方法。其基本计算公式可表述为：

被评估车辆的评估值 = 重置成本 − 实体性贬值 − 功能性贬值 − 经济性贬值

或：

被评估车辆的评估值 = 重置成本 × 成新率

从公式可看出，被评估车辆的各种陈旧贬值包括实体性贬值、功能性贬值和经济性贬值。

实体性贬值又名有形损耗，是指机动车在存放和使用的过程中，因机件磨损和损耗等原因导致车辆实体发生的价值损耗。

功能性贬值是指由于科学技术和生产力的发展导致的车辆贬值，即无形损耗。这类贬值可能是由于技术进步引起劳动生产率的提高、生产成本降低而造成重新购置一辆全新状态的被评估车辆所需的成本降低所引起的车辆贬值。对于营运车辆，也可能由于技术进步，出现了新的、性能更优的车辆，致使原有车辆的功能、生产率、收益能力相对新车型已经落后而引起其贬值。具体表现为原有车辆在完成相同工作任务的前提下，在燃料、人力、配件材料等方面的消耗增加，造成了一部分超额运营成本。

经济性贬值是指由于宏观经济政策、市场需求、通货膨胀、环境保护等外部环境因素的变化造成的车辆贬值。这些外界因素对车辆价值的影响不仅是客观存在的，而且对车辆价值的影响相当大，在旧机动车的评估中不可忽视。

按重新购置车辆所用的材料、技术的不同，可把重置成本区分为复原重置成本（以下简称"复原成本"）和更新重置成本（以下简称"更新成本"）。复原成本指用与被评估车辆相同的材料、制造标准、设计，在同样的技术条件下，以现时价格复原购置相同的车辆所需的全部成本。更新重置成本则是指利用新型材料、新技术标准、新设计等，以现时价格购置相同或相似功能的车辆所需支付的全部成本。一般情况下，在进行重置成本计算时，如果同时可以取复原成本和更新成本，应选用更新成本；若不存在更新成本，则再考虑用复原成本。

2）重置成本法旧车价格的确定

通过对重置成本、实体性贬值、功能性贬值、经济性贬值和成新率进行分析，鉴定评估机构能够运用重置成本法来确定旧机动车的评估价格。

5. 旧机动车鉴定评估报告书

旧机动车鉴定评估报告书（以下简称"报告书"）是旧机动车交易市场完成某一鉴定评估工作后，向委托方提供说明鉴定评估的依据、范围、目的、基准时间、评估方法和评估结论等基本情况的公正性的工作报告，是旧机动车交易市场履行评估委托协议的总结。报告书不仅反映出旧机动车交易市场对被评估车辆作价的意见，而且也确认了旧机动车交易市场对所鉴定评估的结果应负的法律责任。

1）撰写鉴定评估报告的基本要求

国家国有资产管理局以国有资产监督管理办公室发布的《关于资产评估报告书的规范意见》为依据，对资产评估报告书的撰写提出了比较规范的要求，结合旧机动车鉴定评估的实际情况，主要要求如下：

（1）鉴定评估报告必须依照客观、公正、实事求是的原则由旧机动车交易市场独立撰写，如实反映鉴定评估的工作情况。

（2）鉴定评估报告应有委托单位（或个人）的名称、旧机动车交易市场的名称和印章，以及旧机动车交易市场法人代表或其委托人和旧机动车鉴定评估师的签字、提供报告的日期。

（3）鉴定评估报告要写明评估基准日，并且不得随意更改。所有在评估中采用的税率、费率、利率和其他价格标准，均应采用基准日的标准。

（4）鉴定评估报告中应写明评估的目的、范围、旧机动车的状态和产权归属。

（5）鉴定评估报告应说明评估工作遵循的原则和依据的法律法规，简述鉴定评估过程，写明评估的方法。

（6）鉴定评估报告应有明确的鉴定估算价值的结果，鉴定结果应有旧机动车的成新率。评估结果应有旧机动车原值、重置价值、评估值等。

（7）鉴定评估报告还应有齐全的附件。

2）鉴定评估的目的

鉴定评估报告对鉴定评估目的的相关内容应有一定叙述。

旧机动车鉴定评估报告书范文：

旧机动车鉴定评估报告书（示范文本）

××××鉴定评估机构评报字（2020年）第××号

一、绪言

××（鉴定评估机构）接受××的委托，根据国家有关资产评估的规定，本着客观、独立、公正、科学的原则，按照公认的资产评估方法，对××（车辆）进行了鉴定评估。本机构鉴定人员按照必要的程序，对委托鉴定评估车辆进行了实地查勘与市场调查，并对其在××××年××月××日所表现的市场价值做了公允反映。现将车辆评估情况及鉴定评估结果报告如下：

二、委托方与车辆所有方简介

（一）委托方××，委托方联系人××，联系电话：××。

（二）根据机动车行驶证所示，委托车辆车主××。

三、评估目的

根据委托方的要求，本项目评估目的：

□ 交易　□ 转籍　□ 拍卖　□ 置换　□ 抵押　□ 担保　□ 咨询　□ 司法裁决

四、评估对象

评估车辆的厂牌型号（　）；号牌号码（　）；发动机号（　）；车辆识别代号/车辆号（　）；登记日期（　）；年审检验合格至　年　月　日；公路规费交至　年　月；购置附加税（费）证（　）；车船使用税（　）。

五、鉴定评估基准日

鉴定评估基准日××××年××月××日。

六、评估原则

严格遵循"客观性、独立性、公正性、科学性"原则。

七、评估依据

（一）行为依据。

旧机动车评估委托书第××号。

（二）产权依据。

委托鉴定评估车辆的机动车登记证书编号。

（三）评定及取价依据。

(1) 技术标准资料。

(2) 技术参数资料。

(3) 技术鉴定资料。

(4) 其他资料。

（四）评定及取价依据。

(1) 技术标准资料。

(2) 技术参数资料。

(3) 技术鉴定资料。

(4) 其他资料。

八、评估方法

□重置成本法　□现行市价法　□收益现值法　□其他①

九、评估过程

按照接受委托、验证、现场查勘、评定估算、提交报告的程序进行。

---

① 指利用两种或两种以上的评估方法对车辆进行鉴定评估，并以它们评估结果的加权值为最终评估结果的方法。

十、评估结论

车辆评估价格××元，金额大写：××。

十一、特别事项说明①

十二、评估报告法律效力

（一）本项评估结论有效期为 90 天，自评估基准日至××××年××月××日止。

（二）当评估目的在有效期内实现时，本评估结果可以作为作价参考依据。超过 90 天，需重新评估。另外，在评估有效期内若被评估车辆的市场价格有变动或因交通事故等原因导致车辆的价值发生变化，对车辆评估结果产生明显影响时，委托方也需委托评估机构重新评估。

（三）鉴定评估报告书的使用权归委托方所有，其评估结论供委托方为本项目评估使用和送交旧机动车鉴定评估主管机关审查使用，不适用于其他目的；因使用本报告书不当而产生的任何后果与签署本报告书的鉴定估价师无关；未经委托方许可，本鉴定评估机构承诺不将本报告书的内容向他人提供或公开。

附件：

一、旧机动车鉴定评估委托书

二、旧机动车鉴定评估作业表

三、车辆行驶证、购置附加税（费）证复印件

四、鉴定估价师职业资格证书复印件

五、鉴定评估机构营业执照复印件

六、旧机动车照片（要求外观清晰，车辆牌照能够辨认）

注册旧机动车鉴定估价师（签字、盖章）　　　复核人　　　　　（签字、盖章）

（旧机动车鉴定评估机构盖章）

××××年××月××日

注：本报告书和作业表一式三份，委托方两份，受托方一份。

---

① 特别事项是指在已确定评估结果的前提下，评估人员需要说明在评估过程中已发现的可能影响评估结论，但非评估人员执业水平和能力所能评定估算的有关事项以及其他问题。

第 10 章 汽车回收再生服务

报废汽车的很多零件还能满足技术条件要求，直接可以装车使用；很多零件经过简单的修复就能使用；其他零件基本都是可再生资源，所以报废汽车具有极高的利用价值，废旧汽车循环再利用具有很大的市场空间。

10.1 汽车回收再生概述

报废汽车中含有大量可回收的金属和非金属材料，相比其他可再生原材料（废家电、废电脑），报废汽车具有存量大、资源价值高、零部件可再制造应用等特点。报废汽车的材料构成中，废钢铁占 69%，废塑料占 6%，废有色金属占 5%，废橡胶占 5%，废玻璃占 4%，其他各种材料占比约为 11%。综合考虑轿车、卡车和客车等不同车型，假设报废车平均重量 1.5t，理论上 1 000 万辆报废汽车可以回收废钢 1 035 万 t、废有色金属 75 万 t、废塑料 90 万 t、废橡胶 75 万 t、废玻璃 60 万 t。

10.1.1 国外汽车回收与再生的产生与发展

1. 日本报废汽车回收利用的发展

早在 20 世纪 80—90 年代，日本就形成了一个循环经济的生产模式，即大范围进行废旧车辆的回收再处理。2004 年，日本实施《报废汽车再生与利用法》，其中明确规定了相关各方必须承担的责任：汽车制造商回收和再生资源化粉碎机处理后的残渣；汽车销售商、汽车维修企业回收、交付报废车辆；汽车所有者需交付最终处理费用，并在使用后将报废车辆交付给回收企业。

日本的汽车拆解公司大约有 5 000 家，其中 80% 是每月拆解台数在 50 台以下的小型企业群体；破碎公司有 140 家，每家粉碎机的数量约 180 台，其正在朝集约化、大型化发展。

日本报废汽车处理多以循环利用的方式，再次回到生产环节中，资源回收再利用率约为 80%。报废汽车中作为二手零部件的再利用率为 20%~30%，作为原料的资源再利用率为50%~55%，破碎残渣填埋率为10%~15%。

2. 美国再生资源回收发展情况

美国再生资源回收行业规模巨大，年再生资源回收产值达2 400亿美元，已成为美国产值最大、解决就业最多的行业。

1）法律法规比较健全

美国联邦政府高度重视再生资源回收方面的立法工作，早在1965年就制定了《固体废弃物处置法》，明确规定了处置各种固体废弃物的相关要求。1976年，该法更名为《资源保护及回收法》，其后经历四次修订，最终确立了减量化、再利用、再循环的3R（Reduce, Reuse, Recycle）原则，实现了废弃物管理由单纯的清理工作向分类回收、减量及资源再利用的综合性管理的转变。

2）回收体系完整

在美国，废钢、报废汽车、废有色金属等再生资源品种回收主要依靠市场机制调节，政府则主要以环境保护标准为手段进行管理。对报废汽车而言，环境保护部门按照有关环保标准对申请企业进行审核，达到标准的企业即可获得经营牌照。同时，环保部门定期对企业进行监管检查，确保企业按照标准开展生产经营活动。

3）政府积极作为，促进特殊品种回收

对于电子废弃物、废旧轮胎等特殊品种废旧商品，由于其规范化处理成本较高，处理不当会导致环境污染严重，因此，美国联邦政府出台了一系列专门的法律法规和政策措施来规范这类废旧商品的回收处理。企业可以自愿向相关机构申请对其废弃物回收处理行为进行认证，通过认证的企业可以借此提高品牌影响。

4）对相关企业实施税收优惠，并鼓励使用再生产品

美国亚利桑那州的再生资源加工利用企业，除了可获得政府的低息商业贷款外，州级企业所得税、设备销售税及财产税也可相应减少；该州政府规定对购买使用再生资源及污染控制型设备的企业，可减征销售税10%。这些举措有效带动了美国社会再生产品的加工和使用，促进了再生资源回收利用产业的良性发展。

目前，美国报废汽车拆解处理企业超过1.2万家，专业粉碎企业超过200家，年内可回收废钢铁1 500万t、废铝85万t，轮胎38.6万t，以及超过4.6万t的可再制造零部件。美国报废汽车拆解处理行业整体规模已超过700亿美元，占美国循环经济整体产值的1/3以上。

10.1.2 我国汽车回收与再生行业现状

近年来，我国汽车保有量快速增长，但目前报废汽车的回收率远低于世界水平，绝大部分报废汽车流入黑市回收，非法报废汽车现象突出。目前，我国大批使用年限到期的汽车需要报废回收，2019年新规的实施使得规范的报废汽车回收渠道有所拓展，报废汽车回收行业市场的潜力将得到激发。

1. 中国汽车保有量逐年上升

中国汽车协会公布的数据显示，近年来，随着我国汽车产业的迅速发展，汽车保有量不断上升，报废拆解的汽车数量也相应提升。当前报废汽车回收拆解产业在国内具有广阔的发展空间。

根据公安部发布的数据显示，截至2020年6月，全国机动车保有量达3.6亿辆，其中汽车2.7亿辆，较2019年年末有所增长。图10-1为2015年—2020年6月中国汽车保有量。

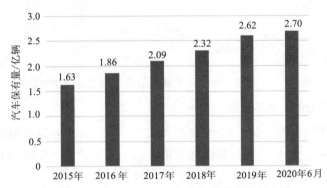

图10-1 2015年—2020年6月中国汽车保有量

2. 中国报废汽车回收量大

据商务部市场体系建设司公布的数据显示，2019年我国机动车回收数量为229.5万辆，同比增长15.3%，其中汽车195.1万辆，同比增长16.8%。图10-2为中国2016—2020年机动车报废情况。

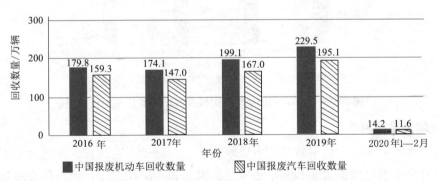

图10-2 中国2016—2020年机动车报废情况

商务部《中国再生资源回收行业发展报告（2019）》公布的数据显示，2018年我国报废机动车质量为453.6万t，2019年我国报废机动车数量为229.5万辆，以每辆报废机动车平均质量为2.4t计算，2019年我国报废机动车质量约为550万t。2020年1—2月我国报废机动车质量约为34万t，报废汽车质量约为29万t。

3. 回收拆解企业数量猛增

近两年，我国报废汽车回收拆解存续企业数量猛增。据企查猫数据显示，2019年，我国报废汽车回收拆解存续企业数量共有 22 203 家，较 2018 年有大幅增长，2014—2019 年我国报废汽车回收存续企业数量如图 10-3 所示。

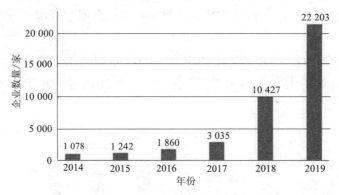

图 10-3 2014—2019 年我国报废汽车回收存续企业数量

4. 报废汽车回收价值逐年上涨

商务部《中国再生资源回收行业发展报告（2019）》公布的数据显示，2018 年我国报废机动车回收价值达 119.5 亿元，平均每辆报废机动车回收价值约为 6 000 元。2019 年我国平均每辆报废机动车回收价值约为 6 400 元。图 10-4 为 2016—2019 年我国报废汽车回收价值变化情况。

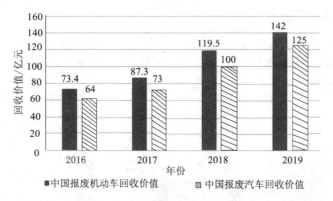

图 10-4 2016—2019 年我国报废汽车回收价值变化情况

5. 补贴力度不够

补贴力度不够是回收数量较少的主要原因之一，对于车主而言，尽管近年来国家对报废汽车的补贴范围已经由货车和客车延伸至私家车和专项作业车，但补贴力度仍与非正规回收价格存在一定差距，一线城市中一辆汽车在非法二手车市场的回收价高达 3 万~4 万元，而报废补贴远远低于这一数值。补贴力度不够是导致正规渠道回收报废汽车数量较少的主要原因。表 10-1 为我国 2019 年车辆报废补贴标准。

表 10-1 我国 2019 年车辆报废补贴标准　　　　单位：元

报废车辆	补贴标准/每辆
重型载货车	18 000
中型载货车	13 000
轻型载货车	9 000
微型载货车	6 000
大型载客车	18 000
中型载客车	11 000
小型载客车（不含轿车）	7 000
微型载客车（不含轿车）	5 000
1.35L 及以上排量轿车	18 000
1（不含）~1.35L（不含）排量轿车	10 000
1L 及以下排量轿车、专项作业车	6 000

6. 我国报废汽车回收率低于世界水平

我国报废汽车回收率低于世界水平，提升空间巨大。

2019 年我国报废汽车回收率仅为 0.75%（图 10-5）。绝大多数报废汽车流入黑市回收，经过非法改造后直接在三、四线城市销售，或是地下拆解后"五大总成"等零部件直接翻新销售，造成了严重的环境污染和交通安全隐患。

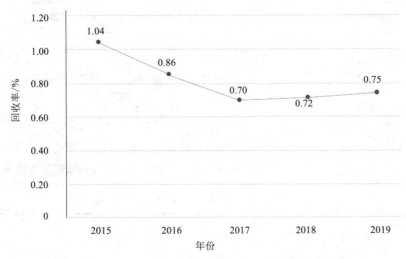

图 10-5　2015—2020 年我国报废汽车回收率变化情况

与其他国家和地区相比,我国报废汽车回收率一直处于较低水平,如图10-6所示。

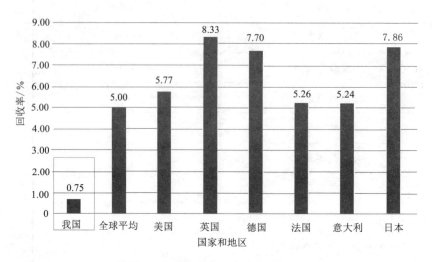

图10-6 我国与部分国家报废汽车回收率对比

7. 新《报废汽车回收管理办法》出台激发市场活力

多年来,我国对报废汽车回收实行特种行业管理,对报废汽车回收企业实行资格认定制度,一个区域的回收、拆解环节大多由当地拥有资质牌照的公司统一负责。根据2019年国务院发布的最新《报废汽车回收管理办法》设立的准入门槛来看,回收拆解企业准入条件较容易达到,表10-2为我国汽车报废回收企业条件。

表10-2 我国汽车报废回收企业条件

项目	成立条件
注册资本	≥20(万元)
场地面积	≥5000（m²）
年作业量	每年回收拆解数量≥500(辆)
人员	正式从业人员≥20(人),专业技术人员≥5(人)
实施	必要的基础容纳场地、拆解设备和消防设施
主体	符合税法的一般纳税人
法律依据	符合国家环保标准,符合国家经贸委关于报废汽车回收行业的统一规划要求,没有违法拼装车等非法拆解相关记录

10.2 机动车强制报废制度、回收制度及报废市场

10.2.1 机动车强制报废制度

1. 汽车使用寿命和周期

汽车使用寿命是指汽车从投入使用到不宜再继续使用的总运行年限或总行驶里程,又称汽车使用期限。汽车使用寿命通常分为汽车技术使用期限、汽车经济使用期限和汽车合理使用期限。

1) 汽车技术使用期限

汽车技术使用期限是指汽车自投入使用到由于零件磨损和老化而丧失工作能力,即使加以修理也无法继续使用所行驶的年限或里程。汽车技术使用期限受汽车制造质量、运行条件和保修方式等因素影响,须在实际使用中通过试验测定其有关参数后确定。

2) 汽车经济使用期限

汽车经济使用期限是指汽车自开始使用到使用期内变化着的运行的总费用为最小值时所行驶的年限或里程。汽车在使用过程中,随着运行时间或行驶里程的增长,其每千公里的单位费用是变化的。一般情况下,汽车运行总费用中的管理费和轮胎费等可视为与使用时间变化无关;燃料费、维修费随着使用时间的增长而累进增加;每年应分摊的汽车购置费随着使用时间的增长而减少。从这些费用随里程的变化中可以发现,当汽车使用里程达到某一值时,汽车运行总费用为最小。超过这一限值继续使用,运行总费用将逐步增加。因此,在确定汽车经济使用期限时必须有切合实际的计算模式,同时还要有汽车使用过程中的详尽统计数据,以便得出正确的结果。

3) 汽车合理使用期限

汽车合理使用期限是以汽车经济使用期限为基础,并根据本国的汽车运输政策、汽车工业技术的发展和燃料的供应情况等因素,综合确定的使用期限。若技术性能先进的新型汽车出现,尽管旧型汽车未达到技术和经济的使用期限,但为了获得较高的运输效率和经济效益,也可以对其进行更新。

2. 我国机动车强制报废标准规定

1) 汽车的报废年限

2017年商务部等四部门发布的《机动车强制报废标准规定》,规定了各大类型机动车的强制报废年限:

(1) 非营运的小、微型汽车没有明确的报废年限。但车辆的里程数达到600 000 km后,应引导报废。当车龄达到15年后,年检由一年一检变成半年一检,检验不通过的车辆强制报废。

(2) 微型出租客运汽车的报废年限为 8 年。

(3) 中型出租客运汽车的报废年限为 10 年。

(4) 大型出租客运汽车的报废年限为 12 年。

(5) 旅游、公路客运汽车的报废年限为 15 年。

(6) 微型载货汽车的报废年限为 12 年。

(7) 重、中、轻型载货汽车的报废年限为 15 年。

已经达到强制报废年限的机动车，若在参加年审时还能通过，车主可申请延长报废时限，使车辆继续发挥余热，物尽其用。

2) 报废汽车补贴政策

不同类型的机动车，申请报废的补贴金额也不同。以下 3 种情况，车主不仅得不到补贴，甚至还会"倒贴"。

(1) 在购买新车时，已经享受了政策补贴的机动车。

(2) 在 2016 年 8 月 1 日前注销登记的机动车。

(3) 在 2017 年的《机动车强制报废标准规定》实施前已经达到强制报废标准，但逾期到 2017 年才申请报废的机动车。

10.2.2 报废机动车回收管理办法

2019 年 6 月 1 日起施行的《报废机动车回收管理办法》（以下简称《办法》）对报废机动车的回收进行了详细明确的规定，在此对《办法》的主要内容做简单的介绍。

(1) 报废机动车，是指根据《中华人民共和国道路交通安全法》的规定应当报废的机动车。或不属于《中华人民共和国道路交通安全法》规定的应当报废的机动车，机动车所有人自愿做报废处理的。

(2) 国务院负责报废机动车回收管理的部门主管全国报废机动车回收（含拆解）监督管理工作，公安、生态环境、工业和信息化、交通运输、市场监督管理等部门在各自的职责范围内负责与报废机动车回收有关的监督管理工作。

县级以上地方人民政府负责报废机动车回收管理的部门对本行政区域内报废机动车回收活动实施监督管理。县级以上地方人民政府、公安、生态环境、工业和信息化、交通运输、市场监督管理等部门在各自的职责范围内对本行政区域内报废机动车回收活动实施有关的监督管理。

(3) 国家对报废机动车回收企业实行资质认定制度。未经资质认定，任何单位或个人不得从事报废机动车回收活动。国家鼓励机动车生产企业从事报废机动车回收活动。

(4) 取得报废机动车回收资质认定，应当具备以下条件：

①具有企业法人资格。

②具有符合环境保护等有关法律法规和强制性标准要求的存储、拆解场地，拆解设备、设施以及拆解操作规范。

③具有与报废机动车拆解活动相适应的专业技术人员。

（5）拟从事报废机动车回收活动的，应当向省、自治区、直辖市人民政府负责报废机动车回收管理的部门提出申请。省、自治区、直辖市人民政府负责报废机动车回收管理的部门应当依法进行审查，对符合条件的，颁发资质认定书；对不符合条件的，不予资质认定并书面说明理由。

省、自治区、直辖市人民政府负责报废机动车回收管理的部门，应当将本行政区域内取得资质认定的报废机动车回收企业名单及时向社会公布。

（6）任何单位或个人不得要求机动车所有人将报废机动车交售给指定的报废机动车回收企业。

（7）报废机动车回收企业对回收的报废机动车，应当向机动车所有人出具《报废机动车回收证明》，收回机动车登记证书、号牌、行驶证，并按照国家有关规定及时向公安机关交通管理部门办理注销登记，并将注销证明转交机动车所有人。

（8）报废机动车回收企业对回收的报废机动车，应当逐车登记机动车的型号、号牌号码、发动机号码、车辆识别代号等信息；发现回收的报废机动车疑似赃物或者用于盗窃、抢劫等犯罪活动的，应当及时向公安机关报告。

报废机动车回收企业不得拆解、改装、拼装、倒卖疑似赃物或者犯罪工具的机动车或其发动机、转向器、变速器、前后桥、车架（以下统称"五大总成"，下同）以及其他零部件。

拼装汽车是指违反国家关于生产汽车方面的有关规定，私自拼凑零部件装配的汽车。

（9）回收的报废机动车必须按照有关规定予以拆解；其中，回收的报废大型客车、货车等营运车辆和校车，应当在公安机关的监督下解体。

（10）拆解的报废机动车"五大总成"具备再制造条件的，可以按照国家有关规定出售给具有再制造能力的企业，经过再制造予以循环利用；不具备再制造条件的，应当交售给钢铁企业作为冶炼原料。

拆解的报废机动车"五大总成"以外的零部件符合保障人身和财产安全等强制性国家标准，能够继续使用的，可以出售，但应当标明"报废机动车回用件"。

（11）禁止任何单位或个人利用报废机动车"五大总成"以及其他零部件拼装机动车。除机动车所有人将报废机动车依法交售给报废机动车回收企业外，禁止报废机动车整车交易。

（12）县级以上地方人民政府负责报废机动车回收管理的部门应当加强对报废机动车回收企业的监督检查，建立和完善以随机抽查为重点的日常监督检查制度，公布抽查事项目录，明确抽查的依据、频次、方式、内容和程序，随机抽取被检查企业，随机选派检查人员。抽查情况和查处结果应当及时向社会公布。

（13）未取得资质认定，擅自从事报废机动车回收活动的，由负责报废机动车回收管理的部门没收非法回收的报废机动车、报废机动车"五大总成"和其他零部件，并没收违法所得；违法所得在5万元以上的，处违法所得2倍以上5倍以下的罚款；违法所得不足5万元或者没有违法所得的，处5万元以上10万元以下的罚款。

（14）有下列情形之一的，由公安机关依法给予治安管理处罚：

①买卖或者伪造、变造《报废机动车回收证明》。

②报废机动车回收企业明知或者应当知道回收的机动车为赃物或用于盗窃、抢劫等犯罪活动的，回收企业未向公安机关报告，擅自拆解、改装、拼装、倒卖该机动车。

报废机动车回收企业有前款规定情形，情节严重的，由原发证部门吊销资质认定书。

（15）报废机动车回收企业有下列情形之一的，由负责报废机动车回收管理的部门责令改正，没收报废机动车"五大总成"和其他零部件，没收违法所得；违法所得在5万元以上的，处违法所得2倍以上5倍以下的罚款；违法所得不足5万元或者没有违法所得的，处5万元以上10万元以下的罚款；情节严重的，责令停业整顿直至由原发证部门吊销资质认定书：

①出售不具备再制造条件的报废机动车"五大总成"。

②出售不能继续使用的报废机动车"五大总成"以外的零部件。

③出售的报废机动车"五大总成"以外的零部件未标明"报废机动车回用件"。

（16）报废机动车回收企业对回收的报废机动车，未按照国家有关规定及时向公安机关交通管理部门办理注销登记并将注销证明转交机动车所有人的，由负责报废机动车回收管理的部门责令改正，可以处1万元以上5万元以下的罚款。

利用报废机动车"五大总成"和其他零部件拼装机动车或者出售报废机动车整车、拼装的机动车的，依照《中华人民共和国道路交通安全法》的规定予以处罚。

（17）报废机动车回收企业未如实记录本企业回收的报废机动车"五大总成"等主要部件的数量、型号、流向等信息并上传至报废机动车回收信息系统的，由负责报废机动车回收管理的部门责令改正，并处1万元以上5万元以下的罚款；情节严重的，责令停业整顿。

10.3 汽车回收与再生实务

10.3.1 我国汽车回收体系结构与回收模式

1. 我国汽车回收体系结构

我国汽车回收体系结构如图10-7所示。

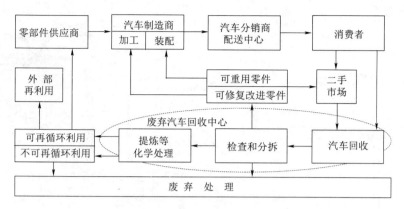

图 10-7　我国汽车回收体系结构

2. 我国报废汽车回收利用流程

①我国报废汽车回收利用基本流程如图 10-8 所示。

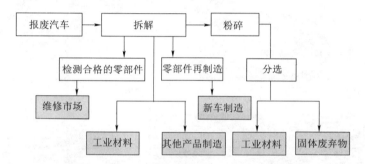

图 10-8　我国报废汽车回收利用基本流程

②我国汽车回收利用供应链如图 10-9 所示。

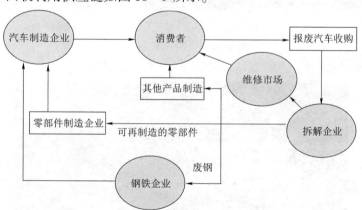

图 10-9　我国汽车回收利用供应链

10.3.2　汽车解体

汽车解体的流程为预处理、拆卸分解、分类存放、车体压实。

1. 预处理

预处理包括拆除蓄电池、排放与回收各种液体（图 10-10）、引爆安全气囊（图 10-

11) 和玻璃切割（图 10-12）等。

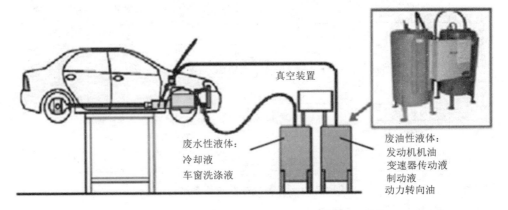

图 10-10　排放与回收各种液体

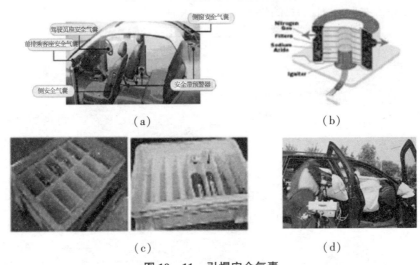

图 10-11　引爆安全气囊

（a）预处理：安全气囊位置；（b）气囊点火器；（c）气囊点火器回收箱；（d）预处理时引爆安全气囊

图 10-12　玻璃切割

2. 汽车拆卸分解和分类存放

按照从外到里的顺序将汽车解体,并将零件按照材料的不同进行分类存放。

3. 车体压实

零部件拆除后将车身压实,车体压实与存放如图10-13所示。

(a) (b)

图10-13 车体压实与存放

(a) 压实;(b) 存放

10.3.3 废旧汽车资源化

废旧汽车资源化是指以报废汽车为再生资源开发对象,在符合法律法规及获得经济效益的前提下,通过采用新技术新工艺,最大限度地回收利用可使用的零部件、可用材料以及能源物质等具有使用价值的工程活动。

1. 废旧汽车资源化目标

(1) 通过采用先进的技术和严格管理,使可使用和再制造部分得到充分的利用,以获得最佳的经济效益。

(2) 使再利用部分的循环利用率最高,以获得最优化的起源效益。

(3) 使能量回收件的比例下降,造成的环境影响最低。

(4) 使废弃处置部分趋于零,最大限度地提取废旧件中蕴含的资源。

2. 废旧汽车零部件再使用

1) 可再使用零部件

从报废汽车上拆解下来的零部件,可直接用于同型号汽车的修理,有的零件经过修理后可用于同型号汽车的修理。

2) 可再使用零部件的特点

(1) 经检测,可再使用零部件的性能指标仍能保持原设计要求,符合技术文件的规定。

(2) 经检测,可再使用零部件的主要性能指标符合原设计要求,并不影响继续使用。

(3) 可再使用零部件表面虽然有轻微的损伤,但结构要素仍保持完整,经过简单修理能够满足使用需要,而且经济上比较划算。

3. 汽车废旧件再利用

汽车主要材料如图 10-14 所示。

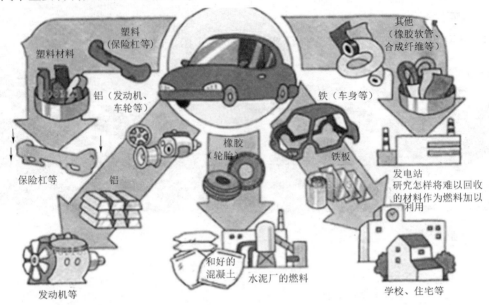

图 10-14 汽车主要材料

1）钢铁材料

回收 1t 的废钢铁可节约铁矿石 4t，减少能耗 0.89t 标煤，节省运力 6 t 和工业用水 7.5 t，降低二氧化碳排放量 62%、炉渣排放量 600~800kg、烟尘排放量约 150kg。因此，无论从经济、技术或生态环境哪个角度来看，都要尽可能完全地利用废钢铁。

注意：回收的废钢铁成分十分复杂，并带有对钢铁性能有害的元素。近年来，由于镀锌、镀锌钢板的使用以及各种电子产品的增加，废钢铁的质量不断恶化。

2）有色金属

有色金属主要指铜和铝两种材料。

（1）再生铜。铜具有优良的再生特性，是一种可以反复利用的资源。在汽车中，铜往往是以各种铜合金的形式存在。例如，汽车用散热器水箱盖为 H90 黄铜，散热片为 T2 波浪带材，其又是用铅锡焊料焊接在一起的；此外，汽车上的电子元器件、电动机、起动机和导线等都可以用到铜材料。

（2）再生铝。废铝再生首先是回收，然后根据不同的情况进行分类处理，但是废铝中含有多种其他的化学成分，目前的技术还不能对其进行完全分离，只能熔化预先分类。根据不同的成分，再生铝可以分别用作不同的铸造合金材料，或用加入纯铝稀释的办法调整合金的成分。

3）塑料

汽车中塑料件相当多，而且已经成为衡量汽车质量的重要技术水平之一。图 10-15 为汽车中可以回收再利用的塑料件。

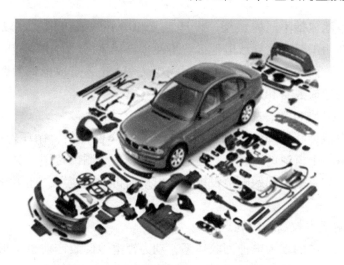

图 10-15　汽车中可以回收再利用的塑料件

再生塑料是指用预处理、熔融造粒、改性等物理或化学的方法对废旧塑料进行加工处理，重新得到塑料原料，是对塑料的再次利用。

4）轮胎

目前，废旧轮胎的再利用主要包括以下几点：

（1）轮胎磨损不太严重的，修复后继续使用。

（2）可以翻新或火补的轮胎，翻新或火补后继续使用。

（3）磨损得相当严重的轮胎（报废的），在相应的加工厂进行分割粉碎或炼油，然后进一步深加工。

（4）可以制成各种橡胶制品的被直接制作成橡胶制品，如钢丝帘子布、尼龙帘子布、旧轮胎盆等。

4. 新能源动力电池再生利用

动力电池再生利用是对废旧动力蓄电池进行拆解、破碎、分离、提纯、冶炼等处理，并进行资源化利用的过程。

随着近年来新能源汽车推广使用数量的快速提升，部分动力电池开始进入报废期，随着 2008 年我国首批纯电动客车在北京奥运会上投入使用，国内电动汽车行业得到了快速发展，据统计，2009—2018 年我国生产的新能源汽车数量累计超过 300 万辆，动力电池累计装机量约 1.45 亿 kW·h。预计至 2023 年，报废蓄电池的数量将超过 100 万 t。动力电池含有镍、钴、稀土元素等金属，具有很高的回收利用价值。

2018 年，我国出台了《新能源汽车动力蓄电池回收利用管理暂行办法》，对动力电池的设计、生产和回收责任、回收利用及相关部门的监管等都进行了明确的规定。该办法的实施将大大促进动力电池回收利用行业的健康持续发展。

1）动力电池回收利用存在的主要问题

（1）退役电池较为复杂，不易拆解。

废旧动力锂电池包括不同的类型、设计工艺和串并联成组形式，以及多样化服役时间、应用车型和使用工况。这导致电池拆解不便。自动化拆解对生产线的柔性配置要求较高，处置成本过高；而手工拆解影响电池回收成品率，也易造成电池短路、漏液，还可能导致起火或爆炸，造成人身和财产损失。

（2）退役电池一致性差，品质不高。

废旧动力锂电池再利用须经过品质检测，包括安全性评估、循环寿命测试等。否则，无法保证电池组各单个电池的一致性，但这些测试设备、测试费用、测试时间、分析建模等都会增加成本。如果一些问题电池没被检验出来而再次被使用，还可能增加整个电池系统的安全风险。

（3）回收拆解成本较高，营利点低。

国内尚未建立成熟的动力电池回收体系，动力锂电池回收产业也未形成规模效应，由于回收利用成本高，投入超出电池价值。某公司回收处理 1t 废旧磷酸铁锂动力电池的成本为 8 540 元，而再生材料收益仅为 8 110 元，亏损 430 元。中国科学电力研究院数据显示，2015 年锂电池储能综合成本为 0.73 元/kW·h，远远高于国家电网的供电价格。

（4）回收政策缺乏监管，执行不到位。

尽管我国出台政策文件，确定了生产者责任延伸制度，明确了新能源汽车生产企业、动力蓄电池生产企业、梯级利用电池生产企业、报废汽车回收拆解企业等的责任，但由于政策并不具有强制性，且缺乏明确的奖惩机制，加上动力锂电池回收再利用经济性不高，目前动力锂电池相关主体无利可图。

所以，我国应加强动力电池电回收再利用关键技术研究，制定和实施动力电池回收奖惩措施和回收模式创新。

2）动力电池回收利用商业模式

动力电池再利用产业链如图 10-16 所示。

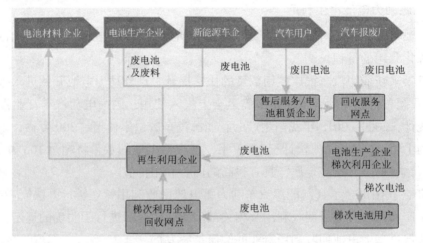

图 10-16 动力电池再利用产业链

废旧动力电池再利用主要有两个模式，一是资源化回收利用再制造渠道，二是梯次利用模式，如图10-17所示。

动力电池梯次利用是将废旧动力蓄电池或其中的蓄电池包/蓄电池模块/单体蓄电池应用到其他领域的过程，可以一级利用也可以多级利用。

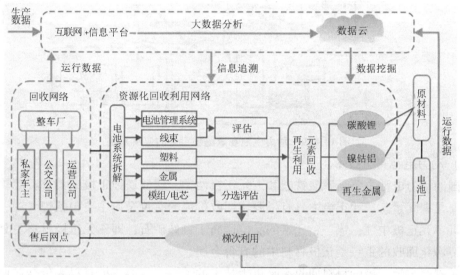

图10-17 动力电池回收利用商业模式

3) 动力电池再生利用的途径

(1) 动力电池梯次利用。

一般来说，新能源汽车对动力电池报废的标准是电池容量低于80%，如果剩余容量为70%~80%的动力电池直接进行资源化回收再制造是极大的浪费，因此，做好动力电池再利用对动力电池成本的降低尤为重要。

新能源动力电池主要可用于低速电动车、电动三轮车、电动摩托车、充电站储能和商业用储能站等，如图10-18所示。

图10-18 动力电池阶梯利用目标市场

图 10-19 为动力电池在家庭住宅中的应用系统。

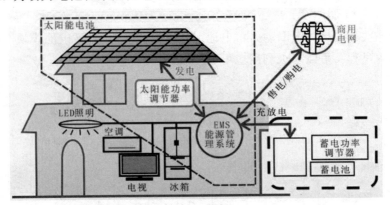

图 10-19　动力电池在家庭住宅中的应用系统

（2）动力电池再生技术。

中国的动力电池主要是磷酸铁锂和三元正极两类。磷酸铁锂正极中具有资源化回收价值的主要是锂元素。三元正极中具有资源化回收价值的有价金属主要包括锂、镍、钴和锰元素，且三元正极中锂、镍、钴元素的品位远高于自然矿石，即三元正极材料更具有再生价值，资源化回收的重点是正极材料中的有价金属。

有效提高电池正极的材料回收率是再生技术的关键，目前正极材料有价金属回收再生技术主要包含干法回收、湿法回收和生物回收。当前规模化生产中主要采用干法、湿法或干法湿法联用的方法，生物回收技术还处在试验室研究阶段。

干法回收主要是指使用机械分选法和高温热解法直接实现各类电池材料或者有价金属的回收，这种方法容易造成二次污染，而且能耗高，不符合国家提出的节能减排的环保政策。

湿法回收是对锂电池进行破碎、分选、溶解浸出、分离回收的处理过程。这一方法的优点是产品纯度高、化学反应选择多、对操作和设备要求低，缺点是反应速度慢、工艺复杂、成本偏高。

生物回收技术主要是利用微生物浸出，将电池中的有用组分转化为可溶化合物，将有价金属选择性地溶解出来，最终实现锂、镍、钴等金属的回收。目前，微生物菌类培养困难，浸出环境要求高。

第 11 章 汽车司法鉴定

司法鉴定是指在诉讼活动中鉴定人运用科学技术或专门知识对诉讼涉及的专门性问题进行鉴别和判断并提供鉴定意见的活动。

11.1 司法鉴定制度

11.1.1 司法鉴定制度概述

司法鉴定制度是在司法鉴定活动中由社会认可的国家规定的正式约束（宪法、法律法规、技术标准规范等）、非正式约束（职业道德等）和实施机制的总和。司法鉴定制度可以简述为由国家法律所规定的关于司法鉴定的机构设置、人员管理、运行程序和行为标准等方面的规则、规章和体制的总称，是有关鉴定活动的行为准则与规范的总和。司法鉴定的具体制度有：司法鉴定统一管理制度（司法鉴定机构和鉴定人的执业许可制度、名册公告制度等）、司法鉴定实施制度（统一受理制度、回避制度、标准化和规范化制度等）、司法鉴定意见适用制度（质证制度、认证制度等）、司法鉴定责任制度（鉴定人负责制度、错鉴追究制度等）等。

我国现行的司法鉴定管理体制产生于计划经济时期，基本定型于20世纪80年代。有关司法鉴定制度的法律规定主要见于《刑事诉讼法》《民事诉讼法》《行政诉讼法》三大诉讼法，以及最高人民法院《关于民事诉讼证据的若干规定》《关于行政诉讼证据若干问题的规定》等司法解释中。2005年2月，全国人民代表大会常务委员会通过了《关于司法鉴定管理问题的决定》。

11.1.2 司法鉴定制度的主要内容

上述法律和司法解释主要涉及以下有关司法鉴定制度的内容。

1. 鉴定结论是法定证据之一

鉴定意见是指各行业的专家对案件（项目）中的专门性问题所出具的专门性意见。按照法律规定,能够证明案件真实情况的一切事实都是证据。法定的证据可分为物证、书证、证人证言、被害人陈述、犯罪嫌疑人和被告人的供述和辩解、鉴定结论、勘验、检查笔录、视听资料等。

2. 司法鉴定的启动权归司法机关

《中华人民共和国民事诉讼法》第七十六条规定:当事人可以就查明事实的专门性问题向人民法院申请鉴定。当事人申请鉴定的,由双方当事人协商确定具备资格的鉴定人;协商不成的,由人民法院指定。当事人未申请鉴定,人民法院对专门性问题认为需要鉴定的,应当委托具备资格的鉴定人进行鉴定。

3. 鉴定人权利及鉴定意见形式

《中华人民共和国民事诉讼法》第七十七条规定:鉴定人有权了解进行鉴定所需要的案件材料,必要时可以询问当事人、证人。鉴定人应当提出书面鉴定意见,在鉴定书上签名或者盖章。

4. 鉴定人出庭义务

《中华人民共和国民事诉讼法》第七十八条规定:当事人对鉴定意见有异议或者人民法院认为鉴定人有必要出庭的,鉴定人应当出庭作证。经人民法院通知,鉴定人拒不出庭作证的,鉴定意见不得作为认定事实的根据;支付鉴定费用的当事人可以要求返还鉴定费用。

《中华人民共和国民事诉讼法》第七十九条规定:当事人可以申请人民法院通知有专门知识的人出庭,就鉴定人做出的鉴定意见或者专业问题提出意见。

11.2 司法鉴定机构与司法鉴定人

11.2.1 司法鉴定机构

司法鉴定机构是指在诉讼活动中接受委托人鉴定委托,遵循法律规定的方式、方法、步骤以及相关的规则和标准,对诉讼涉及的专门性问题运用科学技术或专门知识进行鉴别和判断并提供鉴定意见的机构。司法鉴定机构受理鉴定委托后,应当指定本机构中具有该鉴定事项执业资格的司法鉴定人进行鉴定。

1. 司法鉴定机构的申请登记

司法鉴定机构的登记事项包括名称、住所、法定代表人或鉴定机构负责人、资金数额、仪器设备和实验室、司法鉴定人、司法鉴定业务范围等。

2. 法人或者其他组织申请从事司法鉴定业务应当具备的条件

(1) 有自己的名称、住所。

（2）有不少于 20 万元的资金。

（3）有明确的司法鉴定业务范围。

（4）有在业务范围内进行司法鉴定必需的仪器、设备。

（5）有在业务范围内进行司法鉴定必需的依法通过计量认证或者实验室认可的检测实验室。

（6）每项司法鉴定业务有 3 名以上司法鉴定人。

3. 法人或者其他组织申请从事司法鉴定业务，应当提交下列申请材料：

（1）申请表。

（2）证明申请者身份的相关文件。

（3）住所证明和资金证明。

（4）相关的行业资格、资质证明。

（5）仪器、设备说明及所有权凭证。

（6）检测实验室相关资料。

（7）司法鉴定人申请执业的相关材料。

（8）相关的内部管理制度材料。

（9）应当提交的其他材料。

申请人应当对申请材料的真实性、完整性和可靠性负责。

司法鉴定机构在本省（自治区、直辖市）行政区域内设立分支机构的，分支机构应当符合《司法鉴定机构登记管理办法》规定的条件，并经省级司法行政机关审核登记后，方可依法开展司法鉴定活动。

跨省（自治区、直辖市）设立分支机构的，除应当经拟设分支机构所在行政区域的省级司法行政机关审核登记外，还应当报经司法鉴定机构所在行政区域的省级司法行政机关同意。

司法鉴定机构应当参加司法鉴定执业责任保险或者建立执业风险金制度。

4. 司法鉴定机构的审核登记

（1）法人或者其他组织申请从事司法鉴定业务，有下列情形之一的，司法行政机关不予受理，并出具不予受理决定书。

①法定代表人或者鉴定机构负责人受过刑事处罚或者开除公职处分的。

②法律法规规定的其他情形。

（2）司法行政机关决定受理申请的，应当出具受理决定书，并按照法定的时限和程序完成审核工作。

（3）司法行政机关应当组织专家，对申请人从事司法鉴定业务必需的仪器、设备和检测实验室进行评审，评审的时间不计入审核时限。

（4）经审核符合条件的，省级司法行政机关应当做出准予登记的决定，颁发《司法鉴定许可证》；不符合条件的，做出不予登记的决定，书面通知申请人并说明理由。

（5）《司法鉴定许可证》是司法鉴定机构的执业凭证，司法鉴定机构必须持有省级司法行政机关准予登记的决定及《司法鉴定许可证》方可依法开展司法鉴定活动。

《司法鉴定许可证》由司法部统一监制，分为正本和副本。《司法鉴定许可证》正本和副本具有同等的法律效力。

《司法鉴定许可证》使用期限为 5 年，自颁发之日起计算。

《司法鉴定许可证》应当载明下列内容：

① 机构名称。

② 机构住所。

③ 法定代表人或鉴定机构负责人姓名。

④ 资金数额。

⑤ 业务范围。

⑥ 使用期限。

⑦ 颁证机关和颁证时间。

⑧ 证书号码。

（6）司法鉴定资源不足的地区，司法行政机关可以采取招标的方式审核登记司法鉴定机构。招标的具体程序、时限按照有关法律法规的规定执行。

5. 司法鉴定机构的变更、延续和注销

（1）司法鉴定机构要求变更有关登记事项的，应当及时向原负责登记的司法行政机关提交变更登记申请书和相关材料，经审核符合本办法规定的，司法行政机关应当依法办理变更登记手续。

（2）司法鉴定机构变更后的登记事项，应当在《司法鉴定许可证》副本上注明。在《司法鉴定许可证》使用期限内获准变更的事项，使用期限应当与《司法鉴定许可证》的使用期限一致。

（3）《司法鉴定许可证》使用期限届满后，需要延续的，司法鉴定机构应当在使用期限届满前 30 日，向原负责登记的司法行政机关提出延续申请，司法行政机关依法审核办理。不申请延续的司法鉴定机构，《司法鉴定许可证》使用期限届满后，由原负责登记的司法行政机关办理注销登记手续。

（4）司法鉴定机构有下列情形之一的，原负责登记的司法行政机关应当依法办理注销登记手续：

① 依法申请终止司法鉴定活动的。

② 自愿解散或停业的。

③ 登记事项发生变化，不符合设立条件的。

④《司法鉴定许可证》使用期限届满未申请延续的。

⑤ 法律法规规定的其他情形。

6. 司法鉴定机构的法律责任

（1）法人或者其他组织未经登记，从事已纳入本办法调整范围司法鉴定业务的，省级司法行政机关应当责令其停止司法鉴定活动，并处以违法所得 1～3 倍的罚款，罚款总额最高不得超过 3 万元。

（2）司法鉴定机构有下列情形之一的，由省级司法行政机关依法给予警告，并责令其改正：

①超出登记的司法鉴定业务范围开展司法鉴定活动的。

②未经依法登记擅自设立分支机构的。

③未依法办理变更登记的。

④出借《司法鉴定许可证》的。

⑤组织未取得《司法鉴定人执业证》的人员从事司法鉴定业务的。

⑥无正当理由拒绝接受司法鉴定委托的。

⑦违反司法鉴定收费管理办法的。

⑧支付回扣、介绍费，进行虚假宣传等不正当行为的。

⑨拒绝接受司法行政机关监督、检查或者向其提供虚假材料的。

⑩法律法规和规章规定的其他情形。

（3）司法鉴定机构有下列情形之一的，由省级司法行政机关依法给予停止从事司法鉴定业务 3 个月以上 1 年以下的处罚；情节严重的，撤销登记：

①因严重不负责任给当事人合法权益造成重大损失的。

②提供虚假证明文件或采取其他欺诈手段，骗取登记的。

③法律、法规规定的其他情形。

（4）司法鉴定机构在开展司法鉴定活动中因违法和过错行为应当承担民事责任的，按照民事法律的有关规定执行。

（5）司法行政机关的工作人员在管理工作中滥用职权、玩忽职守造成严重后果的，依法追究相应的法律责任。

（6）司法鉴定机构对司法行政机关的行政许可和行政处罚有异议的，可以依法申请行政复议。

11.2.2 司法鉴定人

1. 司法鉴定人应具备的条件

（1）具有与所申请从事的司法鉴定业务相关的高级专业技术职称。

（2）具有与所申请从事的司法鉴定业务相关的专业执业资格或者高等院校相关专业本科以上学历，从事相关工作 5 年以上。

（3）具有与所申请从事的司法鉴定业务相关工作 10 年以上经历，具有较强的专业技能。

因故意犯罪或者职务过失犯罪受过刑事处罚的，受过开除公职处分的，以及被撤销鉴定人登记的人员，不得从事司法鉴定业务。

2. 司法鉴定人的权力

（1）鉴定人有权了解进行鉴定所需要掌握的案件材料，必要时可以询问当事人、本案的证人及其他诉讼参与人。

(2) 可以要求参加勘验等与鉴定有关的活动。

(3) 在鉴定过程中，如发现送交鉴定的资料不充分或不符合要求，不能做出可靠的结论时，可以要求委托人补充鉴定材料。

(4) 有权独立出具自己的鉴定结论，对侵犯鉴定诉讼权利的行为，可以提出控告。

(5) 鉴定人在委托人提出虚假情况或拒不提供鉴定所需的材料时，可以拒绝鉴定。

3. 司法鉴定人的义务

(1) 尊重科学，恪守职业道德。

(2) 保守案件秘密。

(3) 及时出具鉴定结论。

(4) 依法出庭宣读鉴定结论并回答与鉴定相关的提问。

11.3 司法鉴定实务

司法鉴定程序是指司法鉴定机构和司法鉴定人进行司法鉴定活动的方式、步骤以及相关规则的总称。

2016年3月2日新修订的《司法鉴定程序通则》对司法鉴定的委托与受理、司法鉴定的实施、司法鉴定意见书的出具进行了明确的规定。

11.3.1 司法鉴定的委托与受理

(1) 司法鉴定机构应当统一受理办案机关的司法鉴定委托。

(2) 委托人委托鉴定的，应当向司法鉴定机构提供真实、完整、充分的鉴定材料，并对鉴定材料的真实性、合法性负责。司法鉴定机构应当核对并记录鉴定材料的名称、种类、数量、性状、保存状况、收到时间等。

诉讼当事人对鉴定材料有异议的，应当向委托人提出。

鉴定材料包括生物检材和非生物检材、比对样本材料以及其他与鉴定事项有关的鉴定资料。

(3) 司法鉴定机构应当自收到委托之日起7个工作日内做出是否受理的决定。对于复杂、疑难或者特殊鉴定事项的委托，司法鉴定机构可以与委托人协商决定受理的时间。

(4) 司法鉴定机构应当对委托鉴定事项、鉴定材料等进行审查。对属于本机构司法鉴定业务范围，鉴定用途合法，提供的鉴定材料能够满足鉴定需要的，应当受理。

对于鉴定材料不完整、不充分，不能满足鉴定需要的，司法鉴定机构可以要求委托人补充；经补充后能够满足鉴定需要的，应当受理。

(5) 具有下列情形之一的鉴定委托，司法鉴定机构不得受理：

①委托鉴定事项超出本机构司法鉴定业务范围的。
②发现鉴定材料不真实、不完整、不充分或者取得方式不合法的。
③鉴定用途不合法或者违背社会公德的。
④鉴定要求不符合司法鉴定执业规则或者相关鉴定技术规范的。
⑤鉴定要求超出本机构技术条件或者鉴定能力的。
⑥委托人就同一鉴定事项同时委托其他司法鉴定机构进行鉴定的。
⑦其他不符合法律法规、规章规定的情形。

（6）司法鉴定机构决定受理鉴定委托的，应当与委托人签订司法鉴定委托书。司法鉴定委托书应当载明委托人名称、司法鉴定机构名称、委托鉴定事项、是否属于重新鉴定、鉴定用途、与鉴定有关的基本案情、鉴定材料的提供和退还、鉴定风险，以及双方商定的鉴定时限、鉴定费用及收取方式、双方权利义务等其他需要载明的事项。

（7）司法鉴定机构决定不予受理鉴定委托的，应当向委托人说明理由，退还鉴定材料。

11.3.2 司法鉴定的实施

（1）司法鉴定机构受理鉴定委托后，应当指定本机构具有该鉴定事项执业资格的司法鉴定人进行鉴定。

委托人有特殊要求的，经双方协商一致，也可以从本机构中选择符合条件的司法鉴定人进行鉴定。

委托人不得要求或者暗示司法鉴定机构、司法鉴定人按其意图或者特定目的提供鉴定意见。

（2）司法鉴定机构对同一鉴定事项，应当指定或者选择两名司法鉴定人进行鉴定；对复杂、疑难或者特殊鉴定事项，可以指定或者选择多名司法鉴定人进行鉴定。

（3）司法鉴定人本人或者其近亲属与诉讼当事人、鉴定事项涉及的案件有利害关系，可能影响其独立、客观、公正进行鉴定的，应当回避。

司法鉴定人曾经参加过同一鉴定事项鉴定的，或者曾经作为专家提供过咨询意见的，或者曾被聘请为有专门知识的人参与过同一鉴定事项法庭质证的，应当回避。

（4）司法鉴定人自行提出回避的，由其所属的司法鉴定机构决定；委托人要求司法鉴定人回避的，应当向该司法鉴定人所属的司法鉴定机构提出，由司法鉴定机构决定。

委托人对司法鉴定机构做出的司法鉴定人是否回避的决定有异议的，可以撤销鉴定委托。

（5）司法鉴定机构应当建立鉴定材料管理制度，严格监控鉴定材料的接收、保管、使用和退还。

司法鉴定机构和司法鉴定人在鉴定过程中应当严格依照技术规范保管和使用鉴定材料，因严重不负责任造成鉴定材料损毁、遗失的，应当依法承担责任。

（6）司法鉴定人进行鉴定，应当依下列顺序遵守和采用该专业领域的技术标准、技术规范和技术方法：

①国家标准。
②行业标准和技术规范。
③该专业领域多数专家认可的技术方法。

（7）司法鉴定人有权了解进行鉴定所需要的案件材料，可以查阅、复制相关资料，必要时可以询问诉讼当事人、证人。

经委托人同意，司法鉴定机构可以派员到现场提取鉴定材料。现场提取鉴定材料应当由不少于两名司法鉴定机构的工作人员进行，其中至少一名应为该鉴定事项的司法鉴定人。现场提取鉴定材料时，应当有委托人指派或者委托的人员在场见证并在提取记录上签名。

（8）鉴定过程中，需要对无民事行为能力人或者限制民事行为能力人进行身体检查的，应当通知其监护人或者近亲属到场见证；必要时，可以通知委托人到场见证。

对被鉴定人进行法医精神病鉴定的，应当通知委托人或者被鉴定人的近亲属或者监护人到场见证。

对需要进行尸体解剖的，应当通知委托人或者死者的近亲属或者监护人到场见证。

到场见证人员应当在鉴定记录上签名。见证人员未到场的，司法鉴定人不得开展相关鉴定活动，延误时间不计入鉴定时限。

（9）鉴定过程中，需要对被鉴定人身体进行法医临床检查的，应当采取必要措施保护其隐私。

（10）司法鉴定人应当对鉴定过程进行实时记录并签名。记录可以采取笔记、录音、录像、拍照等方式。记录应当载明主要的鉴定方法和过程，检查、检验、检测结果，以及仪器设备使用情况等。记录的内容应当真实、客观、准确、完整、清晰，记录的文本资料、音像资料等应当存入鉴定档案。

（11）司法鉴定机构应当自司法鉴定委托书生效之日起30个工作日内完成鉴定。

鉴定事项涉及复杂、疑难、特殊技术问题或者鉴定过程需要较长时间的，经本机构负责人批准，完成鉴定的时限可以延长，延长时限一般不得超过30个工作日。鉴定时限延长的，应当及时告知委托人。

司法鉴定机构与委托人对鉴定时限另有约定的，从其约定。

在鉴定过程中补充或者重新提取鉴定材料所需的时间，不计入鉴定时限。

（12）司法鉴定机构在鉴定过程中，有下列情形之一的，可以终止鉴定：
①发现有本通则第十五条第二项至第七项规定情形的。
②鉴定材料发生耗损，委托人不能补充提供的。
③委托人拒不履行司法鉴定委托书规定的义务、被鉴定人拒不配合或者鉴定活动受到严重干扰，致使鉴定无法继续进行的。
④委托人主动撤销鉴定委托，或者委托人、诉讼当事人拒绝支付鉴定费用的。
⑤因不可抗力致使鉴定无法继续进行的。
⑥其他需要终止鉴定的情形。

终止鉴定的，司法鉴定机构应当书面通知委托人，说明理由并退还鉴定材料。

（13）有下列情形之一的，司法鉴定机构可以根据委托人的要求进行补充鉴定：
①原委托鉴定事项有遗漏的。
②委托人就原委托鉴定事项提供新的鉴定材料的。
③其他需要补充鉴定的情形。

（14）补充鉴定是原委托鉴定的组成部分，应当由原司法鉴定人进行。有下列情形之一的，司法鉴定机构可以接受办案机关委托进行重新鉴定：
①原司法鉴定人不具有从事委托鉴定事项执业资格的。
②原司法鉴定机构超出登记的业务范围组织鉴定的。
③原司法鉴定人应当回避没有回避的。
④办案机关认为需要重新鉴定的。
⑤法律规定的其他情形。

（15）重新鉴定应当委托原司法鉴定机构以外的其他司法鉴定机构进行；因特殊原因，委托人也可以委托原司法鉴定机构进行，但原司法鉴定机构应当指定原司法鉴定人以外的其他符合条件的司法鉴定人进行。

接受重新鉴定委托的司法鉴定机构的资质条件应当不低于原司法鉴定机构，进行重新鉴定的司法鉴定人中应当至少有一名具有相关专业高级专业技术职称。

（16）鉴定过程中，涉及复杂、疑难、特殊技术问题的，可以向本机构以外的相关专业领域的专家进行咨询，但最终的鉴定意见应当由本机构的司法鉴定人出具。

专家提供咨询意见应当签名，并存入鉴定档案。

（17）对于涉及重大案件或者特别复杂、疑难、特殊技术问题或者多个鉴定类别的鉴定事项，办案机关可以委托司法鉴定行业协会组织协调多个司法鉴定机构进行鉴定。

（18）司法鉴定人完成鉴定后，司法鉴定机构应当指定具有相应资质的人员对鉴定程序和鉴定意见进行复核；对于涉及复杂、疑难、特殊技术问题或者重新鉴定的鉴定事项，可以组织三名以上的专家进行复核。

复核人员完成复核后，应当提出复核意见并签名，存入鉴定档案。

11.3.3 司法鉴定意见书的出具

（1）司法鉴定机构和司法鉴定人应当按照统一规定的文本格式制作司法鉴定意见书。

（2）司法鉴定意见书应当由司法鉴定人签名。多人参加的鉴定，对鉴定意见有不同意见的，应当注明。

（3）司法鉴定意见书应当加盖司法鉴定机构的司法鉴定专用章。

（4）司法鉴定意见书应当一式四份，三份交委托人收执，一份由司法鉴定机构存档。司法鉴定机构应当按照有关规定或者与委托人约定的方式，向委托人发送司法鉴定意见书。

（5）委托人对鉴定过程、鉴定意见提出询问的，司法鉴定机构和司法鉴定人应当给予解释或者说明。

（6）司法鉴定意见书出具后，发现有下列情形之一的，司法鉴定机构可以进行补正：

① 图像、谱图、表格不清晰的。
② 签名、盖章或者编号不符合制作要求的。
③ 字表达有瑕疵或者错别字，但不影响司法鉴定意见的。

补正应当在原司法鉴定意见书上进行，由至少一名司法鉴定人在补正处签名。必要时，可以出具补正书。

对司法鉴定意见书进行补正，不得改变司法鉴定意见的原意。

(7) 司法鉴定机构应当按照规定将司法鉴定意见书以及有关资料整理立卷、归档保管。

11.3.4 司法鉴定人出庭作证

(1) 经人民法院依法通知，司法鉴定人应当出庭作证，回答与鉴定事项有关的问题。

(2) 司法鉴定机构接到出庭通知后，应当及时与人民法院确认司法鉴定人出庭的时间、地点、人数、费用、要求等。

(3) 司法鉴定机构应当支持司法鉴定人出庭作证，为司法鉴定人依法出庭提供必要条件。

(4) 司法鉴定人出庭作证，应当举止文明，遵守法庭纪律。

11.4 机动车司法鉴定

11.4.1 机动车司法鉴定的范围

1. 机动车价值鉴定

1) 定义

机动车价值鉴定是运用汽车理论、车辆技术原理和测试技术，通过对机动车整车结构静态检验、道路试验检验、零部件确认和车辆手续审查，结合相关资料，对机动车的价值等进行评估、分析并得出鉴定意见的过程。

2) 范围

机动车价值鉴定的范围包括车辆整车价值评估、车辆贬值评估、车辆损失价值评估、车辆停运损失评估。

2. 机动车技术性能鉴定

在交通事故司法鉴定中，往往需要对车辆进行技术鉴定，以确定是不是因为车辆存在安全技术缺陷造成的交通事故。

1) 定义

机动车技术性能鉴定是运用机械原理、汽车理论和测试技术，通过机动车检验（包括整车结构静态检验、属性识别、道路试验检验、零部件拆解检验、材料化验分析等）和车辆手续审查，结合相关材料和资料，对机动车的运行安全技术状况等进行检验、分析并得出鉴定意见的过程。

2）范围

车辆属性鉴定；机动车运行安全性能鉴定；机动车零部件失效成因技术鉴定；机动车维修技术状况鉴定；车辆火灾技术鉴定；轮胎损坏原因技术鉴定。

3. 车辆痕迹鉴定

车辆痕迹鉴定是根据车辆的车体痕迹、车轮痕迹、车辆附属部件痕迹以及分离物痕迹所反映的特征，对嫌疑车辆进行检验，认定或否定嫌疑车辆的过程。

1）定义

痕迹司法鉴定是运用痕迹学的原理和方法，对诉讼涉及的形象痕迹、整体分离痕迹以及动作习惯痕迹的形成原因、形成过程、相互关系及造痕客体等做出的专业判断。

2）范围

机动车技术性能鉴定范围：车体痕迹鉴定、路面痕迹鉴定（车辆）、轮胎花纹鉴定。

4. 车速鉴定

车速过快是交通事故最常见的原因之一，所以对车速进行鉴定是交通事故鉴定的主要内容。

11.4.2 事故车辆痕迹鉴定实务

1. 痕迹鉴定的作用

1）推断车辆种类

利用车辆痕迹推断车辆的种类，可以根据以下几个方面进行：

(1) 根据车轴、车轮的数量分析、推断车辆种类。

(2) 根据车轮的花纹类型、轨距、宽度和直径等推断车辆种类。

(3) 根据有关的足迹或牲畜蹄迹、粪便与车轮痕迹的位置关系，分析推断是否为自行车、手推车或兽力车。

(4) 根据车体形成的碰撞痕迹特征推断车辆种类。如根据形成痕迹的部位、形状和高低位置进行推断。

(5) 根据现场车辆散落物的种类，可以直接判断车型。

2）判断车辆的行驶方向

判断车辆的行驶方向常用的方法有以下几种：

(1) 车辆行驶时，由于气流作用，轮胎两侧的尘土、细砂常形成扇状痕迹。扇面展开方向为车辆驶来方向，反之则为车辆驶去方向。

(2) 被车轮碾压的树枝、麦秆、草棍等物体，其弯折两端指向车辆的前进方向。

（3）车辆行驶时滴落在地面的油滴、水点等液体物质，形状为惊叹号或星芒状的，其尖端指向车辆的前进方向。

（4）车辆行驶经过泥水路面时，引起泥水喷溅，其喷溅方向为车辆的前进方向。

（5）车辆经由水或泥的地方，驶入干燥的路面时会留下水印。水印随车辆行驶方向，由重到轻，轻的一方是车辆的前进方向。

（6）车辆刹车时形成的痕迹由轻到重，重的一方为车辆的前进方向。

（7）车辆轮胎面痕迹为人字形、八字形花纹时，花纹展开面指向车辆的前进方向。

（8）车轮上黏附的泥、雪等物质，行驶时脱落在坚硬路面上，常呈锯齿状，其齿端指向车辆行驶的背离方向。

2. 车辆行驶速度鉴定

1）定义

车辆行驶速度鉴定是通过对事故现场情况的分析、对机动车状态的勘验，根据机械原理、力学原理、痕迹学原理、功能原理及运动学原理，运用对车辆的技术状况测试结果，以及分析视频录像中车辆的运行时间及位移距离，对被鉴定车辆事故发生时的速度进行分析计算。

2）车速鉴定方法

车辆行驶速度鉴定方法：路面痕迹车速鉴定、监控视频车速鉴定、碰撞能量车速鉴定和行车记录仪车速鉴定。在此介绍路面痕迹车速鉴定方法。

汽车制动拖印是在制动过程中抱死的车轮轮胎相对路面滑动摩擦过程中脱落的黑色橡胶颗粒，所以拖印的长度就是汽车的制动距离。图 11-1 为不同制动状态下的拖印。

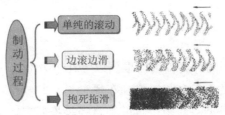

图 11-1 不同制动状态下的拖印

用汽车拖印计算汽车制动初速度公式：$v_0 = \sqrt{2g\varphi s}$

式中：v_0—制动初速度；

φ—道路附着系数；

s—拖印长度。

利用轮胎拖印计算车速案例：

一辆普通客车在良好的沥青路面上与自行车发生刮擦事故，汽车后轮拖印为 14.6m。图 11-2 为交警绘制的道路交通事故现场。

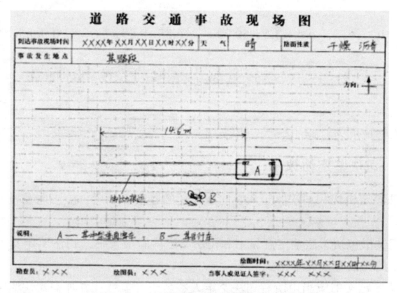

图 11 – 2　交警绘制的道路交通事故现场

交警在事故现场对事故车辆进行了两次制动性能试验，试验结果如图 11 – 3 所示。

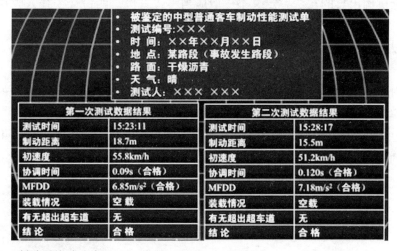

注：MFDD – 制动平均减速度

图 11 – 3　事故车辆在事故现场道路制动性能试验结果

（1）利用拖印长度计算制动初速度。

根据第一次试验结果计算制动初速度：

$$v_{1l} = \sqrt{2a_1 s} = \sqrt{2 \times 6.85 \times 14.6} = 14.14 \text{m/s} = 50.90 \text{ km/h}$$

根据第二次试验结果计算制动初速度：

$$v_{1u} = \sqrt{2a_2 s} = \sqrt{2 \times 7.18 \times 14.6} = 14.48 \text{m/s} = 52.13 \text{km/h}$$

注：a^1、a^2 为第一次和第二次试验的平均减速度。

（2）考虑协调时间内的车辆减速计算制动初速度。

根据第一次试验结果计算制动初速度：

$$v_{0l} = v_{1l} + \frac{1}{2}a_1\tau_2 \times 3.6 = 50.90 + \frac{1}{2} \times 6.85 \times 0.09 \times 3.6 = 52.02 \,\text{km/h}$$

$$v_{0u} = v_{1u} + \frac{1}{2}a_2\tau_2 \times 3.6 = 52.13 + \frac{1}{2} \times 7.18 \times 0.12 \times 3.6 = 53.68 \,\text{km/h}$$

(3) 结论。

汽车制动初速度为：52.02~53.68km/h。

11.4.3 司法鉴定协议书

(1) 司法鉴定机构和司法鉴定人在完成委托的鉴定事项后，应当向委托人出具司法鉴定文书。

司法鉴定文书包括司法鉴定意见书和司法鉴定检验报告书。司法鉴定文书的制作应当符合统一规定的司法鉴定文书格式。

(2) 司法鉴定文书应当由所有司法鉴定人签名或者盖章，并加盖司法鉴定机构的司法鉴定专用章。如果参加司法鉴定的人有不同意见，应当注明。

司法鉴定机构出具的司法鉴定文书一般应当一式三份，两份交委托人收执，一份由本机构存档。

(3) 司法鉴定机构应当按照有关规定或者与委托人约定的方式，向委托人发送司法鉴定文书。

(4) 委托人对司法鉴定机构的鉴定过程或者所出具的鉴定意见提出询问的，司法鉴定人应当给予解释和说明。

(5) 司法鉴定机构完成委托的鉴定事项后，应当按照规定将司法鉴定文书以及在鉴定过程中形成的有关材料整理立卷，归档保管。

第12章 汽车信息化服务

随着信息技术的发展，将信息化服务技术应用到交通运输领域势在必行。以电子信息技术为核心的智能技术将会使汽车的各个功能得到长远的发展。自动驾驶、无人驾驶、语音导航等，都是信息化技术在汽车领域的运用。

12.1 汽车信息技术应用领域

自信息技术出现以来，其在汽车领域中的应用就愈加深入，从最初的收音机、提醒系统、锁门系统，到当今的智能导航系统、自动操控系统等，可以说信息技术极大地推动了汽车及交通领域的发展。当今信息领域中炙手可热的技术就是人工智能、大数据、云计算，融入这些先进信息技术是当今汽车领域发展的主要趋势。信息技术在汽车及交通行业中的应用主要体现在以下几个方面：

1. 集成安全系统技术

集成安全系统技术在当今汽车领域的应用已经十分普及，是数十种先进的高科技技术的整合。与此同时，采用集成及电子技术对汽车内部的细节进行仔细设计，可以极大地提高汽车的体验性，增强汽车的舒适度，在这种技术系统的保障之下，汽车的安全性能也得到巨大的提升。

2. 巡航控制技术

巡航控制技术通过收集道路上的信息，例如道路交通情况以及道路通行情况等来对汽车进行简单的控制，同时，利用声波以及雷达等高科技手段对道路的情况进行分析，最终保证汽车安全、平稳、高效地行驶。此外，这种技术还能在遇到紧急情况时自行进行紧急刹车制动，很好地保证汽车行驶安全。

3. 预防碰撞技术

预防碰撞技术主要是采用雷达及声波等技术对周围的建筑情况和道路交通情况进行简单的信息采集，经过电脑快速地分析计算，实现汽车转向和制动自动控制。这种技术可以极大地提高驾驶人的舒适度体验，在遇到或者即将遇到障碍物时，就会及时地发出警报，从而给驾驶人增加进行制动的时间，减少事故发生的概率。另外，由于这种技术与全国卫星定位系统相关联，当发生事故时，有关部门可以第一时间赶到现场进行救援。

4. 导航和通信技术

目前，汽车上几乎都安装了一些通信设备及导航设备。通信设备的主要应用就是一些信息的发送与接收等操作。导航系统极大地方便了人们的出行，目前在市面上应用比较广泛的就是 GPS（全球定位系统），这种技术可以直接指引驾驶人前往目的地，甚至有时还可以进行路况分析并进行一些检测等，为驾驶人提供了很多方便。

5. 辅助驾驶技术

辅助驾驶技术是目前一种应用在汽车领域当中的高科技技术，这种技术可以很好地辅助驾驶员进行驾驶，通过一些智能的感知系统对汽车在行驶过程中的各种信息进行分析，从而为驾驶员提供相应的驾驶方案，极大地方便了驾驶员的驾车体验。另外，这种技术还可以帮助驾驶员对车辆进行控制，防止在遇到紧急情况的时候驾驶员反应不及从而造成严重的交通事故。目前，这种技术还不完全成熟，在应用过程中难免会出现一些问题，所以在驾驶人进行应用的过程中要严格控制，防止系统出现故障而造成严重的后果。

6. 智能感知技术

智能感知技术是一种具有高水平、高性能的高科技智能技术。通过大量的试验及改良，这项技术逐渐被应用到汽车驾驶当中并不断地完善。随着科技的发展，人工智能技术和计算机技术正在不断地与当今的汽车行业进行融合，旨在提升驾驶员的驾驶体验及汽车的安全性能。智能感知技术可以通过对周围事物不断进行判断与计算，将最准确的信息告知驾驶员，使其能在第一时间了解到相关路况信息，消除可能出现的安全隐患。

7. 自主驾驶技术

目前，智能化技术逐渐出现在人们的生活之中，许多领域在不断地采用智能化技术。许多汽车厂商都在不断地进行无人驾驶汽车的研发工作，所以这种自主驾驶系统的应用越来越受到关注。车辆自主化驾驶是一项十分复杂的系统，它包括各种各样的智能化技术，是许多高科技的集成。

12.2 车载智能网联信息服务

现代汽车几乎每个电器系统都采用电子控制，每辆车上少则有十几个，多则有几十个电子控制单元（ECV），为使汽车性能最优化，需要各个相对独立的控制单元协调运行，实现数据共享。

车载网络就是利用网络系统连接智能设备，通过相关传感器的信号进行信息传输，车载网络属于控制器局域网。为了能够进一步实现数据间的快速交换，人们开发了一种数据通信仪器，这种仪器可以实现数据的快速转换。在汽车的车载数据和信息之间组成的车载网络系统称为 CAN – BUS 总线，它可以大大提高信息的传输速率。

12.2.1 车载网络分类及特点

车载网络是为了在提高性能与控制线束数量之间寻求一种有效的解决途径。在20世纪80年代初，一种基于数据网络的车内信息交互方式出现了，智能网联汽车也逐渐成为一个庞大的网络系统。

1. 车载网络的分类

车载网络主要分为以下三种，它们之间的关系如图12 – 1 所示。
（1）以车内总线通信为基础的车载网络。
（2）以短距离无线通信为基础的车载自组织网络。
（3）以远距离无线通信为基础的车载移动互联网络。

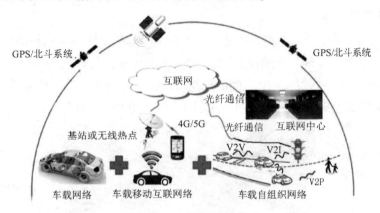

图 12 – 1　网络类型关系

1）车载网络的类型

（1）A 类（低速网络）：传输速率一般小于 10kbit/s（千比特每秒），主流协议是 LIN（局域互联网络），主要用于电动门窗、电动座椅、照明系统等。

（2）B 类（中速网络）：传输速率为 10 ~ 125kbit/s，对实时性要求不太高，主要面向独立模块之间数据共享的中速网络。主流协议是低速 CAN（控制器局域网络），主要用于故障诊断、空调、仪表显示等。

（3）C 类（高速网络）：传输速率为 125 ~ 1 000kbit/s，对实时性要求高，主要面向高速、实时闭环控制的多路传输网。主流协议是高速 CAN、FlexRay（服乐克思睿）等，主要用于发动机、ABS、ASR、ESP、悬架控制等。

（4）D 类（多媒体网络）：传输速率为 250kbit/s ~ 100Mbit/s，网络协议主要有 MOST 多媒体网、以太网、蓝牙、ZigBee 技术等，主要用于要求传输效率较高的多媒体系统、导航系统等。

（5）E 类（安全网络）：传输速率为 10Mbit/s，主要面向汽车安全系统的网络。

高速、中速和低速总线的关系如图 12 – 2 所示。

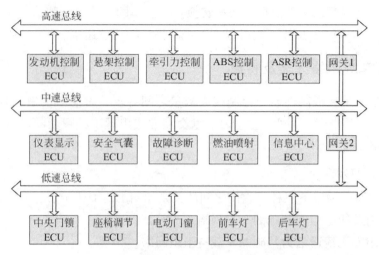

图 12-2 高速、中速和低速总线的关系

2）车载自组织网络

车载自组织网络是基于短距离无线通信技术自主构建的 V2V（可以检测公路上其他车辆的速度和位置）、V2I（车辆与基础设施的通信）、V2P（车辆与行人的通信）之间的无线通信网络，可以实现 V2V、V2I、V2P 之间的信息传输，使车辆具有行驶环境感知、危险辨识、智能控制等功能并能实现 V2V、V2I 之间的协同控制。图 12-3 为车载自组织网络示意。

图 12-3 车载自组织网络示意

3）车载移动互联网络

车载移动互联网络是基于远距离通信技术构建的车辆与互联网之间连接的网络，可以实现车辆信息与各种服务信息在车载移动互联网上的传输，使智能网联汽车客户能够开展商务办公、信息娱乐服务。图 12-4 为车载移动互联网络示意。

图 12-4 车载移动互联网络示意

2. 车载网络的特点

（1）技术复杂化：智能网联汽车电控系统的网络体系结构复杂，它包含多达数百个 ECU 通信节点，ECU 被划分到十几个不同的网络子系统之中，由 ECU 产生的需要进行通信的信号多达数千个。

（2）异构化：为满足各个功能子系统在网络带宽、实时性、可靠性和安全性上的不同需求，CAN、LIN、FlexRay、MOST、以太网、自组织网络、移动互联网等多种网络技术都将在智能网联汽车上得到应用，因此，不同网络子系统中所采用的网络技术之间存在很大的异构性。

（3）网关互连的层次化架构：智能网联汽车电控系统和先进驾驶辅助系统的网络体系结构具有层次化特点，同时也包括同一网络子系统内不同 ECU 之间的通信以及两个或多个网络子系统所包含的 ECU 之间的跨网关通信等多种情况。如防碰撞系统功能的实现依赖于安全子系统、底盘控制子系统、车身子系统以及 V2V、V2I、V2P 之间的交互和协同控制。

（4）通信节点组成和拓扑结构是变化的：智能网联汽车需要实现 V2V、V2I、V2P 之间的通信，它的网络体系结构中包含的通信节点和体系结构的拓扑结构是变化的。基于 V2V、V2I、V2P 通信，实时并可靠获取车辆周边交通环境信息及车辆决策信息，车—车、车—路等交通参与者之间的信息进行交互融合，形成车—车、车—路等交通参与者之间的协同决策与控制。V2X 车联网是我国主推的以移动蜂窝通信技术为基础的 C–V2X 通信技术，C–V2X 技术将"人—车—路—云"等交通参与要素有机地联系在一起，C–V2X 拥有清晰的、具有前向兼容性的 5G 演进路线，利用 5G 技术的低延时、高可靠性、高速率、大容量等特点，不仅可以帮助车辆之间进行位置、速度、驾驶方向和驾驶意图的交流，而且可以用在道路环境感知、远程驾驶、编队驾驶等方面。这样不仅可以为交通安全和效率类应用提供通信基础，还可以将车辆与其他车辆、行人、路侧设施等交通元素有机结合，弥补了单车智能的不足，推动了协同式应用服务的发展。

12.2.2 车载自组织网络类型及网络协议

车载自组织网络是一种自组织、结构开放的车辆间通信网络，通过结合 GPS 及无线通信技术，如无线局域网、蜂窝网络等，可为处于高速移动状态的车辆提供高速率的数据接入服务，并支持 V2V、V2I 之间的信息交互，已成为保障车辆行驶安全，提供高速数据通信、智能交通管理及车载娱乐的有效技术。车载自组织网络是智能交通系统未来发展的通信基础，也是智能网联汽车安全行驶的保障。

车载自组织网络结构主要有 V2V、V2I、V2P。V2V 是通过 GPS 定位辅助建立无线多跳连接，信息的传输是通过链路上的多个节点转发完成的，从而能够进行暂时的数据通信，提供行车信息、行车安全等服务；V2I 能够通过接入互联网获得更丰富的信息与服务；V2P 的研究刚刚起步。车载自组织网络通信如图 12–5 所示。

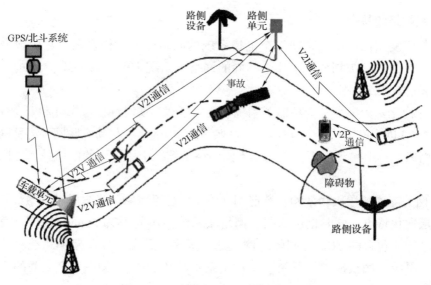

图 12－5　车载自组织网络通信示意

1. 车载自组织网络类型

（1）车间自组织型：车辆之间形成自组织网络，不需借助路侧单元，这种通信模式也称为 V2V 通信模式，是传统移动自组织网络的通信模式。

（2）无线局域网/蜂窝网络型：在这种通信模式下，车辆节点间不能直接通信，必须通过接入路侧单元互相通信，这种通信模式也称为 V2I 通信模式。相比车间自组织型，路侧单元建设成本较高。

（3）混合型：混合型是前两种通信模式的混合模式，车辆可以根据实际情况选择不同的通信方式。

2. 网络协议

路由协议是一种指定数据包转送方式的网上协议，负责将数据分组从源节点通过网络转发到目的节点，包括寻找源节点和目的节点的优化路径，将数据分组沿着优化路径正确转发。车载自组织网络路由协议如图 12－6 所示。

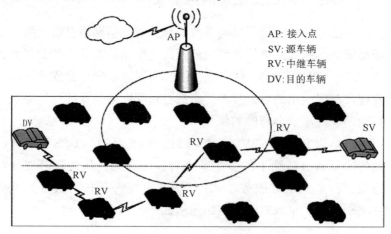

图 12－6　车载自组织网络路由协议示意

通过对 VANETs（车载字组网）网络层路由协议进行分类比较，可以分析和总结近年来基于位置路由协议的核心路由机制的优缺点，并重点分析典型的基于位置的路由协议 GPSR 在城市场景中存在的问题。研究人员提出了 GPSR 未来可能的研究策略和发展方向。未来的 VANETs 路由协议的方向应该是位置与电子地图相结合的基于地图的路由协议，根据电子地图获取整个网络的交通情况，并做出合理、高效的路由选择。

（1）单播路由：是指数据包源节点向网络中一个节点转发数据。

（2）广播路由：是指数据包源节点向网络中所有其他节点转发数据。

（3）多（组）播路由：是指数据包源节点向网络中多个节点转发数据。

12.2.3 车载移动网络的特点及移动方式

1. 车载移动网络的含义

移动互联网：是以移动网络作为接入网络的互联网及服务，包括移动终端、移动网络和应用服务三个要素。

车载移动互联网（图 12-7）包含两方面含义。一方面，车载移动互联网是移动通信网络与互联网的融合，客户以移动终端接入无线移动通信网络、无线城域网、无线局域网等方式访问互联网；另一方面，车载移动互联网还产生了大量新型的应用，这些应用与终端的可移动、可定位和随身携带等特性相结合，可以为客户提供个性化的、与位置相关的服务。

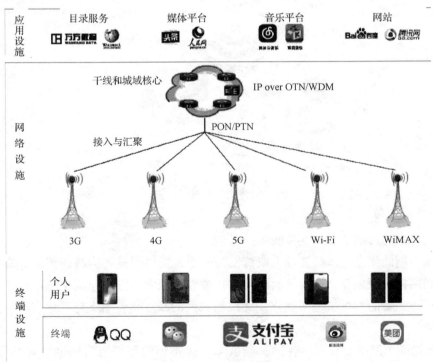

图 12-7　车载移动互联网

2. 车载移动互联网的特点

（1）终端移动性：客户可以在移动状态下接入和使用互联网服务，移动终端便于客户随身携带和随时使用。

（2）业务及时性：客户使用移动互联网能够随时随地获取自身或其他终端的信息，及时获取所需的服务和数据。

（3）服务便利性：由于移动终端的限制，移动互联网服务要求操作简便，响应时间短。

（4）业务/终端/网络的强关联性：移动互联网服务需要同时具备移动终端、接入网络和运营商提供的业务 3 项基本条件。

（5）终端和网络的局限性：在网络能力方面，受到无线网络传输环境、技术能力等因素限制；在终端能力方面，受到终端大小、处理能力、电池容量等因素限制。

3. 车载移动互联网的接入方式

1）卫星通信网络

卫星通信网络的优点是通信区域大、距离远、频段宽、容量大；可靠性高、质量好、噪声小、可移动性强、不容易受自然灾害影响。卫星通信网络的缺点是传输时延大、回声大、费用高。卫星通信网络如图 12-8 所示。

图 12-8 卫星通信网络

2）无线城域网

无线城域网的组成如图 12-9 所示。

无线城域网的优点是以微波等无线传输为介质，提供同城数据高速传输、多媒体通信业务和互联网接入服务等，具有传输距离远、覆盖面积大、接入速度快、高效、灵活、经济、具有较为完备的 QoS 机制等优点。无线城域网的缺点是暂不支持客户在移动过程中实现无缝切换。

QoS 是指一个网络能够利用各种基础技术，为指定的网络通信提供更好的服务能力，是网络的一种安全机制。

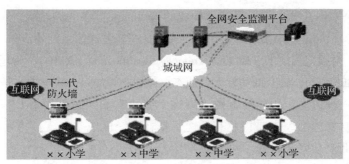

图 12-9　无线城域网

3）无线局域网

无线局域网的组成如图 12-10 所示。

无线局域网是指以无线或无线与有线相结合的方式构成的局域网，如 Wi-Fi 就是无线局域网。无线局域网的优点是布网便捷、可操作性强、网络易于扩展等，缺点是性能、速率和安全性存在不足。

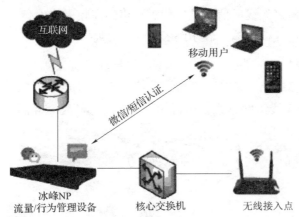

图 12-10　无线局域网

4）无线个域网

无线个域网的组成如图 12-11 所示。

图 12-11　无线个域网的组成

无线个域网是采用红外、蓝牙等技术构成的覆盖范围更小的局域网,有蓝牙、紫蜂网络(ZigBee)、超宽带(Ultra Wide Band,UWB)、60GHz 毫米波通信、红外传输(Infrared Data Association,IrDA)、射频识别技术(Radio Frequency Identification,RFID)、近场通信(Near Field Communication,NFC)等,具有低功耗、低成本、体积小等优点;缺点主要是覆盖范围小。

紫蜂网络是一种低速短距离传输的无线网上协议,底层是采用 IEEE 802.15.4 标准规范的媒体访问层与物理层。主要特色有低速、低耗电、低成本、支持大量网上节点、支持多种网上拓扑、低复杂度、快速、可靠、安全。

超宽带是一种无线载波通信技术,它不采用正弦载波,而是利用纳秒级的非正弦波窄脉冲传输数据,因此其所占的频谱范围很宽。

60GHz 毫米波通信——通信载波为 60GHz 左右频段通信的无线通信技术,能够实现设备间数 Gbps 的超高速无线传输。

射频识别技术是一种无线通信技术,可以通过无线电讯号识别特定目标并读写相关数据,而无须识别系统与特定目标之间建立机械或者光学接触。

近场通信,又称近距离无线通信,是一种短距离的高频无线通信技术,允许电子设备之间进行非接触式点对点数据传输(在 10cm 内)交换数据。

5)蜂窝形无线网络

蜂窝形无线网络由移动站、基站子系统、网络子系统组成(图 12-12)。采用蜂窝网络(4G/5G 网络)作为无线组网方式,通过无线信道将移动终端和网络设备连接。

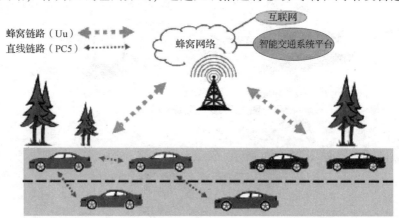

图 12-12 蜂窝网络

12.3 车载信息支撑服务平台

12.3.1 汽车无线通信技术

1. 汽车无线通信的含义和组成

汽车无线通信就是不用导线、电缆、光纤等有线介质,而是利用电磁波信号在自由空间中传播的特性进行信息交换的一种通信方式,可以传输数据、图像、音频和视频等。汽车无线通信如图 12-13 所示。

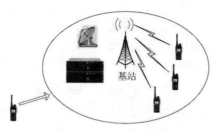

图 12-13 汽车无线通信

汽车无线通信系统一般由发射设备、传输介质和接收设备组成,如图 12-14 所示。发射设备和接收设备需要安装天线,以完成电磁波的发射与接收。

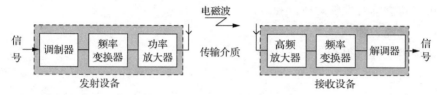

图 12-14 汽车无线通信系统的组成

2. 无线通信的分类

(1) 按照信道路径和传输方式的不同可分为红外通信、可见光通信、微波中继通信和卫星通信。

(2) 按照通信距离的不同可分为短距离无线通信和远距离无线通信。

短距离无线通信技术主要有蓝牙技术、紫蜂网络技术、Wi-Fi 技术、超宽带技术、60GHz 技术、红外技术、射频识别技术、近场通信技术、可见光技术、专用短程通信技术、LTE-V 技术等。

可见光——指利用可见光波段的光作为信息载体,不使用光纤等有线信道的传输介质,而在空气中直接传输光信号的通信方式。

专用短程通信——专用短程通信技术是一种新型的技术,专门用于机动车辆在高速公路等收费点实现不停车自动收费的 ETC 技术。

3. 常见的无线通信技术

1) V2X 通信

智能网联汽车 V2X 通信的代表有车辆与车辆通信、车辆与基础设施通信、车辆与行人通信、车辆与应用平台或云端通信,如图 12-15 所示。

图 12-15 V2X 通信

2) 蓝牙通信

蓝牙（Bluetooth）通信是由世界著名的 5 家大公司——爱立信、诺基亚、东芝、IBM 和英特尔，于 1998 年 5 月联合宣布的一种短距离无线通信技术。其特点如下：

(1) 全球范围适用。蓝牙工作在 2.4GHz 的 ISM 频段。

2.4GHz 的 ISM 频段——各国均开放出某一段频段，主要开放给工业、科学和医学机构使用。

(2) 通信距离为 0.1~10m，发射功率 100mW 时可以达到 100m。

(3) 可同时传输语音和数据。

(4) 可以建立临时性的对等连接。

(5) 抗干扰能力强。

(6) 蓝牙模块体积很小，便于集成。

(7) 功耗低。

(8) 接口标准开放。

(9) 成本低。

3) 移动通信

移动通信是指通信的双方至少有一方在运动中实现通信的方式，包括移动台与固定台之间、移动台与移动台之间、移动台与客户之间的通信。移动通信由车载台、基站、移动业务交换中心（MSC）等组成，如图 12-16 所示。

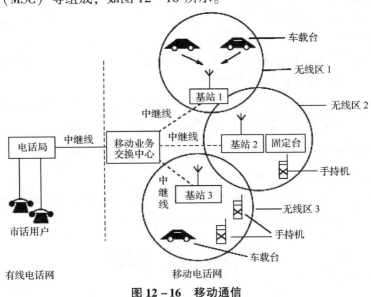

图 12-16　移动通信

12.3.2 汽车环境感知系统

汽车环境感知离不开车载传感器，而车载传感器是能感受规定的被测量，并按照一定的规律（数学函数法则）转换成可用信号的器件或装置，通常由敏感元件和转换元件组成。

环境感知技术通常包括车辆本身状态感知、道路感知、行人感知、交通信号感知、交通标识感知、交通状况感知、周围车辆感知等。车载传感器像人的感官一样将感知信号传给汽车的大脑决策单元，并通过决策分析控制执行原件进行工作。其感知过程如图12-17所示。

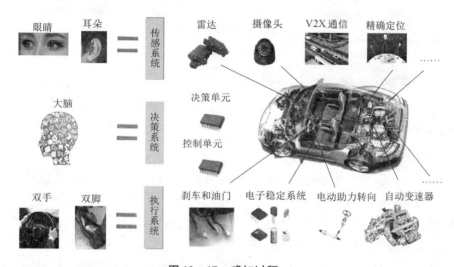

图12-17　感知过程

所以，环境感知就是利用车载超声波传感器、毫米波雷达、激光雷达、视觉传感器，以及V2X通信技术等获取道路、车辆位置和障碍物的信息，并将这些信息传输给车载控制中心，为智能网联汽车提供决策依据，是高级驾驶辅助系统（Advanced Driving Assistance System，ADAS）实现的第一步。

高级驾驶辅助系统是一种利用安装在车上的各式各样的传感器（毫米波雷达、激光雷达、单/双目摄像头以及卫星导航），在汽车行驶过程中随时感应周围的环境收集数据，进行静态、动态物体的辨识、侦测与追踪，并结合导航地图数据，进行系统的运算与分析，从而预先让驾驶员察觉到可能发生的危险，有效增加汽车驾驶的舒适性和安全性的系统。

1. 环境感知的定义和组成

环境感知各系统的组成如图12-18所示。

高级驾驶辅助系统是利用安装在车上的各式各样的传感器，在汽车行驶过程中随时感应周围的环境，收集数据，进行静态、动态物体的辨识、侦测与追踪，并结合导航仪地图数据，进行系统的运算与分析，从而预先让驾驶员察觉到可能发生的危险，有效增加汽车驾驶的舒适性和安全性。

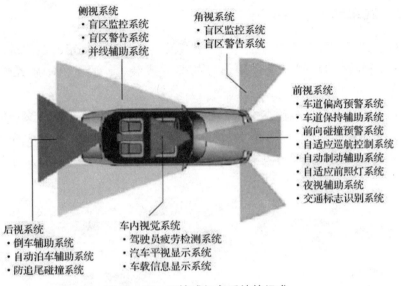

图 12-18 环境感知各系统的组成

2. 环境传感器

环境传感器所能完成的功能有：

图像级融合，以视觉传感器为主体，将毫米波雷达输出的整体信息进行图像特征转化，然后与视觉系统的图像输出进行融合。

目标级融合，对视觉传感器和毫米波雷达输出进行综合可信度加权，配合精度标定信息进行自适应的搜索匹配后融合输出。

信号级融合，对视觉传感器和毫米波雷达传出的数据源进行融合。信号级别的融合数据损失最小，可靠性最高，但需要大量的运算。

环境传感器主要包含超声波传感器、毫米波雷达、激光雷达、视觉传感器 4 种。

1) 超声波传感器

超声波传感器使用频率大于 20 000Hz 的声波，其主要特点有：探测距离短，有盲区；对色彩、光照度不敏感；对光线和电磁场不敏感；简单、体积小、成本低。

超声波传感器的原理：通过超声波发射器发出的声波，对障碍物反射到超声波接收器所用的时间进行测量，以获得实际的距离，如图 12-19 所示。

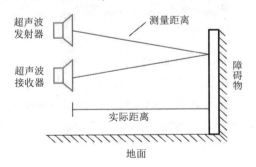

图 12-19 超声波传感器工作原理示意

2) 毫米波雷达

毫米波雷达是工作在毫米波频段的雷达。毫米波是指长度为 1~10mm 的电磁波，对应的频率为 30~300GHz，主要用于自适应巡航控制系统、自动制动辅助系统、盲区监测系统、行人检测等。

毫米波雷达具有探测距离远（250m 以上）、探测性能好、响应速度快、适应能力强、抗干扰能力强等特点。调频式连续毫米波雷达是利用多普勒效应测量得出目标的距离和速度，其工作原理如图 12-20 所示。

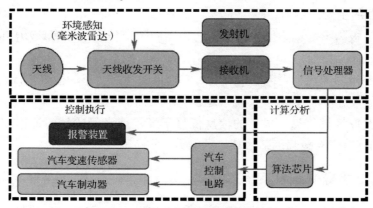

图 12-20 毫米波雷达的工作原理

3) 激光雷达

激光雷达系统由收发天线、收发前端、信号处理模块、汽车控制装置和报警模块组成。主要应用在以下领域：

（1）行人保护：能检测 0.3~30m 视场范围内所有的行人。

（2）自适应巡航控制系统的启和停：可在 0~200km/h 的速度范围内实现自动行驶。

（3）车道偏离预警：可以检测车辆行驶前方的车道线标识和潜在的障碍，同时也可以计算车辆在道路中的位置。

（4）自动紧急制动：实时检测车辆行驶前方的所有静止的和移动的物体，并且判断它们的外形，当要发生危险时，自动紧急制动。

（5）预碰撞处理：通过分析所有的环境扫描数据，不管即将发生什么样的碰撞，都会在碰撞发生前 0.1s 发出警告。

（6）交通拥堵辅助：消除频繁启停，实现低速下的自动跟车和车道保持。

（7）低速防碰撞功能：在 30km/h 以下，LUX（4 线束）激光雷达检测并分析前方的路况，车辆会在发生碰撞前自动停驶。

4) 视觉传感器

视觉传感器主要由光源、镜头、图像传感器、模/数转换器、图像处理器、图像存储器等组成，其主要功能是获取足够的机器视觉系统要处理的原始图像。其工作原理如图 12-21 所示。

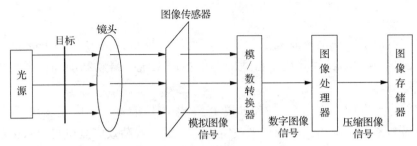

图 12-21 视觉传感器工作原理

视觉传感器的主要特点为：

（1）信息量极为丰富：不仅包含视野内物体的距离信息，还有该物体的颜色、纹理、深度和形状等信息。

（2）多任务检测：在视野范围内可同时实现道路检测、车辆检测、行人检测、交通标志检测、交通信号灯检测等。

（3）实时获取场景信息：提供的信息依赖于经验或者经验性的证据和理论（如 GPS 导航依赖地图信息），有较强的适应环境的能力。

12.3.3 卫星导航定位系统

当前在部分车联网中，如通用汽车产品采用的安吉星（OnStar）系统，丰田公司的智能副驾（G-Book）系统，金龙客车的客车智慧运营系统（G-BOS 系统），都采用 GPS（全球定位）+GPRS（通信分组业务）+GIS（地理信息系统方式）。GPS 接收机安装在汽车上，汽车行驶时通过 GPS 接受卫星信号，对数据进行解析，获取当前车辆的位置、速度和方向等信息，根据设定的时间间隔或者以主动方式通过 GPRS 或 GSM 网络发送给交通信息中心的车联网服务器，服务器端再利用 GIS 地理信息系统对数据进行分析处理，得到实时交通信息或者根据客户发送的需求生成相应的结果响应，将信息共享到整个路网或者返回给当前客户。

在车联网的 V2R 组网方式中，一个 RSU（路侧单元）覆盖半径一般从 300~1 000m 不等，若采用单纯 GPS 定位，则会带来 10m 以上的误差，对这个半径范围来说已经是一个不可忽视的影响，所以必须采用更加精确的定位方法消除误差带来的影响。采用差分 GPS 和 RSU 位置区相结合的方式，既可以精确确定当前车辆的行驶速度、行驶方向和精确位置信息，同时对车联网中其余服务（诸如多媒体、车间信息共享、车路广告、不停车收费等）也有很大的使用价值。

汽车主要行驶在道路上，考虑到这一点，车联网基础通信设施 RSU 主要沿道路两侧部署，各个 RSU 设备与车联网位置服务器之间通过以太网连接，车辆行驶在道路上通过 RSU 接入车联网。RSU 实时广播车联网识别信号，当车辆进入 RSU 信号范围接收到信号并经过身份验证后，即与车联网建立通信连接，可以共享车联网中相关信息。

12.3.4 远程故障诊断系统

这一系统可以自主获取汽车运行期间的故障信息，并运用已有通信技术将故障信息传递给处理中心，而后在与维修网点、车厂等有效沟通后，认真复检收集故障信息，促使车主在发现故障的基础上快速处理，同时，系统也可以帮助车主尽快处理汽车故障，安排对应的维护工作。基于车联网的汽车远程故障诊断系统，不仅能共享远程实时数据，而且可以协调生产商和维修专家的工作经验和专业技能，向车主提供远程诊断、监管及维修等服务。一般来讲，汽车远程故障诊断系统包含了采集数据、电信通信及智能诊断、远程协调、后台服务等内容。

首先，在车辆 OBD 接口安装嵌入式在线检测模块，并由此获取车辆总线上传的电子控制单元的运行信息，明确全球定位系统提供的实时信息，而后按照规定数据协议将这些内容封装；其次，要运用全球移动通信系统，将封装内容传递给信息管理服务中心，在对它们进行深层解析的同时，研究传递故障诊断信息。这样不仅能明确故障原因，而且可以提出最佳的处理对策。

当前汽车远程故障诊断系统包含的模块有车载数据采集、定位、数据传输及车辆信息管理等。

1. 车载数据采集终端

这一模块主要用来帮助外来设备取得车辆内部信息，其中包含 OBD 数据采集模块、USB 与总线诊断转换接口等。运用 LINUX 操作系统，让外部设备与车内电子控制单元采集汽车故障、车内传感器数据流在汽车诊断数据接口数据传递插接器（Data Link Connector, DLC）中有效连接。

2. 定位模块

这一模块主要用于收集车辆实时位置信息，其中包含数据采集、内置 Sliver Box 等内容，在实际运行中会结合需求选择单频或双频的定位信息。最常见的依旧是 GPS 单频定位模块，其不仅处理速度快，而且定位精确。

3. 数据传输模块

这一模块主要用于车载数据采集终端与远端车辆信息管理服务中心系统间的数据传递，其中包含了无线网、全球移动通信系统等内容。在实践工作中，通过合理运用上述技术，有助于位置信息、车辆传输信息等内容的优化，及时且准确地传递给管理服务中心，促使相关部门严格按照规定要求进行工作。

4. 车辆信息管理服务中心

这一模块主要用于管理和解析车辆信息、了解故障处理情况及接听电话等，其中包含监控中心、管理软件及推理机、车况动态性能采集库等。由于其属于汽车远程故障诊断系统运行的重要平台，因此在日常管理工作中占据重要地位，所以企业需要提高对员工的管理力度，以确保车主可以正常应用各项诊断功能。

12.3.5 驾驶辅助系统

先进驾驶辅助系统按照环境感知系统的不同可以分为自主式和网联式两种。

自主式驾驶辅助系统基于车载传感器完成环境感知，依靠车载中央控制系统进行分析决策，技术比较成熟，多数已经装备量产车型。自主式驾驶辅助系统按照功能可以分为自主预警类、自主控制类和视野改善类等。

网联式驾驶辅助系统基于V2X通信完成环境感知，依靠云端大数据进行分析决策，目前处于试验阶段。

1. 前向碰撞预警系统

前向碰撞预警（FCW）系统主要是利用车载传感器（如视觉传感器、毫米波雷达等）实时监测前方车辆，判断本车与前车之间的距离、相对速度及方位，当系统判断存在潜在危险时，将对驾驶员进行警告，提醒驾驶员进行制动，保障行车安全。

利用V2X通信技术及时在运行车辆之间交换和及时获取周围环境路况和车辆信息，经过碰撞预警算法判断是否存在碰撞危险，同时，根据危险级别提前报警，提醒驾驶员及时采取避撞措施，确保行车安全。

2. 自动紧急制动系统

自动紧急制动（AEB）系统是基于环境感知传感器（如毫米波雷达或视觉传感器）感知前方可能与车辆、行人或其他交通参与者所发生的碰撞风险并通过系统自动触发执行机构来实施制动，以避免碰撞或减轻碰撞程度的先进驾驶辅助系统。

12.4 智能停车系统

智能停车是物联网的重要应用领域之一。随着我国经济及城市化进程的快速发展，城市的汽车保有量快速增长，城市交通的瓶颈不仅体现在拥挤的道路交通上，也体现在传统停车场的管理效率低和安全性滞后等方面。停车难问题已经成为全世界大中城市经济发展的一个通病，具体来说体现在以下几方面：

（1）停车信息"不透明"：驾驶员在停车过程中由于不了解停车场、停车位状况而浪费大量的时间，少数人甚至会由于找不到车位而乱停车，给交通管理带来额外压力。

（2）停车位利用率低下：由于一些停车场收费过高，因此驾驶员"不敢停"，加上驾驶员对目的地周边的停车场信息不知情，导致一些离驾驶员较近的停车场很空荡，一些离驾驶员较远的停车场反而爆满。

（3）停车后，驾驶员与汽车失去联系：在大型停车场中车主时常会出现寻车难的问题，不仅浪费了时间，而且不利于停车场自身的管理。

停车场通过进行智慧化升级，能有效提升停车场的智慧化程度，突破当下城市环境中"停车难"的困境。

12.4.1 智能停车场的特点

1. 车辆快速进出

传统停车场车主会在进出口花费大量时间,高峰期花费的时间更长,很容易造成停车场拥堵的情况。智慧停车场采用高清视频采集技术和智能车牌识别技术,系统对出入车辆的车牌识别精准度达到99%,使车辆进出停车场无须等待,不需要停车,缓解了高峰期出入场的拥堵情况,避免了过去人工管理的停车场收费不透明、进出停车场耗时较长的问题。

2. 安装维护方便

智能停车场包括进出口智能道闸设备、停车手机App、停车场管理监控云平台、物联网车场信息采集设备、车场管理App、岗亭收费管理系统,其具有系统占地面积小、投资少、安装简单、维护方便、效率高等优点。

3. 监控功能

可通过手机、计算机远程查看车场监控,实时掌握车辆、车位信息,如果遇到突发状况,监控功能会自动通过手机或者其他设备发送信息给车主。

4. 智能停车诱导系统

智能停车诱导系统是对停车场内的车辆停车进行正确的引导,促进车辆方便快速地寻找空车位。其主要包括车位探测器、车位指示灯、车位引导屏、采集终端、服务器等。智能停车诱导系统可提高驾驶员停车的效率,减少因停车难导致的交通拥堵、能源消耗的问题,还可以实现停车的电子化管理以及停车位的预定、识别、自动计时收费等。

5. 严格的收费管理

目前的人工收取现金的方式,不仅劳动强度大、效率低,而且很容易造成财务漏洞和现金流失。采用智能停车场管理系统,因收费都经计算机确认、统计与记录,避免了失误和作弊等现象,能有效地保障车场投资者的利益,目前智能停车场支持微信、支付宝、银联等线上支付渠道以及后台支付、线下支付。

12.4.2 智能停车场的系统功能

1. 停车场数据采集

系统将在停车场内布设一个传感网,监控节点安装在每个车位上的探测占用情况,利用地磁传感器探测车位状态。汇聚节点和移动通信网络集成在一起组成网关传输系统,把收集到的车位状态信息直接传递给系统管理平台,或通过无线方式传给移动通信网络的业务平台。管理节点从系统平台接收命令并安装时间同步和工作状态报告等程序,如图12－22所示。

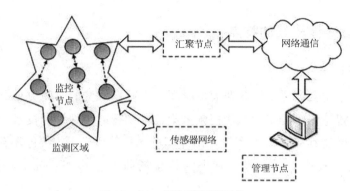

图 12-22 停车场数据采集

2. 停车信息服务系统网关

停车信息服务系统网关是停车场数据采集子系统接入系统管理平台的统一接口，可以完成对停车场车位信息采集子系统的管理、信息汇聚及非移动通用协议到标准通用协议的数据格式转换等工作。

3. 系统管理平台

系统管理平台主要完成通过网关向网络平台传送车位状态信息，对网关设备的控制和管理、对停车位信息采集数据的管理及相关数据的存储，并完成客户认证、车辆定位、车位查询、车位预订、车位计费和信息反馈等任务，实现了驾驶员、汽车、手机和停车场的关联操作。

4. 网络服务平台和系统信息的传输方式

通过宽带或者手机运营商的网络向终端用户反馈车位查询和预订信息，用户可以实时掌握停车场内部的动态信息，系统信息的传输方式如图 12-23 所示。

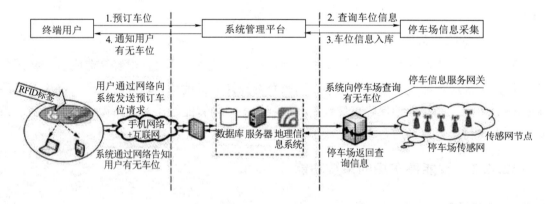

图 12-23 系统信息的传输方式

12.5 高速公路信息平台共享服务

由于与高速公路相关的许多信息都具有地理特性，而地理信息系统（GIS）对具有地理参考的数据能够提供更好的组织和集成，因此，GIS 在高速公路的信息化建设中具有重要地位。为了加速高速公路系统的网络化、数字化和信息化建设，国家已经把"数字高速公路"系统工程纳入未来高速公路建设体系，并把建立"高速公路综合地理信息应用服务平台"作为整个交通网"数字高速公路"系统的基础性应用服务平台，通过建立统一的 GIS 平台整合和开发各种应用子系统，达到信息资源共享的目的。

12.5.1 高速公路综合地理信息服务

1. 高速公路综合地理信息服务的功能

1）空间数据库管理

"数字高速公路"系统这样一个大型系统中所涉及的数据是非常巨大的，主要包括工程建设数据（工程建设文档、图纸、工程量管理、建设资金管理等）、日常运营管理数据（日常办公数据、统一收费数据、监控数据、互通量数据、路政执法数据等）、道路养护数据（路基数据、路面数据、桥梁数据、隧道数据、绿化数据、安全设施数据、防护工程数据等）。

2）电子地图的生产与管理

地理信息应用的图形化操作功能模块主要为"数字高速公路"建设提供以下功能：地图窗格放大和缩小、按固定比例放大和缩小、地图漫游、地图图层管理子模块、分级管理以及定位和图形化打印等。

3）三维结构物的显示与管理

GIS 平台采用 ArcGIS 的三维扩展模块作为开发基础平台，利用模块的三维可视化和地形建模功能，有效地显示并分析三维桥梁数据。

12.5.2 交通服务信息数据特征

发布交通服务信息数据至少应涵盖以下几个方面：

1. 交通运行状况信息

交通流参数包括车道断面交通流量、车道交通流速度、车道交通流占有率等；特殊事件包括交通管制信息、交通事故、危险化学品运输及其影响范围等数据。

2. 交通气象信息

交通气象信息包括冰雪状态、能见度、温度、湿度、风速、雨量和风向等。

3. 道路养护施工信息

道路养护施工信息包括针对高速公路的日常养护和大中修等，如高速公路养护施工地点、施工时间、施工区域、道路信息状况。

4. 服务区和收费数据

服务区和收费数据包括服务区停车信息、餐饮信息、加油站信息、收费车道开放信息、ETC 车道信息以及收费标准信息等。

12.5.3　高速公路公共服务信息平台

通过建立统一的高速公路智能路网公共信息服务平台，完善现有交通出行信息服务系统，充实信息发布的内容。依托智能路网运行监测及应急指挥调度系统，强化路况、养护施工、交通管制、气象等实时信息服务，并在完善门户网站、服务热线、省级及市级交通广播、短信平台等信息服务方式的基础上，充分利用路上固定和移动式可变情报板、收费站信息发布设备、服务区显示终端、车载终端、智能手机、广播等服务手段，为公路出行者提供高速公路出行信息服务，为长途客运乘客提供相关信息服务。引导建设机动车维修救援信息服务网络，为驾车出行者提供救援信息服务；实现区域路网交通出行信息的交换共享，加强与公安等相关部门的信息交换。

高速公路公共服务信息平台系统流程如图 12-24 所示。

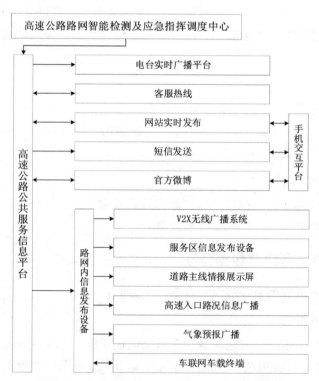

图 12-24　高速公路公共服务信息平台系统流程

高速公路公共服务信息平台的主要功能有：

1. 提高交通信息发布的实时性和交互性

随着互联网和智能手机的发展，互联网和智能手机（移动互联网）在公众中已基本普及，通过开通高速公路官方微博和短信、开发基于图形化的门户网站交通信息发布系统、开发基于智能手机的图形化交通动态信息系统等手段，发布高速公路交通事故情况、交通流量情况、交通封路及诱导情况等公众出行迫切需要了解的交通信息。切实提高交通信息发布的实时性和交互性。

2. 提高交通信息发布的覆盖面和主动性

通过统一设计和优化现有道路主线、服务区、收费站广场的情报屏和信息发布设备布设方案，在收费站广场增设有线广播，事故路段布设移动信息发布设备，道路主线构建基于调频的同步无线广播系统等，提升交通诱导及交通信息发布的覆盖面和主动性。其中，路侧无线交通广播（应急广播）采用跨区域同频技术和小基站定向推送式发送技术，适合高速公路需要沿线覆盖的特点，具有普及程度高、成本低等优点。

3. 提高交通信息发布的联动性

加强与高速公路数据通信平台的联动性，实现客服热线省级平台与高速公路出行信息服务系统之间的自动转接功能，提升客服热线的实用性。

4. 数据共享，控制联动

实现与智能路网运行监测及应急指挥调度系统间的数据共享、互联互通功能。

参 考 文 献

[1] 鲁植雄. 汽车服务工程[M]. 北京：北京大学出版社，2010.

[2] 赵晓宛，马骊歌，夏英慧. 汽车售后服务管理[M]. 北京：北京理工大学出版社，2015.

[3] 林素敏，刘方，段少勇. 基于车联网的汽车发动机远程故障诊断研究[J]. 小型内燃机与摩托车，2019，048（001）：57-60.

[4] 赵长利，李景芝. 汽车保险与理赔[M]. 3版. 北京：国防工业出版社，2015.

[5] 冉广仁. 汽车维修管理与企业设计[M]. 北京：人民交通出版社，2018.

[6] 程泉，王玮敏，曹兴盛. 基于区块链的智能网联汽车信息共享研究[J]. 科技风，2021，No.441（1）：87-89.

[7] 崔嘉铭，程洪烨，骆健，等. 基于物联网技术的智慧停车场研究[J]. 信息通信，2020，No.205（1）：145-146.

[8] 何佳明. 现代智能化技术在汽车工程中的应用[J]. 汽车博览，2020，（001）：29.